챗GPT 메타버스와 미디어

ChatGPT Metaverse and Media

김광호, 안종배, 박창묵, 장형준
안동수, 이창형, 박성환, 박종원, 이희대

　현재 인공지능 기술의 발전과 메타버스 그리고 미디어의 융합은 그 변화 속도와 방향을 제대로 가늠하지 못할 정도로 미디어 산업을 급격히 변혁시키고 있다.

　AI와 메타버스 기술과 결합된 미디어 영역은 지금 이 순간에도 쉬지 않고 진화하면서 최적의 형태로 미디어를 제공하는 알고리즘들이 다양하게 개발되고 있으며, AI 기술을 이용하여 인간의 관여를 줄이고 새로운 느낌과 감각으로 가상현실과 증강현실 기술을 이용한 메타버스 고품질화가 빠르게 진행되고 있다. 이에 따라 AI, 메타버스와 연동된 새로운 미디어들은 우리 사회 환경을 보다 다양한 체험 공간으로 바꾸어 주고 여러 사회적 문제를 극복하는 방안을 제공하는 중추 역할을 할 것으로 기대된다.

　이러한 시점에서 인공지능과 메타버스가 연결된 미디어의 미래 변화를 알아보고 동시에 정책적으로 핵심적인 이슈와 대안을 살펴보고 관련된 정책적 방안을 알아보는 작업은 큰 의미를 지닌다고 할 수 있다.

　이 책에서는 전반적으로 챗GPT와 메타버스 기술의 발전을 통한 미디어의 산업 구조 변화, 콘텐츠 변화, 플랫폼과 네트워크 그리고 그 유통 방식의 변화 전망을 예측하고 관련된 정책적 방안을 알아보았다. 아울러서 챗GPT와 메타버스가 우리 사회의 중요한 문화와 산업의 영역을 담당하는 미디어에 어떤 영향을 미치며 어떻게 미디어 변화를 주도할 것인지를 파악하고 핵심적인 이슈와 대안을 살펴보고자 하였다.

이 책은 미디어 환경 변화 속의 챗GPT와 메타버스에 대한 추세와 정책 방향 개요를 알아본 후 다양한 형태의 챗GPT 및 메타버스와 연관된 미디어 영역을 보다 심층적으로 다루었다.

우선 인공지능 챗GPT와 메타버스 발전사를 비롯한 관련 미디어 기술, 저널리즘 등과 미래 전망 등을 간략하게 알아보았다.

그리고 나서 챗GPT 인공지능과 메타버스 생태계의 등장 요인과 비즈니스 모델, 밸류체인 등이 어떠한지 파악했으며 실제 방송에서 이들이 어떻게 어떤 식으로 활용되고 있는지 구체적인 사례를 살펴보고 방송의 미래에 있어 이들의 역할을 살펴보았다.

메타버스와 XR을 이용한 서비스에서는 가상현실, 증강현실 등을 활용한 메타버스의 사례와 발전 과제를 살펴보고, 인공지능이 어떤 역할을 할 수 있는지 살펴보았으며, 인공지능 시대 메타버스 비즈니스 사업이 어떻게 그 방향을 잡아나갈지 가늠해 보았다.

아울러서 챗GPT 시대의 메타버스와 NFT에서는 분산 원장 기술을 바탕으로 탈중앙화를 재촉하며 특정 미디어 플랫폼이 지배하는 시장 불균형에 대한 혁신의 가능성을 보이는 블록체인과 메타버스에 대해서 알아보고, 인공지능의 역할도 다뤘다. 챗GPT, 메타버스와 교육 미디어에서는 챗GPT와 메타버스를 활용할 경우 교육 미디어가 어떻게 발전되고 있는지 그 방향을 살펴보았고, 챗GPT와 메타버스가 활성화되는 시대의 공영 미디어의 지속가능성 여부도 살펴보았다. 여기서는 다양한 플랫폼과 연계하여 시민의 참여를 기초로 하는 공영 미디어에서 챗GPT와 메타버스를 통한 지속가능성을 통해 전환을 모색하고 있는 새로운 공영방송의 개념도 알아보았다.

이 책에서는 디지털 관련 이론을 바탕으로 각각의 분야를 담당한 교수들과 현장에 있는 중견 방송인들이 힘을 모아 관련 이슈들에 관해 현실성 있는 의견들을 제시하였다.

이 책이 제시한 전반적인 조망이 미래 변화에 대한 준비 및 미디어 영역의 사회적 비전 및 새로운 제도 마련에 어느 정도 중요한 기초가 되기를 희망한다.

아울러서 이 책은 관련 전문가가 아니더라도 보다 방송 관련 다양한 주제를 쉽게 이해할 수 있도록 평이한 문장을 쓰도록 하였다.

부언해서 이야기할 것은 이 책을 저술한 대부분 저자들은 미래방송연구회에서 함께 관련 주제에 대해 공부를 하는 구성원들이라는 것이다.

미래방송연구회는 관련 학계와 방송사의 중견 현업인을 중심으로 미래의 방송 기술 정책과 방향을 연구하자는 취지에서 관련 전문가들의 전문적 지식과 풍부한 현장 경험을 바탕으로 현실성 있는 방송 정책과 뉴미디어 기술에 대한 연구를 바탕으로 미래의 방송 문화 발전에 기여하기 위해 만들어진 모임이다.

아무쪼록 전문가들의 오랜 노력과 고심, 협력을 통해 이뤄진 이 책이 향후 미래 미디어 환경에 대비한 새로운 방송의 틀을 구축하는 데 일조하기를 기대한다.

공릉골에서 2023. 10
저자 대표 김광호

미디어 환경 변화 속의 인공지능 챗GPT와 메타버스 개요

김광호(서울과학기술대학교 명예교수)

미디어 환경 변화 속의
인공지능 챗GPT와 메타버스 개요

1. 인공지능 챗GPT와 메타버스 개념 및 특징, 발전 단계

1) 인공지능 챗GPT 개념 및 특징, 발전 단계

오늘날 OpenAI라는 기업에서 개발한 GPT-3.5 아키텍처를 기반으로 한 대화형 인공지능 초거대 생성형 AI 서비스인 챗GPT가 출시되면서 최근 전 세계적인 화두가 되고 있다. OpenAI는 2022년 11월 3.5버전을 발표하였으며, 2023년 3월 단 4개월 만에 GPT 4.0을 공개하였다.

챗GPT에서 GPT(Generative Pre-trained Transformer)-3는 2020년 6월 등장한 대규모 텍스트 데이터 세트를 사용하여 머신러닝을 통해 문맥의 의미를 이해한 사전 학습 후, 특정한 태스크에 대해 파인 튜닝을 수행하는 자연어 이해 및 생성 능력을 갖춘 인공지능 모델이다.

챗GPT는 딥러닝을 통해 스스로 언어를 생성하고 추론하는 능력을 갖추어 질문에 대한 답변은 물론 문서 작성이나 프로그래밍 코드 작성 등 수준 높은 결과물을 내놓는 인공지능으로 대화형으로 질문하면 곧바로 적합한 대답을 내놓는 '자동형'이다.

대화 전문 인공지능(AI)인 챗GPT의 발전 과정을 알기 위해서는 인공지능(AI)의 역사를 알아야 한다.

지능형 기계의 개념은 수세기 동안 인간들의 상상력으로만 표현되었고, AI의 발전은 20세기 중반에 시작되었다.

먼저 인공지능의 뿌리는 르네 데카르트, 고트프리트 빌헬름 라이프니츠와 같은 철학자, 과학자나 수학자들이 계산 이론과 인공지능의 기초를 쌓았으며, 이를 바탕으로 1950~1960년대 인공지능이 탄생하였다. 1950년 앨런 튜링은 기계가 인간과 구별할 수 없는 지능적인 행동을 보일 수 있는지를 결정하는 기준인 튜링 테스트를 제안했으며 1956년, 인공지능의 탄생을 공식적인 학문으로 간주한 다트머스 학회가 조직되었다. 이 학회는 인공지능 연구의 출발점이 되었으며, 이후 인공지능 연구는 급속히 발전했다. 이 학회에서 앨런 뉴웰과 허버트 사이먼은 일반적으로 최초의 AI 프로그램으로 여겨지는 '논리 이론가 logical theorists'를 발표했다.

1960년대에 AI 연구는 주로 전쟁과 물류를 위한 기술에 관심을 가진 국방부로부터 자금을 지원받았다. 이 시대에 AI 연구에 널리 사용되는 LISP 및 PROLOG와 같은 여러 프로그래밍 언어가 개발되었다. 이 기간 동안 AI 연구자들은 자연어 처리, 로봇 공학 및 컴퓨터 비전의 연구와 아울러 전문가 시스템과 패턴 인식 알고리즘이 개발되었다.

AI가 비교적 지체되었던 시기인 1970년대를 거쳐 1980년대와 1990년대에는 머신러닝과 신경망 알고리즘이 개발되었다. 머신러닝은 컴퓨터가 데이터로부터 배우고 스스로를 향상시키는 능력을 말한다. 신경망은 이미지 인식, 음성 인식 및 자연어 처리에 사용되어 왔다. 1980년대는 연결주의와 인공지능이 부활한 시기이다. 이 시기에 제프리 힌튼과 다른 연구자들에 의해 개발된 역전파 알고리즘(Backpropagation algorithm)은 인공 신경망의 발전에 전환점을 맞았다. 이 기간 동안 환경에서 학습하는 에이전트를 위한 머신러닝의 한 형태인 강화학습(Reinforcement learning)이 주목받았다. 또한, 이 시기에 지능형 에이전트가 부상하고 물류, 데이터 마이닝, 의료 진단 및 기타 분야에서 AI가 성공적으로 적용되었다.

2000년대에서 2010년대는 서서히 머신러닝 및 AI 붐이 일어나는 시기이다. 2000년대에 AI 기술은 Amazon 및 Netflix에서 사용하는 것과 같은 '추천 시스템', Apple의 Siri와 삼성의 빅스비 같은 '음성 인식 비서' 및 자율 차량을 포함한 주류 애플리케이션 및 장치에 통합되기 시작했다. 계산 능력의 증가와 대규모 데이터 세트의 확보로 인해 기계학습, 특히 딥러닝과 인공 신경망에서 중요한 발전이 있었다. 2010년대에는 인간 두뇌의 구조에서 영감을 받은 기계 학습의 하위 집합인 딥 러닝(Deep Learning)이 등장했으며 2012년 ImageNet 대회에서 딥 러닝 기술의 성공, 2016년 알파고(AlphaGo)가 세계 바둑 챔피언인 이세돌 9단과 대결해 승리와 OpenAI의 GPT 모델 개발 같은 자연어 처리의 혁신적인 발전이 있었다.

오늘날 AI는 일상생활, 비즈니스 및 과학 연구의 여러 측면에서 필수적인 부분이 되었고, 인공지능 기술은 이미 우리 주변에서 많이 사용되고 있다. 예를 들어, 음성 인식 기술을 이용한 음성 비서나 이미지 분석 기술을 이용한 자율주행차 등이 대표적인 사례이다. 이러한 기술들은 우리의 삶을 더욱 편리하고 효율적으로 만들어 주고 있다. 기술 연구 전문 데이브레이크인사이츠가 생성형 AI 업계를 조사한 결과, 최소 700개 이상의 기업이 경쟁 중으로 시장 선점을 위한 기업 경쟁이 심화 중이며 이들은 크게 유형별로 ① 텍스트 요약 ② 감정 분석 ③ 텍스트 번역(이상 텍스트 분석) ④ 가상 비서 ⑤ 챗봇 구축 플랫폼 ⑥ 챗봇 프레임워크 및 NLP 엔진(이상 대화형 AI) ⑦ 글쓰기 도구 ⑧ 코드 생성 ⑨검색 ⑩ 언어 모델 등 10개 카테고리로 분류될 수 있다고 언급한다.

2) 메타버스 개념 및 특징, 발전 단계

메타버스(metaverse) 또는 확장 가상 세계는 가상, 초월을 의미하는 '메타'(meta)와 세계, 우주를 의미하는 '유니버스'(universe)를 합성한 용어로서 가상현실(Virtual Reality, VR), 증강현실(Augmented Reality, AR), 혼합현실(Mixed Reality, MR) 등의 기술을 이용해 인터넷상에서 가상 공간을 구축하여 사람들이 활동할 수 있게 한다는 개념이다.

즉 가상과 현실이 융합된 공간에서 사람·사물이 상호작용하며 경제·사회·문화적 가치를 창출하는 세계 (메타버스 신산업 선도전략, 22.1)를 뜻한다.

1992년 닐 스티븐슨의 소설 《Snow Crash》에서 가장 먼저 사용했으며, '아바타'로 '활동'하는 '가상 세계'를 그린 메타버스는 현실과 가상 공간의 융합이라는 차원(07년, ASF(Acceleration Studies Foundation))에서 온라인 게임과 가상 공간의 제한성을 넘어서, 최근에는 쇼핑, 교육, 건강, 미디어 등 다양한 산업 분야에서도 활용되고 있다. 메타버스는 구체적으로 정치와 경제, 사회, 문화 전반적 측면에서 현실과 비현실이 공존하는 생활형, 게임형 가상 세계라는 의미로 폭넓게 사용한다. 비록 메타버스가 실존하지 않는 그래픽일 뿐이지만 현실 세계와 달리 물리 법칙에 제약받지 않으면서도 그 안에서 경제사회 활동은 현실 세계와 흡사한 형태로 나타난다. 특히 오늘날 코로나 상황 이후 비대면 소통의 수단 중 하나로 주목받으며 업무, 친목, 각종 행사 등 다양한 분야에서 활용되고 있다.

메타버스 발전 단계를 보면 그 진화 수준에 따라 다음과 같이 구분할 수 있다.

메타버스 1.0 시대는 세컨드 라이프로 대표되는 메타버스 시작 단계로, 미국 린든랩에서 2003년 개발한 온라인 가상현실 플랫폼으로, 사이버 머니, 플랫폼 내 사업 등으로 주목을 받았지만 2008년부터 쇠퇴하기 시작하였으며 아바타·가상공간 개념이 도입되었으나 실재감·몰입감, 이용 동기, 모바일 환경 대응, 다수의 이용자 수용 등에 한계가 있었다.

메타버스 2.0 시대는 AR, VR, MR, XR 등 디바이스 발달로 실재감·몰입감이 커지고 플랫폼·콘텐츠의 다양성이 확대되나, 유무선 네트워크와 컴퓨터를 매개로 특정 조건에서만 메타버스 접속이 가능하며 실제 현실과 가상현실 연동에 한계가 있는 시기로서 현재는 메타버스 2.0 진입 단계로 판단된다.

메타버스 3.0 이상이 되면 장착·비장착형·침습형 디바이스로 뇌-기계 인터페이스(Brain-Machine Interface)가 이뤄져 인간의 뇌에서 발생하는 신호를 컴퓨터에 전달하여 대상을 움직이는 기술을 통해 고도화된 AI 등을 통해 생활 공간 일반이 지능화·네트워크화되어 언제 어디서나 메타버스에 접속할 수있고, 현실-가상의 연동과 융합이 활발해지는 시기라 할 수 있다.

메타버스는, 먼저 다양한 미디어 기술들을 융합하여 가상 세계를 구현한다는 특징을 가지고 3D 그래픽, 가상현실, 게임, 소셜 미디어, 예술 등 다양한 미디어 요소들이 하나로 결합되어 사용자에게 새로운 경험을 제공한다. 예를 들어, 가상 라이브 콘서트, 가상현실(VR) 컨텐츠, 3D 모델링 등이 그 예이다. 이러한 다양한 미디어 형태를 통해 사용자들은 더욱 다양한 미디어적 경험을 할 수 있다.

둘째 상호작용성이다. 메타버스는 사용자와 가상 세계 간의 상호작용성이 높다. 사용자는 자신의 캐릭터를 만들고, 다른 사용자와 상호작용하며, 가상 세계에서 미션을 수행하거나 참여하는 등의 활동을 통해 자신만의 경험을 쌓을 수 있다.

셋째, 무한 확장성이다. 메타버스는 무한한 확장성을 가지고 있다. 새로운 콘텐츠를 추가하거나 사용자가 참여하는 활동이 증가함에 따라 메타버스는 더욱 커질 수 있다. 이는 메타버스가 사용자들이 참여하는 데 있어서 시공간의 한계 없이 소통, 연결,

협업하고 다양한 일상의 활동이 가능하여 끊임없이 새로운 경험을 제공할 수 있다는 장점을 가지고 있다.

넷째, 자유로움이 있다. 메타버스는 가상 세계로서 현실 세계와는 다른 자유로움을 제공한다. 사용자는 자신이 원하는 대로 가상 세계에서 캐릭터를 만들고, 미션을 수행하며, 다른 사용자들과 상호작용할 수 있다.

비영리 기술 연구 단체 ASF(Acceleration Studies Foundation)은 메타버스를 네 가지 범주로 분류했다.

첫 번째, 증강현실(Augmented Reality)

증강현실은 현실 공간에 2D 또는 3D로 표현한 가상의 겹쳐 보이는 물체를 통해 상호작용하는 환경을 의미한다. 사람들에게서 가상 세계에 거부감을 줄이고, 몰입감을 높이는 특징을 지닌다. 포켓몬고로 익숙한 증강현실(Virtual Reality)은 정보를 효율적으로 전달할 수 있고, 특정 상황에서 강한 실재감을 안겨줄 수 있다. 사용자가 카메라로 현재는 유적만 남은 흔적을 촬영하면 디지털로 구축된 과거의 건물이 사용자 단말기에 중첩해 보이는 장면이 증강현실의 일례이다. 실재감을 줌으로써 정보를 전달해 주는 데 특히 유용한 기술로 보인다.

두 번째, 일상 기록(Lifelogging)

일상 기록 또는 라이프 로깅(Life logging)은 사물과 사람에 대한 일상적인 경험과 정보를 캡처하고 저장하고 묘사하는 기술이다. 사용자는 일상생활에서 일어나는 모든 순간을 텍스트, 영상, 사운드 등으로 캡처하고 그 내용을 서버에 저장하여 이를 정리하고, 다른 사용자들과 공유가 가능하다. 인스타그램, 페이스북, 브이로그 등으로 익숙한 라이프 로깅(Life Logging)은 삶에 관한 경험을 기록하고 공유하는 경험을 콘텐츠로 이용한다. 그리고 개인뿐만 아니라 타인과 나를 연결해 주는 소셜 미디어 서비스로 확장될 수 있다. 타인이 자신의 가상 세계에 올린 게시물에 댓글을 남기거나 공감 등의 반응을 표시하는 행동 등의 기대 심리가 자신에게 즐거움으로 돌아온다.

세 번째, 거울 세계(Mirror Worlds)

거울 세계는 실제 세계를 가능한 사실적으로, 있는 그대로 반영하되 '정보적으로 확장된' 가상 세계를 말한다. 기술의 발전이 계속될수록 현실이 반영된 거울 세계는 점점 현실 세계에 근접해갈 것이며, 이는 향후 가상현실의 커다란 몰입적 요소가 된다. 이 같은 거울 세계 사용자는 가상 세계를 열람함으로써 현실 세계에 대한 정보를 얻게 된다. 거울 세계(Mirror Space)는 실제 세계의 모습과 유사하게 정보, 구조를 복사해서 만든 세계로서 전화를 걸어 아이템을 주문할 수 있고, 또는 앱을 통해서 주문하는 것도 이 거울 세계의 발전을 가속화시킬 것이다. 대표적인 예로 구글 어스(Google Earth)를 들 수 있다. 구글 어스는 세계 전역의 위성 사진을 모조리 수집하여 일정 주기로 사진을 업데이트하면서 시시각각 변화하는 현실 세계의 모습을 그대로 반영하고 있다. 가정집을 거울 세계에 복사한 에어비앤비, 회의룸을 가상 세계로 이전한 줌도 그 사례에 속한다.

네 번째, 가상 세계(Virtual Worlds)

메타버스는 가상 공간으로서의 성격을 가지고 있다. 즉 실제로 존재하는 물리적인 공간과는 달리, 가상으로 구성된 공간에서 사용자들은 가상으로 상호작용을 할 수 있다. 이 가상 공간은 다양한 형태로 구성되어 있으며, 사용자들은 다양한 장소를 방문하거나, 가상으로 이동하며 미디어적인 경험을 할 수 있다. 가상 세계는 현실과 유사하거나 혹은 완전히 다른 대안적 세계를 디지털 데이터로 구축한 것이다. 이 세계는 우리에게 가장 친숙한 형태의 메타버스로서, 온라인 롤플레잉게임에서부터 세컨드라이프와 같은 생활형 가상 세계에 이르기까지 3차원 컴퓨터그래픽 환경에서 구현되는 커뮤니티를 총칭하는 개념이다. 사용자들은 가상 캐릭터를 커스터마이징하여 자신만의 캐릭터인 아바타를 만들고, 가상 세계에서 자유롭게 활동할 수 있다.

< 메타버스의 4가지 분류 및 유형 >

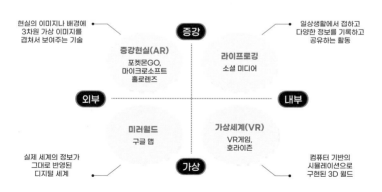

[그림 1] 메타버스의 4가지 분류 및 유형

출처: 정보통신기획평가원

가상 세계에서 사용자들은 아바타를 통해 현실 세계의 경제적, 사회적인 활동과 유사한 활동을 한다는 특징이 있다. 온라인 게임, 영화 〈레디 플레이어 원(Ready Player One)〉이 대표적인 가상 세계라 할 수 있다. 이 공간에서는 미팅 공간으로 가지 않아도 되고, 출장을 가지 않아도 된다. 회의 자료는 자동으로 백업할 수 있고, 임대 버스 비용과 교통비, 사무비용, 인건비 등도 아낄 수 있다.

메타버스는 크게 콘텐츠, 플랫폼, 디바이스 등으로 나눠서 이해할 수 있다.

콘텐츠 측면에서 메타버스는 자신의 아바타를 통해 나 자신을 투영하고 활동하는 공간이다. 예를 들어 제페토는 얼굴 인식 솔루션을 이용해 나를 닮은 아바타를 생성해 헤어스타일, 의상 등을 꾸밀 수 있게 만들었다. 아바타를 활용한 소통은 자신을 투영한 분신을 활용하는 것이기 때문에, 법과 제도의 보완이 이뤄지면 새로운 면대면 커뮤니케이션이 실현되고 기존 SNS와는 다른 순화된 기능을 소화할 수 있을 것이다.

플랫폼 측면에서 양방향 소통의 성격이 매우 강하다는 점에서 팬덤 문화가 유튜브에서 메타버스로 넘어가는 추세가 있다. 향후 크리에이터 문화도 양방향 소통에 최적화된 메타버스 플랫폼으로 옮겨가게 될 것이다.

디바이스, 기술 측면에서 글로벌 거대 기업의 동향은 중요하다. 메타, 구글, MS가 제공하는 기반 기술 중심의 변화가 직접적 영향을 미친다. 대부분 국내 기업들은 이들 기업의 기반 기술을 응용해 생태계의 종속 기업이다. 메타의 VR 헤드셋, 애플의 AR 글라스, 구글의 AR글라스, 마이크로소프트의 홀로그램 기술 등 이슈를 빠르게 습득해 기술을 적용, 응용하는 게 중요하다.

메튜 볼은 메타버스의 핵심 속성 7가지를 다음과 같이 정리하고 있다.

- 지속성: 메타버스는 리셋(resets), 일시 정지(pauses), 종료(ends) 되지 않고 무한히 계속돼야 한다.
- 현재 진행형: 메타버스는 모든 사람에게 일관되고 실시간으로 존재하는 살아 있는 경험이어야 한다.
- 비제약성: 개인으로 존재(presence)함과 동시에 메타버스에 참여 제약이 없어야 한다. 누구나 메타버스의 일부가 될 수 있고, 같은 시간에 특정 이벤트에 함께할 수 있다.
- 완전 기능 경제: 메타버스에서 개인, 기업은 다른 사람들로부터 인정받는 가치(value)를 창출하는 일(work)을 수행하고, 소유하고, 투자하고, 판매하고, 보상받을 수 있다.
- 총체적 경험: 메타버스는 디지털과 물리적 세계, 개인과 공용 네트워크, 개방형과 폐쇄형 플랫폼을 모두 포괄하는 경험이어야 한다.
- 상호 운용성: 메타버스는 데이터, 디지털 아이템, 디지털 자산, 콘텐츠 등에 대한 폭넓은 상호 운용성(interoperability)을 제공해야 한다.

- 포용성: 메타버스는 다양한 개인이나 그룹, 기업 등이 만들고 운영하는 콘텐츠와 경험을 제공해야 한다.

메타버스에 대한 사회적 관심은 2000년대부터 서서히 증가하다 2021년 이후 급증하고 있다. 최근 코로나19 이후 증가하고 있는 가상 공연 및 가상 공간을 활용한 채용 입학 등의 이벤트와 연계되면서 사회적 관심도가 급격히 증가하는 양상이다. 메타버스와 연계된 주요 키워드 역시 시대적 변화에 따라 인프라 네트워크 게임화 등 가상현실 콘텐츠, 빅데이터, 사물인터넷 등 4차 산업혁명, 제페토, 카카오, 블록체인 등으로 변화하고 있다. 특히 이러한 움직임은 가상 세계 오픈소스 소프트웨어 개발, 가상 세계 플랫폼 공급 기업의 등장으로 가속화 상황이다.

2. 인공지능 챗GPT와 메타버스 주 이용자

인공지능 챗GPT의 주요 이용자는 다양한 분야에서 활동하는 사람들로 주요 이용자 그룹은 다음과 같다:
- 개인 사용자: 개인 사용자들은 챗GPT를 일상생활에서 다양한 목적으로 활용할 수 있다. 예를 들어, 일상적인 질문에 대답을 받거나, 문제를 해결하는 데 도움을 받는 등 다양한 정보와 지원을 얻을 수 있다.
- 학생 및 연구자: 학생들과 연구자들은 챗GPT를 학습 도구로 사용하거나 정보와 자료를 찾기 위해 활용할 수 있다. 학문적

인 질문에 대답을 받거나, 연구 주제에 대한 아이디어를 얻을 수 있다.

- 기업 및 기관: 기업이나 기관은 챗GPT를 고객 서비스, 상담, 지원 및 문제 해결에 활용할 수 있고 또한, 챗GPT를 활용하여 자동 응답 시스템을 구축하거나, 고객의 질문과 문제를 처리하는 데 도움을 줄 수 있다.

- 미디어 및 엔터테인먼트 산업: 미디어 및 엔터테인먼트 산업에서도 챗GPT를 활용할 수 있는데 예를 들어, 챗GPT를 사용하여 음성 비서, 가상 캐릭터, 챗봇 등을 개발하거나, 스토리나 대화형 콘텐츠를 생성하는 데 활용할 수 있다.

- 개발자 및 연구원: 개발자와 연구원들은 챗GPT를 다양한 애플리케이션과 서비스를 개발하는 데 활용할 수 있다. 예를 들어, 챗봇, 자동 응답 시스템, 언어 모델 개발 등에 챗GPT를 적용하여 인터페이스와 상호작용을 개선하거나, 자연어 처리 기술을 연구할 수 있다.

이 외에도 챗GPT는 다양한 분야에서 다양한 사용자들에게 유용할 수 있으며, 이용자의 목적과 필요에 따라 챗GPT의 활용 방법은 상당히 다양할 수 있다.

이는 메타버스의 경우에도 유사하다.

메타버스는 이용자를 대신하는 다중의 아바타 등을 매개로 정보 접근, 탐색, 활용 및 경험이 가능하여 시공간을 넘은 활동을 하며 디지털 아이템, 화폐 등을 통한 경제적 보상, 소유, 교환이 가능하며 블록체인 기반의 경제 단위가 새롭게 형성되어 디지털 상품, 화폐 등을 활용하여 별도의 경제 시스템을 형성할 수 있다. 그런 점에서 다중 자아 및 AI 등의 복합적 사회 관계에서의 소통과 플랫폼 간 상호 운용성 등의 확보가 중요하다고 볼 수 있다. 또한, 최근 코로나19 범유행 이후 비대면 추세 확산으로 인해 외부 활동이 제한되는 사회적 환경 요인은 메타버스의 확산을 매우 빠르게 하였고, 일상으로 급속도로 확장 중이다.

메타버스는 이러한 특징들을 통해 새로운 미디어 환경을 제공하며, 사용자들에게 다양한 경험과 새로운 참여 방식을 제공한다. 이를 통해 미디어 산업의 패러다임 변화를 일으키며, 새로운 비즈니스 모델과 기회를 창출할 것으로 기대되고 있다.

메타버스는 현재까지 다양한 이용자들이 활동하고 있다. 메타버스 이용자는 크게 나누면 일반적으로 게임, 쇼핑, 소셜 미디어 등을 즐기는 일반 사용자와, 기업 및 조직에서 업무를 처리하거나 마케팅, 교육 등에 활용하는 사용자로 나뉘며, 예술 및 엔터테인먼트 분야에서 적극적으로 활용되고 있다.

1) 일반 이용자

메타버스를 이용하는 대부분 사용자는 일반 이용자인데 이들은 가상 세계에서 자신의 아바타를 만들어 움직이며, 다른 이용자들과 대화하고 협력하여 게임이나 경험을 즐긴다. 또한, 메타버스에서는 가상 상품을 구매할 수 있다. 이를 위해 가상 화폐를 구입하고, 이를 이용해 가상 상품을 구매하는 방식이다. 일반 사용자들은 가상 세계에서 다양한 활동을 하며, 가상 세계에서 다양한 인간관계를 형성한다. 대표적인 예로는 온라인 게임, 가상 협업 플랫폼, 가상 쇼핑몰, 가상 소셜 미디어 등이 있다. 이를 통해 다양한 문화생활, 교육, 상호 교류, 재미 등을 누리고 있다.

일반 이용자는 대체적으로 다음과 같은 특성을 가지고 있다.

(1) 디지털 원주민(Digital Natives)

메타버스를 주로 이용하는 사용자들은 디지털 원주민(digital natives)이다. 그들은 인터넷이나 스마트폰 등 디지털 기술을 자연스럽게 사용하는 세대를 의미하며, 디지털 기술을 통해 빠르고 정확하게 정보를 수집하며, 소셜 미디어나 온라인 커뮤니티 등에서 다양한 경험을 쌓아 나가는 특성을 가진다.

(2) 게임을 즐기는 층

메타버스를 이용하는 사용자들 중 대다수는 게임 커뮤니티에 속해 있다. 게임 커뮤니티 출신 사용자들은 기존의 온라인 게임에서 높은 경험과 인기를 쌓았으며, 메타버스에서 그 경험을 살려 가상 세계에서의 새로운 경험을 찾고자 한다.

메타버스 게임으로 통학길 사고를 예방하려는 노력도 보인다. 메타버스 플랫폼 '로블록스'에 접속한 서울 응봉초 학생들은 성동구가 실제 지형을 기반으로 메타버스에 통학로를 구현한 '집에서 학교를 가는 게임(Sweet Home, Safe School)'을 통해 아이들의 시각으로 통학로 안전을 살필 수 있다.

2022년 9월 한 달간 응봉초 4·5학년 학생들이 게임에 참여했고 실제 지도에 어느 지점이 위험한지, 어떤 방법을 실행하면 좋을지 스티커로 표시하며 개선할 부분을 찾았으며, 2022년 12월, 성동구는 아이들의 의견을 바탕으로 통학로에 반응형 키봇, 스마트 반사경, 지능형 전광판, 지능형 CCTV 등을 실제로 설치해 통학로를 더 안전하게 관리하고 있다.

(3) 다양한 연령층

메타버스는 게임, 소셜 미디어, 쇼핑, 교육 등 다양한 분야에서 활용되기 때문에, 이용자 연령층도 10대부터 50대 이상의 연령층까지 매우 다양하다. 또한, 메타버스는 지리적 제약이 없기 때문에, 세계 각지에서 다양한 언어와 문화를 가진 사용자들이 함께 이용할 수 있다.

(4) 가상 경제에 익숙한 층

메타버스는 가상 경제 시스템을 구축하고, 가상 화폐로 거래가 이루어지는 환경으로 이에 따라 메타버스 이용자들은 가상 경제에 익숙하여 온라인에서 상품을 구매하고 판매하는 데 익숙하며, 쇼핑을 즐기는 경향이 있다.

2) 기관 및 기업

메타버스는 기업 및 기관에서도 활용되고 있는데 이들을 크게 나누면 기업, 정부/공공기관, 학교/교육기관으로 구분할 수 있으며 다음과 같은 특성을 가진다.

(1) 기업

먼저 기업들은 메타버스를 활용하여 더욱 창의적이고 혁신적인 비즈니스 모델을 구축하고 있다. 대표적으로는 가상 쇼핑몰, 가상 브랜드 홍보, 가상 전시회, 가상 학습 환경 등이 있다. 또한, 이를 통해 온라인에서 제공되는 상호작용 서비스를 제공하며, 수익을 창출하고 있다. 즉 기업은 메타버스를 이용해 제품 및 브랜드 홍보를 진행하고, 상품 판매 및 마케팅에 활용할 수 있다. 또한, 메타버스를 이용해 업무를 처리하거나, 고객과 상호작용하는 방식으로 활용되었다. 예를 들어, 가상 공간에서 고객 서비스를 제공하거나 상품 설명 등을 진행할 수 있다. 이외에도 메타버스는 교육 및 교육 콘텐츠, 시뮬레이션 및 훈련 등의 분야에서도 활용되고 있다. 제조 분야에서 활용한 사례를 보면 가상 자동차 공장에서 자동차 성능을 점검하는 데 활용한 경우가 있다. 기술 제조 현장에는 '디지털 트윈(Digital Twin)'이 활용되고 있다. 디지털 트윈이란 메타버스에 기계·설비·장비 등을 현실과 거의 동일하게 만드는 기술로서 이 기술로 가상현실에서 시뮬레이션하면 현실에 적용했을 때 나타날 수 있는 문제점이나 부족한 부분을 찾을 수 있으며, 기능을 검증해 더 효율적인 설비나 작동 방법 등을 생각할 수 있다.

　디클 QRBMW 그룹은 미국 반도체 회사 '엔비디아'의 메타버스 플랫폼을 통해 디지털 트윈 작업자와 조립 로봇의 상호작용을 살피고 있다. 가상 현실에 구현된 공장, 시설 등을 통해 전체 조립 과정을 확인하고 공정에서 발생할 수 있는 문제점을 찾아 개선하고 있으며, 개선점은 실제 조립 과정에 적용해 자동차를 더 빠르고 정확하게 조립할 수 있도록 할 수 있다.

(2) 공공기관 및 교육 분야

　정부/공공기관들 역시 메타버스를 활용하여 다양한 서비스를 제공하고 있다. 대표적으로는 가상 미술관, 가상 관광지, 가상 문화공간 등이 있다. 이를 통해 대중들이 문화 콘텐츠와 문화 생활에 대한 접근성을 높이고, 문화 산업 발전을 촉진하고 있다. 지자체에서는 '메타버스 관광지'를 유치하여 메타버스 내에서 관광 산업을 실시하고 있기도 하다.

　메타버스는 교육, 훈련 등의 다양한 분야에서도 활용된다. 학교/교육기관들은 메타버스를 활용하여 온라인 교육 및 학습 환경을 제공하고 있다. 대표적으로는 가상 학습 환경, 가상 학습 모임 등이 있다. 이를 통해 학습자들이 참여적이고 상호작용적인 학습 경험을 할 수 있으며, 교육 효과를 극대화할 수 있다.

　이러한 기관들은 메타버스를 활용하여 더욱 혁신적이고 창의적인 서비스를 제공하며, 이를 통해 다양한 분야에서의 발전과 혁신을 이루고 있다.

(3) 예술 및 엔터테인먼트 분야

메타버스는 예술가나 엔터테이너들이 새로운 형태의 예술과 문화 활동을 전개하며, 그들의 창작 활동을 통해 새로운 문화 산업을 창출하는 플랫폼으로도 활용되고 있다.

예술 분야에서 메타버스를 활용하는 대표적인 사례로는 가상 미술관, 가상 전시회, 가상 공연 등이 있다.

가상 미술관은 전통적인 미술관과 달리 공간의 제약을 받지 않아 더욱 자유로운 전시를 할 수 있다. 예를 들어, 유명 작가의 작품들을 모아 전시할 수 있거나, 다양한 장소에서 찍은 사진 등을 전시할 수 있다. 이를 통해 대중은 더욱 다양한 작품을 볼 수 있으며, 작가들도 더욱 다양한 방법으로 자신의 작품을 선보일 수 있다.

또한, 가상 전시회는 실제 전시회와 마찬가지로 작품을 전시하고, 이에 대한 리뷰와 토론을 할 수 있다. 물론 현실적으로 불가능한 크기나 형태의 작품들도 전시할 수 있어 더욱 자유로운 전시가 가능하다.

가상 공연은 실제 공연과 마찬가지로 무대, 음악, 무대 연출 등 모든 요소를 구성하여 공연할 수 있다. 또한, 가상현실 기술을 활용하여 대중들은 공연의 일부가 되어 함께 공연하는 체험을 할 수 있다.

이러한 예술적 창작물들은 메타버스를 통해 더욱 다양하고 참신한 방식으로 선보일 수 있으며, 예술 분야에서 메타버스가 더욱 활발하게 활용될 것으로 예상된다.

메타버스는 엔터테인먼트 분야에서도 다양하게 활용되고 있다. 메타버스를 활용하는 엔터테인먼트 분야의 대표적인 예로는 가상 유튜버, 가상 콘서트, 가상 스포츠 등이 있다.

가상 유튜버는 인공지능 기술을 활용하여 만들어진 가상 캐릭터가 인기를 끌며, 그들의 채널에서는 다양한 콘텐츠를 제공한다. 이를 통해 가상 캐릭터와 함께 다양한 이야기를 즐길 수 있으며, 일부 가상 유튜버는 실제 유명인들과도 협업하여 더욱 다양한 콘텐츠를 제공한다.

가상 콘서트는 실제 공연장에서 콘서트를 관람하는 것과 마찬가지로 가상 공간에서 콘서트를 즐길 수 있다. 가상으로 구성된 무대와 가상으로 구성된 관객석에서 즐길 수 있으며, 특정한 기술을 활용하여 더욱 생동감 있는 콘서트를 제공할 수 있다.

가상 스포츠는 전통적인 스포츠에서 제약이 있던 부분들을 보완하면서 새로운 참여 방식과 즐길 수 있는 방식을 제공한다. 가상으로 만들어진 경기장에서 즐길 수 있으며, 현실 세계에서는 불가능한 경기와 규칙 등을 제공할 수 있다.

이러한 방식으로 메타버스를 활용하는 엔터테인먼트 분야는 더욱 다양한 참여 방식과 즐길 수 있는 방식을 제공하며, 더욱 다양한 콘텐츠를 제공할 것이다.

(4) 의료 분야

의료 분야에서는 모의 수술을 통한 활용의 예가 있다.

'메디컬 트윈(Medical Twin)'은 디지털 트윈을 의료계에 적용한 것으로 메타버스에서 실제 진료실, 수술실뿐만 아니라 환자 수술 환경을 똑같이 구현하여 다양한 시뮬레이션을 통해 수술 방법, 임상 시험의 효과를 예측해 더 안정적이고 부작용이 적은 치료 방법을 찾을 수 있다.

미국 식품의약국(FDA)은 메디컬 트윈을 활용해 가상 공간에 인공 심장을 구현한 프랑스 기업 '다쏘시스템'과 심장 질환 치료와 조기 진단을 위한 연구를 진행하고 있으며, 다쏘시스템은 1월에 열린 CES 2023에서 가상 트윈을 통해 뇌 기능을 화면으로 확인할 수 있는 기술을 선보였다. 우리나라 의료 AI 기업인 '메디컬 아이피'는 환자 CT, MRI 등 의료 영상을 토대로 메디컬 트윈을 3차원 공간에 구현하는 메타버스 기술을 가지고 있으며, 이를 통해 해부학 실습 교육용 XR(확장현실) 콘텐츠를 만든다

다양한 디지털 기술의 발전으로 가상 세계와 현실 세계 간의 가장 중요한 인터넷 속도, 반응 속도에 대한 지연이 없어지고 가상세계에서 사람이 느낄 수 있는 현실감이 극도로 성장하고 있다. 그뿐만 아니라 빅데이터, 알고리즘의 발전으로 대량의 데이터를 효율적으로 처리하고 운영하는 것이 가능해졌다. 이러한 기술들이 발전하면서 메타버스 플랫폼이 우리 생활에 깊게 스며드는 것은 시간문제로 보이며, 이러한 다양한 이용자들은 메타버스에서 다양한 가상 콘텐츠를 생성하고 공유함으로써 가상 세계를 더욱 발전시키고, 더욱 다양한 문화 생태계를 형성하는 데 기여할 수 있을 것이다.

3. 인공지능 챗GPT와 메타버스 시장 전망

인공지능 챗GPT와 같은 대화형 인공지능 모델의 시장 전망은 매우 밝은데, 그에 대해서는 다음과 같은 요인이 있다:

- 산업적 적용 확대: 대화형 인공지능은 다양한 산업 분야에서의 응용 가능성이 크기 때문에 고객 서비스, 상담, 자동 응답 시스템, 개인 비서, 의료 진단, 금융 분석 등 여러 분야에서 챗GPT와 같은 대화형 인공지능 모델의 활용이 더욱 증가할 것으로 예상된다.

- 개인화와 맞춤형 서비스: 대화형 인공지능 모델은 사용자와의 상호작용을 통해 개인의 요구와 선호도를 파악하고, 맞춤형 서비스를 제공하는 데 활용될 수 있고, 이를 통해 사용자 경험을 개선하고 고객 만족도를 높일 수 있다.

- 자동화와 효율성 향상: 챗GPT와 같은 인공지능 모델은 반복적이고 단순한 작업을 자동화하여 업무 효율성을 향상시킬 수 있고, 이를 통해 인력을 절감하고 생산성을 높일 수 있다.

- 의료, 금융, 교육 등 분야의 활용 확대: 의료 진단, 환자 관리, 금융 분석, 교육 지원 등과 같은 분야에서 대화형 인공지능 모델의 활용이 더욱 증가할 것으로 예상되는데, 이러한 분야에서 챗GPT와 같은 모델은 의사 결정을 지원하고, 정보 제공 및 지식 전달에 활용될 수 있다.

- 연구 및 기술 발전: 대화형 인공지능 모델은 계속해서 연구와 기술 발전이 이루어지고 있으며 향후 새로운 모델 아키

텍처, 학습 방법, 데이터 세트 구축 등의 연구가 지속되면서, 대화형 인공지능 모델의 성능과 다양성이 향상될 것으로 기대된다.

위의 요인들을 고려하면, 대화형 인공지능 모델의 시장은 계속해서 성장하고 발전할 것으로 전망 된다. 하지만 동시에 데이터 보안과 개인정보 보호 등에 대한 이슈도 주목해야 하며, 윤리적인 측면과 사용자의 신뢰를 고려한 모델의 개발과 적용이 필요하다.

메타버스 역시 시장 전망 측면에서 글로벌 경제에도 영향을 준다. 젠슨 황 엔비디아 CEO는 메타버스 경제가 실제 세계를 넘어설 것이라고 공언한다. 메타버스는 앞으로 세계적인 디지털 경제 성장에 상당 부분 기여할 것이다. 2040년까지 세계 경제의 절반은 가상 공간과 연결되며, 디지털 경제는 두 배 규모로 성장할 것으로 보는 전문가들도 많다. 이는 창업가들, 스타트업, 기업가들에게 있어 큰 의미로 다가온다. 모든 산업을 이끄는 인터넷과 컴퓨터 기술이 변화하며 지각 변동을 가져올 것이다.

성장이 가속화되고 있는 메타버스 시장의 규모는 2024년에는 2,969억 달러(약 350조 원)로 무려 10배 가까이 급성장할 것으로 전망되고 있다(Statista, 2021). 글로벌 시장조사 기관인 IDC는 2020년 메타버스 시장 규모가 2024년까지 연평균 55.1% 성장할 것으로 예상하고 있다. 메타버스 시장 규모는 2022년 618억 달러에서 2027년 4,269억 달러로, 연간 47.2%의 성장률을 기록하며 초고속 성장세를 이어갈 전망이며 (자료 : MarketsandMarkets), 글로벌 시장 조사 기관인 ABI Research는 2030년까지 메타버스 시장이 2,800억 달러 규모로 성장할 것으로 전망하고 있다.

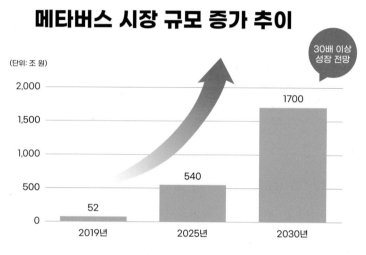

[그림 2] 메타버스 시장 규모 증가 추이
출처: 컨설팅 전문회사 멕켄지

현재 메타버스 가상 세계의 플랫폼 발전 단계는 아직 시장과 산업 지형의 구도가 형성되지 못하고 다양한 플레이어들이 등장하고 있는 도입기의 모습을 보이고 있으며, 혁신적인 플레이어들이 출현하고 있으나 성장 경로의 뚜렷한 패턴을 아직 확립하지 못하였고, 가격 품질 경쟁이 치열해지는 성숙된 시장 단계로도 접어들지 못한 상황이다.

구글, 메타, 마이크로소프트 등 IT 산업계의 지배적인 글로벌 빅테크 기업뿐만 아니라 네이버, 유니티, 하이브 등 국내외 중견 기업, 그리고 자이언트스텝 등 신생 스타트업과 중소기업들이 혼재되어 경쟁과 협력의 구도를 형성하고 있는데 이는 메타버스 생태계가 디바이스, 네트워크 장비, 하드웨어 및 소프트웨어 플랫폼, 콘텐츠 등 다각적인 시장의 다층적 구도로 이루어져 있어, 이 중 어느 한 영역에서의 경쟁력을 갖출 경우 시장에 참여할 수 있다는 특수성에 기인한다.

다만 인프라-플랫폼(특히 하드웨어) 부문은 글로벌 빅테크 기업들이 장악하고 있으며, 플랫폼(소프트웨어) 일부와 콘텐츠 영역에서의 중견-스타트업들의 선전이 관찰된다.

한편, 메타버스가 주목받으면서 글로벌 IT 기업들은 XR 시장 선점을 위한 생태계 조성 노력을 확대해 가고 있으며, 우리나라뿐 아니라 미국, 유럽, 중국, 일본 등 주요국들도 XR 산업에 대한 전략 수립을 통해 중장기적인 관점에서 기술 개발과 XR 활용 확산을 활발히 지원하고 있다.

XR 연관 산업 시장은 헬스 케어(24.2%), 제품·서비스 개발(23.9%), 교육훈련(19.8%), 프로세스 개선(18.5%), 유통/소매(13.6%) 순으로 성장이 전망되고 있다.

글로벌 XR 산업 응용 시장 규모는 2019년 90억 달러(약 9.76조 원)에서 2023년 1,210억 달러(약 131.22조 원)로 엔터테인먼트 시장 규모와 3배 이상 격차 발생 전망이다. XR 융합 유망 분야는 교육훈련, 제조, 쇼핑, 의료, 국방 등으로 전망된다.

미국 ETF 운용사인 Global X는 메타버스의 글로벌 잠재 TAM(Total Addressable Market)를 1조 달러 이상으로 추정한다. 메타버스가 적용될 수 있는 분야를 크게 ① 개발자/크리에이터, ② 광고, ③ 소셜 커머스, ④ 디지털 이벤트, ⑤ 하드웨어로 구분했다. 이 중 가장 잠재 시장이 큰 분야는 광고와 소셜 커머스로 각각 5,860만 달러, 4,750만 달러에 달할 것으로 예상된다.

특히 메타버스가 가지고 있는 다양한 잠재적인 비즈니스 모델들은 다른 산업들과 융합하여 새로운 시장을 창출할 가능성이 크다. 예를 들면 가상 현실 기술과 결합하여 제품 체험, 미디어 콘텐츠 제작 및 판매, 광고 등의 분야에서 적용할 수 있다.

이런 점에서 향후 급부상하는 메타버스 비즈니스에 대응하여 관련 산업인 XR 기술은 물론 NFT 시장 환경에 주목하면서, 메타버스 시장의 주요 이슈와 시장 동향, 나아가 유망 기술과 선진국의 육성 정책, 국내외 관련 선도 기업의 사업 동향과 전략을 조사 분석하여 관련 사업을 추진할 필요가 있는 것으로 보인다.

4. 인공지능 챗GPT와 메타버스 국내 정책 동향

국내에서는 인공지능 챗GPT와 같은 대화형 인공지능 모델에 대한 다양한 정책 동향이 관찰되고 있는데, 다음은 국내의 주요 정책 이슈라 할 수 있다:

- 개인정보 보호와 데이터 이용 규제: 인공지능 챗GPT와 같은 모델은 대화 과정에서 사용자의 개인정보를 수집하고 처리할 수 있으며, 따라서 국내에서는 개인정보 보호와 데이터 이용에 대한 규제와 정책이 강화되고 있다. GDPR(General

Data Protection Regulation)를 비롯한 개인정보 보호법과 같은 규제가 시행되고 있으며, 데이터 이용에 대한 투명성과 사용자 동의 등을 강조하고 있다.

- 인공지능 윤리와 공정성: 인공지능의 개발과 이용에 있어서 윤리적인 측면과 공정성이 중요한 이슈로 부각되고 있는데 국내외에서는 인공지능 개발자와 기업들이 윤리 원칙과 가이드라인을 수립하고 이를 준수해야 한다는 요구가 제기되고 있으며 또한, 편견이나 차별성을 가진 데이터로 모델을 학습하는 것을 방지하기 위한 노력과 공정성을 보장하기 위한 정책 동향이 관찰된다.

- 알고리즘 투명성과 해석 가능성: 인공지능 모델인 챗GPT와 같은 모델은 복잡한 알고리즘과 학습된 데이터에 기반하므로 그 작동 원리가 투명하지 않을 수 있다. 이에 따라 인공지능 모델의 투명성과 해석 가능성을 높이기 위한 노력이 이루어지고 있다. 예를 들어, 모델의 의사 결정 과정을 설명할 수 있는 기술과 알고리즘 투명성을 검증하기 위한 기준과 프레임워크가 연구되고 제안되고 있다.

- 인공지능 인력 양성과 교육: 인공지능 챗GPT와 같은 모델의 개발과 활용을 위해서는 인공지능에 대한 이해와 관련된 인력의 양성이 필요하며, 인공지능 교육 및 인력 양성을 강화하는 정책과 교육 프로그램이 진행되고 있다. 예를 들어, 인공지능 교육 과정의 확대, 인공지능 연구소의 설립, 코딩 교육 등이 이루어지고 있다.

주요 인공지능 챗GPT 정책 동향은 다음과 같다.

- 인공지능 전략과 정책: 한국은 인공지능 분야의 선도 국가로 발전하기 위한 전략과 정책을 수립하고 있다. 정부는 인공지능 연구 및 개발을 촉진하고, 인공지능 산업의 성장을 지원하기 위한 정책과 자금을 제공하고 있다.

- 인공지능 윤리와 규제: 한국에서도 인공지능의 윤리적 측면과 규제에 대한 관심이 높아지고 있다. 인공지능 모델의 투명성, 공정성, 안전성, 개인정보 보호 등을 보장하기 위한 윤리적 가이드라인 및 규제 프레임워크의 개발이 진행되고 있다. 한국 정부는 인공지능의 윤리적 사용과 법적 규제를 강화하려는 노력을 기울이고 있다.

- 데이터 이용과 개인정보 보호: 한국에서는 인공지능 모델의 데이터 이용과 개인정보 보호에 대한 균형을 중요시하고 있다. 데이터 이용의 투명성, 동의 및 개인정보 보호에 대한 규제 및 가이드라인이 개발되고 있다. 한국 정부는 개인정보 보호와 데이터 보안에 대한 정책과 규제를 강화하고, 데이터 이용의 투명성과 합법성을 증진시키려는 노력을 기울이고 있다.

- 인공지능과 교육: 한국에서는 인공지능과 관련된 교육 및 인력 양성을 강화하기 위한 노력이 이루어지고 있다. 인공지능 교육 프로그램의 개발과 확대, 인공지능 분야의 인재 양성을 위한 교육과 훈련 기회를 제공하는 등의 정책이 추진되고 있다.

한국의 인공지능 챗GPT 정책은 한국 정부의 정책 목표와 인공지능의 윤리, 규제, 데이터 이용, 교육 등에 대한 고려를 반영한 것으로 예상된다. 그러나 정책은 상황에 따라 변화할 수 있으며 추가적인 변화와 업데이트를 지켜보아야 하다.

국내에서 메타버스 산업에 대한 관심과 투자가 증가하면서 정부는 최근 메타버스 분야에 대한 관심을 높이고 있으며, 정부 차원에서 메타버스 산업을 발전시키기 위한 정책도 마련되고 있다. 2021년 8월 문화체육관광부에서는 메타버스 산업 활성화를 위한 '메타버스 산업 육성 및 지원 방안'을 발표하였다. 이에 따라 메타버스 콘텐츠 제작을 위한 인프라 구축, 전문가 양성 및 지원, 국제적인 메타버스 산업 생태계 구축 등의 다양한 방안이 제시되었고, 2023년에는 다양한 정책을 추진하면서 메타버스 플랫폼·서비스·콘텐츠 발굴에 277여억 원 지원할 예정이다.

즉 정부는 메타버스 산업을 키우고자 메타버스 플랫폼 및 서비스 개발 지원과 메타버스 콘텐츠 발굴 등에 총 277억 5,000만 원을 투입한다. 과학기술정보통신부와 정보통신산업진흥원, 한국전파진흥협회는 2023년 메타버스 선도 프로젝트 사업과 융합형콘텐츠 개발 지원 사업을 실시했다.

또한, 2023년는 공공, 산업 융합, 기술 선도, 지역 등 4개 분야에서 13개 과제를 신규로 선정해 총 206억 원을 투입할 예정이다. 공공 분야에서는 대국민 호국·보훈 의식을 높이는 메타버스 현충원 플랫폼 과제도 2년간 총 20억 원을 지원한다. 산업 융합 분야에서는 건강 관리, 심리상담 등 다양한 헬스케어 서비스를 제공하는 메타버스 헬스케어 플랫폼 과제에 2년간 총 30억 원을 지원한다. 초·중·고 건강 장애 학생 대상 양질의 공교육 서비스 등을 제공하는 메타버스 교육 플랫폼 과제도 각각 2년간 총 30억 원을 지원한다.

< 초거대 AI 특허 출원(국적별) 동향 >

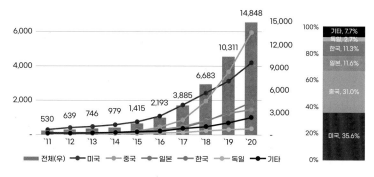

[그림 3] 초거대 AI 특허 출원(국적별) 동향

국내의 메타버스 관련 정책은 크게 세 가지로 구분할 수 있다.

첫째, 메타버스 기술의 발전을 촉진하기 위한 연구 개발 지원이다. 이를 위해 한국정보화진흥원(KISA)과 중소벤처기업부에서는 메타버스 관련 산업기술 개발 사업을 추진하고 있다. 또한, 한국정보화진흥원에서는 메타버스 콘텐츠 및 플랫폼 개발을 위한 지원 사업도 진행하고 있으며, 메타버스 관련 산업 동향을 분석하고 관련 정보를 제공하는 등 메타버스 산업의 활성화를 위해 노력하고 있다.

둘째, 메타버스 분야에서의 창업을 지원하기 위한 정책이다.

국내외 메타버스 분야 스타트업을 발굴하고 지원하기 위해 중소벤처기업부에서는 '메타버스 스타트업 인큐베이팅 사업'을 추진하고 있으며, 이를 위해 서울메트로폴리탄 정보산업진흥원에서는 메타버스 스타트업 지원 프로그램을 운영하고 있다.

셋째, 메타버스 활성화를 위한 정책이다. 문화체육관광부에서는 메타버스를 활용한 문화예술 분야의 창조적 콘텐츠 생산과 활성화를 위한 '메타버스 예술가 프로젝트'를 추진하고 있다. 또한, 한국콘텐츠진흥원(KOCCA)에서는 메타버스를 활용한 온라인 콘서트 및 이벤트 등을 지원하고 있다.

이외에도 한국정보화진흥원에서는 메타버스 산업의 발전을 위해 정부와 민간연구기관, 산업체 등이 참여하는 '메타버스 산업 역량강화 기술개발 추진단'을 구성하여 기술 개발 및 정책 연구를 진행하고 있다.

또한, 문화체육관광부는 2021년에 메타버스 분야를 선정한 '미디어아트 기술개발사업'에 13개의 프로젝트를 선정하여 총 86억 원을 지원하고 있다. 이를 통해 메타버스 기술 개발과 미디어 아트 콘텐츠 제작 등 다양한 메타버스 산업 분야에 대한 연구 개발이 이루어지고 있다.

국내 대학에서도 메타버스 분야에 대한 연구 및 교육이 활발하게 이루어지고 있다. 예를 들어, 서울대학교에서는 메타버스 콘텐츠 제작 및 기술 개발을 위한 '메타버스 연구소'를 운영하고 있다.

인공지능 챗GPT의 주요 이슈와 법적 규제는 다양한 측면에서 논의되고 있다. 이는 기술적, 윤리적, 사회적, 개인정보 보호 등 다양한 영역에서 이슈가 제기되고 있다. 주요 이슈와 법적 규제 사항에 대해 간략히 알아보면 다음과 같다.

- 인공지능 편향성: 인공지능 모델은 학습 데이터의 특징을 반영할 수 있으며, 이로 인해 편향된 결정을 내릴 수 있다. 특정 인종, 성별, 사회적 경제적 계층 등에 대한 편견을 반영하는 경우가 있을 수 있으며, 이는 공정성과 차별을 야기할 수 있다. 이러한 편향성을 인식하고 개선하기 위한 연구 및 개발이 진행되고 있다.

- 개인정보 보호: 인공지능 챗GPT는 대화 기록을 분석하고 처리하는 데 사용될 수 있다. 따라서 개인정보 보호와 관련된 문제가 중요한 이슈로 부각되고 있다. 법적인 측면에서는 개인정보 보호법과 같은 법규제에 따라 개인정보 수집, 이용, 저장, 보호 등이 규제되고 있다.

- 윤리적인 사용과 규제: 인공지능 챗GPT는 사람과의 상호작용에서 인간의 대화와 유사한 대화를 생성할 수 있다. 따라서 윤리적인 사용과 규제가 중요한 이슈로 떠오르고 있다. 인공지능 모델의 악용 방지, 위조된 정보 생성의 방지, 도덕적인 가치와 사회적인 영향을 고려한 개발 등에 대한 논의가 진행되고 있다.

- 지적 재산권: 인공지능 챗GPT는 다양한 지식과 정보를 학습하고 활용할 수 있다. 이는 지적 재산권과 관련된 문제를 야기할 수 있으며, 학습 데이터의 저작권, 모델의 지식 출처 등을 적절히 다루는 것이 중요하다. 지적 재산권 보호와 관련된 법적인 규제 및 이슈에 대한 논의가 이루어지고 있다.

이러한 이슈들을 고려하여 인공지능 챗GPT와 같은 모델에 대한 법적인 규제가 필요하다고 여겨지고 있다. 개인정보 보호법, 광고 규제, 편견에 대한 규제, 윤리적 가이드라인, 지식 출처 투명성 등을 포함한 다양한 법적 규제와 가이드라인이 개발되고 있다. 이는 모델의 투명성, 공정성, 안전성, 개인정보 보호 등을 보장하기 위한 노력으로 이루어지고 있다.

메타버스가 차세대 디지털 패러다임의 핵심으로 부상하면서 경제적 성장 기회 및 이용자 편의성과 새로운 서비스 경험을 확장시키는 장점이 있는 반면에, 다양한 우려와 과제도 발생하고 있다. 메타버스는 기존의 '사이버 공간'과는 달리, 이용자가 가상 세계에서 현실과 동일하게 사회·경제·문화 활동을 할 수 있는 공간이기에 발생할 수 있는 문제점이 존재하기 때문에 메타버스 산업은 다양한 법적 이슈와 규제가 필요한 분야이다. 이는 메타버스에서 다양한 콘텐츠와 서비스가 제공되며, 이를 이용하는 사용자들의 권리와 이익이 보호되어야 하기 때문이다. 메타버스가 활성화되면 게임법 적용, 대체 불가 토큰(NFT) 등 경제 에코 시스템을 비롯해 저작권 등 지식 재산권, 개인 정보보호, 신종 범죄 등 다양한 법적·제도적 이슈들이 발생할 것이다. 원칙적으로는 이 같은 이슈에 현실 세계의 법과 제도를 대부분 적용할 수 있다. 하지만 메타버스이기 때문에 생길 수 있는 이슈, 피해가 증대되거나 분쟁이 빈발할 이슈, 특히 메타버스를 활성화하기 위한 법·제도적 이슈 등은 크게 부각될 것이다.

메타버스 속의 가상 주체인 아바타는 현실의 나이, 성별, 인종 등과 다른 다종의 자아로 설정이 가능하여, 가상 자아의 행위에 대한 책임 부과 문제가 부각된다. 즉 다중 자아 및 익명성을 기반으로 아동·청소년 및 프라이버시 보호 취약, 혐오·차별 행위 및 허위 정보 유포, 인간 소외 및 가상 세계 의존성 등은 증가하나 책임성은 낮아질 우려가 있게 된다. 이런 점에서 프라이버시와 데이터 보안 또한 메타버스에서 나타날 수 있는 우려 요소 중 하나이다.

경제·산업적 측면에서 볼 때에는 메타버스 내 블록체인 기반의 새로운 경제 시스템이 구축 중이라는 점에서, 새 경제 시스템에서 플랫폼-크리에이터·이용 사업자 간 공정 경쟁과 수익 배분 문제, 거래 관계에서의 이용자 보호 문제 등이 부각되어 디지털 가상 자산의 소유권·저작권 범위 등 법제를 정립할 필요가 있게 될 것이다. 기술적 측면에서 볼 때에는 메타버스가 국가 경쟁력 확보 동력과 이용자의 편익 향상의 기제가 되기 위해서는 관련 기술 개발과 표준화가 필요하며, 관련 기술의 수준 격차 해소 및 글로벌 표준화 동참이 필요하다.

앞으로 메타버스가 발전되면서 현실·가상 융합이 본격화될 수록 물리적 국경·국가 개념과 속지·속인주의적 법제도가 더욱 약화될 것으로 예상된다.

이런 측면에서 메타버스는 현재까지 다양한 윤리적 논의와 논란의 대상이 되고 있다. 이는 메타버스에서 제공되는 다양한 콘텐츠와 서비스가 다양한 사용자들에게 영향을 미치고, 이를 통해 발생하는 다양한 윤리적·법적 문제들이 있기 때문이다. 이에 대한 대표적인 논의들은 다음과 같다.

첫째, 가상 세계에서의 인간관계와 관련된 문제.

메타버스에서는 다양한 인간관계가 형성되었다. 이를 통해 발생할 수 있는 다양한 윤리적 문제들이 대두되고 있다. 예를 들어, 가상 세계에서의 성적인 상황, 이를 이용한 성범죄, 사이버 불링, 인종 차별 등이 대표적이다. 이를 해결하기 위해서는 메타버스에서 적극적인 윤리 교육과 법적 제도를 마련해야 한다. 실제로 메타버스 산업의 대표주자로 불리는 미국의 게임사 로블록스에서는 미성년자들에게 지속적으로 접근을 시도한 23세 남성이 징역 2년과 5년간의 성희롱 예방 명령을 선고받은 사건이 보도되었다. 해당 남성은 과거에 아동을 대상으로 한 그루밍 성범죄 전력이 있다는 것이 추가로 밝혀지면서 메타버스 내 성범죄 문제에 대한 문제가 대두되기도 했다. 세컨드 라이프와 같은 가상 세계에서 도박, 사기, 매춘 등 범죄가 발생하며 새로운 사회적 문제로 떠올랐다. 아바타의 인격권이라는 측면에서 보면 가상 세계 내에서 현실의 자아를 대변하는 존재인 '아바타'가 모여서 커뮤니티를 형성한다는 점에서 대한민국 정부는 '메타버스'

가 기존의 게임과는 다른 성격을 가지고 있다고 보았다. 코로나 19로 인한 사회적 상황으로 메타버스의 커뮤니티가 활성화되었고 이에 성범죄가 발생하였으나 '사람'이 아니기에 처벌 규정이 없는 실정이었다.

둘째, 콘텐츠의 문제.

메타버스에서는 다양한 콘텐츠가 제공되었다. 이 중에서도 인간의 삶과 관련된 콘텐츠, 특히 성인용 콘텐츠의 경우, 다양한 윤리적 문제가 발생할 수 있다. 왜냐하면 메타버스에서는 다양한 사용자들이 모여 다양한 활동을 하기 때문에, 이를 이용한 불법적인 내용과 행위가 발생할 수 있다. 따라서 이를 적절하게 관리하고, 불법적인 콘텐츠의 유포를 막는 법적 제도가 필요하다. 콘텐츠와 관련하여 사용자의 과몰입도 문제이다. 가상 세계, 특히 현실과 사회경제적 활동 양상이 닮은 메타버스에서는 기존 온라인 게임과 달리 일상생활로 인식하며 과몰입 심화 가능성이 높다. 가상 세계에 지나친 몰입으로 현실 일상은 황폐해지고 정체성 장애가 발생 가능한 점이 있다.

셋째, 거래와 결제 시스템과 관련된 법적 이슈.

메타버스에서는 다양한 가상 자산의 거래와 결제가 이루어지기 때문에, 이를 이용한 사기나 부정 거래, 불법적인 자금 세탁 등의 문제가 발생할 수 있다. 따라서 메타버스에서는 적절한 거래 시스템과 법적 제도가 필요하다. 또한, 가상 자산의 거래와 관련된 법적 이슈도 고려되어야 한다. 가상 화폐를 정당한 노동의 대가로 얻은 부가가치로 인정할 수 있느냐 하는 점도 문제이다. 현실 세계에서 옷과 같은 물건을 팔아 번 돈과 장물을 팔아서 번 돈은 구분된다. 합법적 자금과 불법적 자금으로 구분하여 불법 자금은 환수하거나 이를 근거로 체포도 가능하다. 하지만 가상 세계 가입자가 아바타 의상을 디자인하여 판매해 얻은 가상 화폐와 사행성 게임을 통해 발생된 가상 화폐는 동일한 가치로 여긴다. 가상 세계에서 이 둘을 명확히 구분하지 못하므로 문제가 발생한다.

또한, 가상 화폐를 새로운 거래 수단으로 인정할지에 관련한 문제도 있다. 인정 여부에 따라 가상 경제 활성화라는 긍정적 효과 기대가 가능한 반면, 불법 거래, 탈세에 대한 우려가 교차하는 상황이다. 가상 화폐의 현금화에 관한 논쟁은 국내의 경우 '게임산업진흥법'에 의해 가상 화폐 환전은 불법으로 취급되지만, 미국에서는 린든 달러 등의 가상화폐가 미화로 환전 가능한 상태이다. 미국의 로블록스 플랫폼은 10대 게임 제작자에게 100만 달러 수익을 안겨 주기도 하였으며, 게임 콘텐츠가 약 5천만 개에 달하고 인기 게임은 수천만 명 사용자를 확보하고 있다고 한다. 특히 가상 화폐를 사용하고, 현금화가 가능하여 수익 창출이 가능하다. 이처럼 가상 화폐 거래 신뢰성을 기반으로 NFT같은 디지털 자산의 원본을 인증하는 체계가 마련되면서 미래에는 디지털 자산에 대한 거래를 기반으로 메타버스에서 경제적 활동이 가능해질 것이다.

넷째, 데이터 보호와 개인정보 보호의 윤리적 문제.

메타버스에서는 사용자들의 다양한 개인정보가 수집되고 이를 기반으로 다양한 서비스가 제공되었다. 따라서 이를 적절하게 보호하고, 불법적인 이용과 수집을 막는 법적 제도와 시스템이 필요하다.

예컨대 유사하게 메타버스 환경에서는 이용자의 눈동자(eye-tracking), 신체 반응(kinematic fingerprint) 등의 정보가 상시적으로 수집·이용되며, 특히 VR 기기 등을 활용하는 확장현실(XR) 분야에서 더욱 그러하다. 또한, 광고, 연구, 서비스 성능 개선 등 다양한 목적으로 이러한 정보가 수집·이용될 수 있으나 이용자는 수집 사실 자체를 인식하지 못할 가능성도 있다.

개인정보보호법상 정보통신 서비스 제공자는 계약 이행을 위한 경우에도 이용자의 동의를 받아야 하고 특히 '개인의 신체적, 생리적, 행동적 특징에 관한 정보로서 특정개인을 알아볼 목적으로 일정한 기술적 수단을 통해 생성한 정보'인 생체 정보 수집·이용 시에는 별도의 동의를 받아야 한다(제23조, 제39조의3). 메타버스 이용 시 수집되는 눈동자 추적, 신체 반응 등의 정보가 개인정보보호법 제23조상의 생체 정보에 해당하는지 여부에 대한 검토가 필요하며 만일 생체 정보에 해당할 경우 생체 정보 수집 시 서비스 제공을 위해 필수적인 경우와 그렇지 않은 경우를 명확히 구분하여 이용자에게 고지하고 후자에 대하여는 거부권을 보장하는 등의 장치를 고려해 볼 필요가 있을 것이다.

한국 소비자원에 따르면, 인터넷에서 개인정보의 제공 및 공유 시점이 매우 명확한 반면, 메타버스에서는 현실 세계와 마찬가지로 누구에게 어느 시점에 어떤 목적으로 공유되는지 확인되기 어렵다는 특징을 지닌다. 특히 '경험'을 중심으로 참여에 몰입하는 세계인 메타버스에서 아동의 프라이버시 보호는 매우 어려운 게 현실이다.

다섯째, 저작권과 지적재산권과 관련된 문제.

메타버스에서는 다양한 콘텐츠가 제공되는데, 이에 대한 저작권과 지적재산권 문제가 발생할 수 있다. 따라서 적법한 저작권과 지적재산권 보호를 위한 법적 제도가 필요한다. 메타버스 내에서 이용자들은 창작 활동과 수익 활동이 가능하기에, 이에 대한 창작물에 대한 저작권 문제가 발생할 수 있다. 많은 메타버스 기업은 창작자의 소유권을 증명할 수 있는 대체 불가 토큰(NFT)을 이러한 저작권 문제의 대안으로 보고 있으나, NFT 또한 투기·사행성 등의 위험이 쟁점으로 떠오르고 있다.

사이버 마약의 사례처럼, 현행법이 규정하지 않아서 법률에 없는 새로운 유해물 혹은 범죄가 발생할 경우 이를 통제할 수 없다.

메타버스는 기존의 현실 세계와는 다른 가상의 세계이지만, 법적으로는 기존의 현실 세계와 동등한 지위를 가지게 되었다. 따라서 메타버스에서의 활동은 법적으로 규제되는 사항들이 다양하게 있다고 볼 수 있으며, 이러한 법적 이슈와 규제를 해결하기 위해서는 산업 자체에서 적극적인 제도 개선과 규제 준수를 통해 이를 해결할 필요가 있다. 또한, 관련 기관과 협력하여 메타버스 산업의 발전을 지원하면서도, 이를 안전하게 운영할 수 있는 법적 제도가 마련되어야 한다.

이와 관련되는 법들은 다양하게 있으며 직접적인 관련 법들은 다음과 같다.

- 저작권법

메타버스에서는 가상 세계 내에 다양한 콘텐츠들이 존재한다. 이러한 콘텐츠들은 저작권법에 의해 보호되었다. 따라서 메타버스에서 콘텐츠를 이용하거나 제작할 때는 저작권법을 준수해야 한다.

- 개인정보보호법

메타버스에서는 사용자들의 개인정보가 수집되고 관리되었다. 따라서 메타버스 운영자들은 개인정보보호법을 준수해야 하며, 사용자들의 개인정보를 안전하게 보호해야 한다.

- 공정거래법

메타버스에서는 상업적인 활동이 이루어질 수 있다. 이 경우 공정거래법에 따라 광고 및 판매 활동에 제한이 있을 수 있다.

- 청소년보호법

메타버스에서는 청소년들도 쉽게 접근할 수 있으므로, 청소년보호법에 따라 유해 정보와 성적인 콘텐츠에 대한 접근이 제한될 수 있다.

- 형법

메타버스에서도 범죄가 발생할 수 있으며, 이 경우 형법에 따라 처벌될 수 있다. 예를 들어, 메타버스에서 사기, 절도, 욕설, 성폭력 등 범죄 행위를 일으키는 경우, 해당 범죄 행위자는 형사 처벌을 받을 수 있다.

메타버스는 관련된 윤리적, 법적 논의들을 바탕으로, 관련 산업에 대한 적극적인 교육이 필요할 것으로 보이며, 메타버스에서 활동을 할 때는 법적인 측면을 충분히 고려하고, 법령을 준수하는 것이 중요할 것이다.

6. 메타버스에서의 인공지능 챗GPT 활용

현재 챗GPT로 촉발된 언어 모델 기반 서비스의 가능성이 가시화됨에 따라 빅테크 기업들은 대규모 언어 모델과 생성형 AI 챗봇 서비스 출시 계획을 발표하고 있다.

생성형 AI 서비스는 향후 업무 효율화를 극대화하고 신규 창작물을 빠른 속도로 생성하면서 산업 생태계 전반에 걸쳐 영향을 미칠 것으로 예상되며 콘텐츠 산업, IT 산업, 제조업을 중심으로 다양한 측면에서 응용이 가능하다. 예컨대 광고·미디어 분야에서는 사용자가 원하는 방식으로 '빨리', '맞춤형'의 다양한 콘텐츠 생성이 가능하고, 반도체 분야에서는 AI 및 데이터 센터용 반도체에 대한 수요 증가가 예상된다. 사이버 보안 분야에서는 테스트, 공격, 사고에 대한 분석 자료 작성, 분석한 데이터를 기반으로 고위험군 이벤트 선별이 가능하고, 신·변종 위협 탐지 등도 가능하다. 제조업 분야에서는 신약 개발, 재료 설계, 데이터 합성 등 거의 모든 분야에서 엄청난 영향을 미치며 상당히 다양하게 활용될 것이다.

생성형 AI 활용 과정에서 법적·윤리적 측면의 해결해야 할 과제가 다양하게 존재한다. 현재 몇몇 국가에서는 적극적으로 규제 조치를 시행하였다. 미국 연방거래위원회는 AI테크 기업 조사 착수, 국가통신정보국(NTIA)은 AI 모델 출시 전 위험성 확인 인증에 대한 규제 사전 검토 시작(2023.4)하고, 이탈리아 데이터 보호청은 국가 차원에서 자국 내 접속을 차단(2023.3)하였고, 영국에서도 AI 산업 및 규제 가이드라인이 포함된 AI 백서를 발간(2023.3)하였다. 국제 학술지 《네이처》, 《사이언스》에서도 챗GPT를 논문 저자로 인정하지 않는 가이드라인을 제시하고 있는 데(2023.1.) 이는 허위정보, 저작권, 논문 표절, 개인정보보호 및 보안, 답변의 윤리 이슈, 부정 행위, 학습 능력 및 창의성 저하 등 다양한 문제 이슈가 있다는 측면과 일부 개발자 및 기업 영향력이 집중되면서 인간의 편견이 시스템에 반영되거나 이를 활용하는 방식에 따라 국가 안보 문제가 발생할 가능성 존재가 있기 때문이다.

또한, 챗GPT가 만능(Perfect)'이 아니라는 한계를 역시 인식해야 한다. 기본적으로 챗GPT는 끊임없는 학습과 종합적 추론을 바탕으로 기존에 배우지 않았던 문장이나 언어 표현을 스스로 '창작'해 낼 수 있는 능력을 갖추고 있는 건 확실하다. 그러나 챗GPT는 언제까지나 훈련 데이터 기반으로만 응답을 생성할 수 있으며, 훈련 데이터의 출처마저 명확하지가 않아 챗GPT가 제공하는 정보에 의존하는 것은 큰 리스크라 할 수 있다. (보조 역할 가능). 또한, 상황에 대한 이해가 불명확할 수도 있으며, 일부 상식적인 추론과 지식을 이해하고 처리하는 능력이 부족한 점과 훈련 데이터 기반으로만 응답을 생성할 수 있어 창의력이 부족하다는 점, 또 훈련 데이터에 존재하는 편향과 한계를 그대로 반영한다는 점이다. 또한, 받는 질문들에 민감하게 작용하여 같은 질문을 어떻게 물어보느냐에 따라 답변 가능·불가능이 결정되며 챗GPT는 언제까지나 '기계'이기에 기계 특유의 반복성이 존재하는데, 같은 문장이나 표현을 반복하여 쓸 수 있으며, 질문자의 의도를 재확인할 수 있는 매커니즘이 없어, 아직까지는 질문자의 의도를 '추측'할 수밖에 없는 시스템이며, 유해성 컨텐츠에 대해 이전 모델들보다는 향상된 분별력을 보이나, 완벽하지는 않다는 한계점이 존재한다고 볼 수 있다.

메타버스에 인공지능이 결합하게 된다면 어떤 결과를 맞이할 것인지에 대해서도 많은 가능성이 보인다. 메타버스에서는 사용자 서비스 향상과 가상 공간 개발 등의 지원이 가능하게 될 것이다. 메타버스는 실존하는 물리 세계가 아닌 디지털상에 존재하는 가상 세계이고, 인공지능 또한 디지털 데이터를 학습하여 인간과 유사한 판단을 하는 기술이다. 따라서 메타버스와 인공지능의 만남은 아주 자연스럽다고 할 수 있다.

인공지능 기술은 메타버스와 같은 가상현실 공간의 발전에 큰 영향을 미칠 수 있다. 예를 들어, 메타버스에서는 가상 캐릭터나 로봇과 대화하는 것이 중요한 요소 중 하나로 이때 인공지능 대화 모델은 자연스러운 대화를 구사하는 데 도움이 될 수 있다. 또한, 인공지능 기술을 사용하여 메타버스 내에서 자동화된 행동을 수행하는 로봇이나 AI 캐릭터를 개발할 수도 있다.

또한, 인공지능은 메타버스에서 수집되는 대량의 데이터를 분석하고 이를 활용하여 사용자 경험을 개선하는 데 사용될 수 있다. 예를 들어, 메타버스에서 사용자들이 어떤 기능을 가장 많이 사용하는지, 어떤 종류의 아이템을 선호하는지 등을 분석하여 이를 기반으로 새로운 서비스를 개발할 수 있다.

이러한 측면에서, 인공지능 기술은 메타버스와 같은 가상현실 공간의 발전을 촉진하고 사용자 경험을 개선하는 데 중요한 역할을 할 것으로 기대된다.

챗GPT와 메타버스가 만났을 때 일어날 수 있는 변화는 어떤 것이 있을 수 있는가를 파악해 보면, 챗GPT와 메타버스가 만난다는 것은 챗GPT를 메타버스 내에 AI 캐릭터 또는 가상 로봇으로 구현한다는 것을 의미하는데, 이때 나타날 수 있는 변화는 다음과 같이 생각할 수 있다.

- 자연어 이해 및 처리: 챗GPT는 인간과 대화하는 것을 목표로 학습된 모델이다. 메타버스에서는 이러한 인공지능 캐릭터나 로봇이 사용자와 대화를 하기 위해 자연어 이해 및 처리 능력이 필요하고 따라서 챗GPT의 자연어 처리 기술을 메타버스 내에서 활용하여 자연스러운 대화를 구사할 수 있는지가 티핑포인트가 될 것이다. 메타버스 내에서 자연어 처리 기술을 적용하여 사용자의 자연어 질문에 대답하는 챗GPT를 이용하여 쉽고 빠르게 정보를 제공할 수 있다.

- 상호작용 및 행동: 메타버스에서는 캐릭터나 로봇이 사용자와 상호작용하고, 일정한 행동을 수행할 수 있어야 하며, 따라서 챗GPT를 메타버스 내에서 구현할 때는 캐릭터의 행동을 결정하고 실행하는 데 필요한 기술도 함께 고려해야 하며, 이러한 기술은 인공지능의 강화학습 기술 등이 될 수 있다.

- 개인화: 챗GPT는 사용자와 대화를 하면서 사용자의 입력에 따라 대화 내용이 바뀌고 이를 통해 챗GPT는 사용자에 대해 일정한 정보를 수집하고, 사용자에 맞는 맞춤형 대화를 제공할 수 있다. 이러한 개인화 기능을 메타버스 내에서도 적용할 수 있다면 사용자들에게 보다 나은 경험을 제공할 수 있을 것이다.

즉 챗GPT와 메타버스가 만난다면 자연어 처리, 상호작용 및 행동, 그리고 개인화 등의 기술적인 측면에서 티핑포인트가 될 것으로 보인다.

이런 측면에서

첫째, 인공지능인 챗GPT은 메타버스에서의 개인화된 경험의 완성도를 높여줄 수 있다. 예컨대 메타버스 내에서 챗GPT를 이용하여 가상 캐릭터와 대화할 수 있다. 이를 통해 가상 캐릭터에서 정보를 얻거나 상호작용할 수 있다. 메타버스는 사용자가 가상 공간을 현실로 착각할 만큼의 몰입 경험을 제공하는 것이 중요하다. 높은 몰입 경험을 위해서는 시각, 청각 혹은 현재 활발히 연구가 진행되고 있는 촉각, 후각 정보를 실감 나게 제공하여 현실감을 주는 것이 우선이겠지만, 사용자가 받아들이는 정보들이 얼마나 자연스럽게 연결되느냐 또한 중요하다. 최근 발표되고 있는 초거대 AI 모델이 갖춘 맥락 연계 능력은 더 나은 실감과 현실 유사 경험을 사용자에게 제공하게 될 것이다.

둘째, 인공지능은 메타버스 서비스 공급자와 사용자 간의 상호작용을 강화시켜 줄 수 있다. 메타버스에서 챗GPT를 이용하여 상호작용 기능을 구현할 수 있다. 예를 들어, 사용자가 입력한 문장에 따라 캐릭터의 표정이 변화하거나, 대화 내용이 변하는 등의 상호작용을 구현할 수 있다. 메타버스에서 쇼핑을 할 때, 챗GPT를 이용하여 상품 추천 서비스를 제공할 수 있다. 사용자의 선호도나 이전 구매 내역 등을 고려하여 최적의 상품을 추천해 줄 수 있다. 메타버스의 가상 소매점에서 옷을 사고 있다고 가정해 보자. 챗GPT 아바타 점원은 고객에게 인사를 하고 선호도를 물으며 스타일과 예산에 맞는 옷을 추천한다. 또한, 컴퓨터 비전 기술은 이미 보유하고 있던 실제 고객의 체형 데이터를 분석하여, 해당 옷이 물리 세계에서는 어떤 느낌일지를 시각적으로 제안한다. 현실 구매와도 연결될 수 있다.

굳이 아바타가 등장하는 메타버스가 아닐지라도 인공지능과 메타버스의 결합이 가능하다. VR을 착용하고 가상 공간의 놀이방에서 지시 사항을 이행하게 되는데, 이 과정에서 게이머의 작은 동작이나 반응들은 인공지능의 정확한 진단을 위한 데이터로 활용될 수 있다. 가상 여행 가이드도 가능하다. 메타버스 내에서 가상 여행을 할 때, 챗GPT를 이용하여 가상 가이드로 활용할 수 있다. 사용자가 원하는 여행 정보를 제공하고, 관련 정보를 제공하여 사용자의 체험을 개선시킬 수 있다.

위와 같은 방법 외에도, 향후 사용자의 요구와 목적에 따라 적절한 방법을 선택하여 활용할 수 있을 것이다.

위의 몇 가지 사례뿐만 아니라 메타버스와 인공지능의 결합

가능성은 무궁무진하다. 우리가 살아가는 공간의 확장이자 소통 방식의 확장, 나아가서는 아바타를 통한 자아의 확장, 디지털 휴먼을 활용한 인간관계의 확장이 가능하게 될 것이며, 이를 통해 궁극적으로 경험의 확장을 얻게 될 것이다.

7. 인공지능 챗GPT와 메타버스의 향후 발전 방향과 전망

인공지능 챗GPT의 향후 발전 방향과 전망은 다음과 같은 측면에서 예상된다:

- 모델의 성능 향상: 인공지능 챗GPT는 지속적인 연구와 개발을 통해 모델의 성능을 향상시킬 것으로 예상되며 더 나은 자연어 이해, 문맥 이해, 응답 생성 등을 위한 알고리즘 및 모델 아키텍처의 개발이 이루어질 것으로 예측된다. 이는 더욱 자연스러운 대화를 생성하는 능력과 다양한 분야에서의 응용 가능성을 향상시킬 것이다.

- 도메인 특화 및 맞춤화: 인공지능 챗GPT는 특정 도메인에 대한 지식과 이해를 향상시킬 수 있는 방향으로 발전할 것으로 예상되며, 도메인 특화 모델의 개발과 맞춤화된 대화 시스템의 구축을 통해, 예를 들어 의료, 금융, 법률 등 특정 분야에서 더욱 정확하고 유용한 대화를 제공할 수 있게 될 것이다.

- 다중 모달 대화: 현재의 인공지능 챗GPT는 주로 텍스트 기반 대화에 초점을 맞추고 있지만, 향후 다중 모달 대화에 대

한 연구와 개발이 확대되어 음성, 이미지, 동영상 등 다양한 형태의 입력과 출력을 다룰 수 있는 다중 모달 대화 시스템의 발전이 예상되며, 이는 보다 풍부하고 다양한 상호작용 경험을 제공할 수 있게 될 것이다.

- 윤리적 고려와 규제 강화: 인공지능 챗GPT의 발전과 함께 윤리적인 고려와 법적 규제의 중요성이 강조되어 편향성, 개인정보 보호, 도덕적 사용 등에 대한 고려가 강화되며, 이를 위한 윤리적 가이드라인과 법적 규제가 발전하게 될 것이다.

- 협력과 통합: 인공지능 챗GPT는 단일 모델로 동작하지만, 향후에는 다양한 인공지능 시스템과의 협력과 통합이 진행되어 다양한 인공지능 기술과 서비스와의 연결성을 통해 효과적인 정보 공유, 자동화된 작업 처리, 개인화된 서비스 제공 등이 가능해질 것이다.

인공지능 챗GPT의 향후 발전은 더욱 자연스럽고 유용한 대화 시스템의 구현을 위한 연구와 기술의 발전을 끌어낼 것이지만 동시에 윤리적, 사회적, 법적인 측면에서의 고려와 규제가 더욱 중요해질 것으로 예상된다.

메타버스의 경우도 현재 빠른 속도로 발전하면서 더욱 혁신적인 방향으로 나아가고 있다. 메타버스가 어떤 시장을 형성하고, 기존 산업의 어느 영역을 대체하거나 확장할 수 있는지는 아직까지 추정의 영역이다. 최근 유행하는 메타버스 산업의 서비스들은 초기 서비스의 출시 방향성에 따라 게임형, 소셜형, 산업 및 실생활형 메타버스로 구분할 수 있다. 그중에서 메타버스 서비스가 가장 처음 본격적으로 활용되는 영역은 게임 산업으로 예상된다. 메타버스는 게임 산업과도 깊은 관련이 있다. 이는 메타버스가 게임과 유사한 형태로 구성되어 있기 때문이다. 게임 산업은 이미 큰 성장을 이루어 왔으며, 메타버스 산업의 성장과 함께 게임 산업도 큰 폭으로 성장할 것으로 기대되었다.

다양한 측면에서 향후 발전 방향과 전망은 다음과 같이 예측할 수 있을 것이다.

- 현실감 있는 가상 경험과 현실의 융합

메타버스는 현재 가상의 공간에서 이루어지는 경험을 제공하고 있지만, 더욱 진보된 가상 공간 기술과 함께 인공지능, 빅데이터, 블록체인 등 다양한 기술들을 융합하여 기술적인 발전과 콘텐츠의 다양성과 질이 개선될 것으로 예상되어 더욱 혁신적인 메타버스를 만들 것이다. 앞으로는 현실과 가상이 융합하는 경험을 제공하며 예를 들어, 가상과 현실의 경계가 흐려지는 증강현실 기술과 결합하여 가상 공간에서 현실감 있는 경험을 제공할 수 있을 것으로 예상된다.

- 메타버스 플랫폼의 다양화

현재 대표적인 메타버스 플랫폼으로는 로블록스, 제페토, 메타버스 등이 있지만, 앞으로는 다양한 메타버스 플랫폼이 등장하여 플랫폼 간의 연동이 이루어져 더욱 다양한 경험을 제공할 수 있을 것으로 예상되고 게임, 미디어, 엔터테인먼트 분야를 넘어 다양한 산업 분야들과 융합할 가능성이 크다. 예를 들어, 교육, 의료, 부동산, 패션 등 다양한 산업들이 메타버스에 적용될 가능성이 있다.

– 확장성과 개방성 강화

메타버스의 발전에는 확장성과 개방성이 중요한 역할을 할 것으로 예상되는데, 메타버스는 다양한 콘텐츠를 제공할 수 있는 장점을 가지고 있기 때문에 미디어, 게임, 교육, 의료 등의 산업에서도 메타버스를 활용한 새로운 콘텐츠가 개발되고 메타버스가 소셜 미디어와 함께 발전하면서 앞으로는 더욱 발전된 소셜 미디어 기능이 추가될 것으로 예상된다. 예를 들어, 가상 세계에서의 소셜 미디어 서비스, 가상현실에서의 소셜 미디어 서비스 등이 추가될 것으로 예상되며, 이를 통해 더 많은 사용자와 참여자들이 메타버스를 이용할 수 있도록 개방성을 강화하며, 확장성을 높여 다양한 분야에서의 응용이 가능하도록 발전할 것으로 예상된다.

– 새로운 비즈니스 모델의 탄생

메타버스는 새로운 비즈니스 모델을 탄생시킬 것이다. 메타버스는 가상현실, 증강현실, 인공지능, 블록체인 등 다양한 기술과 융합될 가능성이 있다. 이러한 기술적 발전은 메타버스 산업에서 새로운 경험과 새로운 비즈니스 모델을 제공할 것으로 기대된다. 예를 들어, 메타버스 내에서의 광고, 상거래, 교육 등 다양한 비즈니스 모델이 생겨나고 있으며, 가상 라이브 콘서트, 가상

먹방, 가상 여행 등의 다양한 콘텐츠가 추가될 것으로 예상되며 이러한 모델을 통해 수익화 모델도 발전할 것으로 예상된다. 다양한 산업 분야와의 융합이 예상된다. 예를 들어, 메타버스를 활용하여 실제 공간에서 일어나는 이벤트나 전시회, 회의 등을 가상 공간에서도 참여할 수 있도록 제공할 수 있다.

- 블록체인 기술의 활용 확대

블록체인 기술은 메타버스에서 거래가 더욱 안전하게 이루어지도록 하고, 데이터의 신뢰성을 높여 주는 역할을 할 것으로 예상된다. 블록체인 기술의 활용이 더욱 확대될 것으로 예상되며, 블록체인과 메타버스의 결합으로 새로운 경제 생태계가 형성될 가능성이 크다.

- 규제에 관한 관심 부각

메타버스 산업의 규제와 법적 측면에 대한 관심이 높아질 것이며, 메타버스 산업은 다양한 법적 이슈를 포함하고 있기 때문에 이러한 이슈들을 해결하고 규제를 정비하는 작업이 필요할 것이며, 개인정보 보호와 보안이 매우 중요한 이슈로 부각될 것으로 예상된다.

메타버스에서 인공지능인 챗GPT를 활용하는 방안도 크게 부각될 것으로 보인다. 메타버스는 가상현실 기술과 인터넷 기술의 발전으로 현재로서는 일부 메타버스 플랫폼이 이미 상용화되어 있으며, 사용자들은 가상 세계에서 다른 사용자들과 상호작용하고, 가상 환경에서 서비스를 제공하거나 참여할 수 있다. 또한, 메타버스는 여러 산업 분야에서 활용될 가능성이 높은 기술로 인식되고 있으며, 기술 발전 속도가 빠르게 가속화되고 있다.

그러나 메타버스가 실현 가능한 수준이 되려면 다음과 같은 기술적, 경제적, 사회적 이슈들을 극복해야 할 것이다.

- 기술적 문제: 메타버스는 매우 복잡한 기술적 문제들을 해결해야 하는데 대규모 동시 접속을 지원하는 서버 기술, 사용자 경험을 최적화하는 그래픽 및 물리 엔진, 그리고 인공지능 기술 등이 필요하다.

- 경제적 문제: 메타버스의 구현에는 막대한 자금이 필요하다. 현재로서는 일부 대기업과 스타트업이 메타버스 분야에 투자하고 있지만, 메타버스가 보다 넓은 산업 분야에서 보편적으로 사용되려면 경제적 지원이 더욱 필요할 것이다.

- 사회적 문제: 메타버스는 현실 세계와 매우 유사한 가상 세계를 구현하므로, 다양한 사회적 문제가 발생할 가능성이 있고, 이를 극복하기 위해 메타버스 플랫폼은 사용자들의 안전을 보장하고, 질서를 유지하는 제도와 규제가 필요할 것이다.

종합적으로, 메타버스는 현재 실현 가능한 기술이지만, 여전히 해결해야 할 문제들이 많이 남아 있다. 하지만 인공지능 기술 발전과 자본 투자 등을 통해 메타버스의 구현 가능성이 점차 높아지고 있다고 할 수 있다.

챗GPT 인공지능과
메타버스 생태계 및 밸류체인

안종배(국제미래학회 회장)

챗GPT 인공지능과
메타버스 생태계 및 밸류체인

1. 챗GPT 인공지능 생태계와 밸류체인

1) 챗GPT 인공지능 역사와 미래

필자가 2005년 미국에서 개최된 세계미래협회의 컨퍼런스에 참석하였을 때 미래학자 레이 커즈와일이 '인공지능의 미래'란 주제로 기조강연을 하였다. 당시엔 인공지능이란 용어도 생소했었는데 레이 커즈와일은 2005년 당시의 인공지능은 잠자리 같은 곤충의 두뇌와 같은 수준이고 점차 발전하면서 2023년이 되면 성인 전문가 두뇌 수준으로 인간과 자연스럽게 대화하는 인공지능이 나타날 것이라고 하였다. 또한, 이후부터는 인공지능의 발전 속도가 더욱 가속화되어 2045년 늦어도 2050년이 되면 전 인류 두뇌의 합보다 인공지능이 뛰어나게 되는 특이점, 즉 싱귤래리티(Singularity) 시대가 시작될 것이라고 레이 커즈와일은 주장하였다.

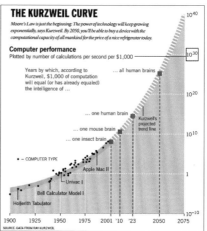

[그림 1] 필자와 레이 커즈와일 　　　[그림 2] 레이 커즈와일이 발표한 AI 발전 커브

　실제로 그의 예측되로 2023년 챗GPT-4가 시작되면서 인공지능은 모든 영역에서 성인 전문가 수준으로 인간과 시청각을 활용하여 자연스럽게 대화할 수 있게 되었다.

　챗GPT의 역사는 OpenAI의 GPT 시리즈와 연관되어 있으며, 여러 세대의 발전을 거쳐 현재의 모습이 완성되었고 지속 개발 발전되고 있다.

　OpenAI는 2015년 일론 머스크와 샘 알트만, 그리고 다른 선도적 인공지능 연구자들에 의해 설립된 비영리 인공지능 연구 기관이다. 이 기관의 목표는 인공지능 기술의 발전을 촉진하고, AI를 안전하게 발전시키며, 인공지능을 모든 인류에 이로운 형태로 그 이점을 나누는 것이다. GPT 시리즈는 OpenAI에서 개발한 대표적인 자연어 처리 모델로서, 여러 버전이 연구 및 발표되었고 지속적으로 발전되고 있다.

GPT (Generative Pre-trained Transformer) 시리즈 시작은 첫 번째 버전인 GPT-1으로 2018년 발표되었다. 이 모델은 약 1억 1,700만 개의 파라미터를 가지고 있으며, 사전 훈련과 세부 튜닝으로 구성된 Transformer 기반의 언어 모델이다. 이 초기 버전은 자연어처리(NLP)에서 뛰어난 성능을 보여 주며 자연어 이해와 생성 능력을 갖춘 인공지능의 가능성을 보여 주었다.

두 번째 버전인 GPT-2는 2019년 발표되었다. 이전 버전에 비해 파라미터 수와 학습 데이터가 크게 확장되었으며, 최대 15억 개의 파라미터를 가지고 있다. 이전 버전보다 학습 데이터가 확장되었고, 성능도 크게 향상되었다.

세 번째 버전인 GPT-3는 2020년 발표되었다. 이 모델은 약 1,750억 개의 파라미터를 가지고 있으며, 큰 규모와 향상된 성능을 제공한다. 또한, "Zero-Shot Learning" 능력을 갖춘 것이 특징이다.

Zero-Shot Learning은 기계 학습의 한 분야로, 모델이 학습 데이터 세트에 없는 새로운 클래스나 카테고리에 대해서도 올바른 추론을 할 수 있는 능력을 의미한다. 다시 말해, 학습 과정에서 본 적 없는 데이터나 상황에 대해 모델이 정확한 예측이나 분류를 수행할 수 있는 학습 방법이다. 일반적인 지도 학습(supervised learning)에서는, 모델은 훈련 데이터를 통해 특정 클래스 또는 카테고리를 학습하고, 이를 바탕으로 새로운 데이터에 대한 예측을 수행한다. 그러나 이러한 방식은 학습 데이터 세트에 없는 새로운 클래스에 대해서는 잘 대처하지 못할 수 있다.

Zero-Shot Learning 모델은 학습 과정에서 본 적 없는 데이터에 대해 어떻게 작동해야 하는지에 대한 정보를 얻게 된다. 이는 주로 학습 데이터의 세부 정보, 관련 개념, 속성 등을 활용하여 이루어진다. 이렇게 함으로써, 모델은 새로운 클래스에 대한 통찰력을 얻게 되어, 훈련 데이터 세트에 없는 새로운 상황에 대해 더 나은 추론을 할 수 있게 된다. GPT-3 인공지능 모델은 이러한 Zero-Shot Learning 능력을 갖추고 있어, 다양한 자연어 처리 작업에서 본 적 없는 데이터에 대해서도 높은 성능을 보여 준다. 이를 통해, 인공지능은 보다 일반화된 추론 능력을 가지게 되어 다양한 상황에서 더욱 유연하게 대응할 수 있게 된다.

네 번째 버전인 챗GPT는 GPT-3.5버전으로 2022년 12월 1일(한국 시점) 발표되었다. 이 모델은 GPT-3를 기반으로 하므로, GPT-3와 유사한 수의 파라미터를 가지고 있다. 챗GPT는 대화형 인공지능으로, 대화 상황에서 자연스럽고 지식 기반의 응답을 제공하는 것이 목적이다. 챗GPT는 GPT-3를 기반으로 하지만 다음과 같은 몇 가지 차이점과 강화된 내용이 있다.

(1) 대화형 최적화

챗GPT는 대화 상황에 최적화되어 있다. 이는 모델이 사용자와의 대화에서 보다 자연스러운 응답을 생성하도록 훈련되었다는 것을 의미한다.

(2) 사용자 입력 처리

챗GPT는 사용자의 질문, 명령, 요청 등 다양한 입력을 처리할 수 있도록 특별히 훈련되었다. 이를 통해 사용자와 더욱 원활한 상호작용을 제공한다. GPT-3 역시 사용자 입력을 처리할 수 있지만, 챗GPT만큼 대화 상황에서 높은 성능을 보이지는 않을 수 있다.

(3) 지식 기반의 응답

챗GPT는 지식 기반의 응답을 생성하는 데 더욱 초점을 맞추고 있다. 즉 사용자의 질문에 대해 특정 정보나 사실을 제공하는 것이 주요 목표이다.

(4) 상황 인식 및 일관성

챗GPT는 대화 상황을 인식하고, 일관성 있는 답변을 제공하기 위해 개선되었다. 이를 통해 사용자와의 대화에서 보다 자연스럽고 일관된 응답을 생성할 수 있다.

이처럼 챗GPT는 GPT-3의 기술적 기반을 바탕으로 대화형 인공지능으로 최적화되어 있다. 이로 인해 사용자와의 대화에서 보다 자연스러운 상호작용과 지식 기반의 응답을 생성할 수 있다. 이러한 차이점과 강화된 내용으로 인해 챗GPT는 대화 상황에서 높은 성능을 보이며, 다양한 대화형 애플리케이션에 적합한 인공지능으로 활용될 수 있다.

다섯 번째 버전인 GPT-4는 2023년 3월 15일(한국 시점) 발표되었다. 이 모델은 GPT-3보다 더 많은 파라미터를 가지고 있지만, 정확한 파라미터 수는 확인할 수 없다. GPT-4는 GPT 시리즈의 최신 버전으로, 더 큰 규모와 개선된 성능을 제공한다. GPT-3보다 더 발전된 자연어 처리 능력을 갖추고 있으며, 일반적인 NLP 작업에서 높은 성능을 보일 것으로 예상된다. 특히 추가적으로, 멀티모달 기술도 포함되어 있다.

멀티모달 기술은 여러 종류의 데이터를 동시에 처리하고 이해하는 인공지능 모델을 의미한다. 예를 들어, 텍스트와 이미지, 비디오, 오디오 등 여러 종류의 데이터를 동시에 처리하여 각 데이터 사이의 관계를 파악하고 예측을 수행할 수 있는 기술이다. 멀티모달 기술을 통해 인공지능은 다양한 데이터를 처리하며, 사람처럼 복잡한 상황에 대해 시청각을 활용하여 더 정확한 추론을 할 수 있게 된다. 예를 들어, 멀티모달 기능으로 다음과 같은 일을 수행할 수 있게 된다.

(1) 이미지와 텍스트의 상호작용

이미지에 있는 객체를 설명하는 텍스트를 생성하거나, 텍스트에 따라 이미지를 생성하는 작업을 수행할 수 있다.

(2) 비디오 분석

비디오 클립에서 사건을 감지하고, 텍스트로 설명하는 등의 작업을 수행할 수 있다.

(3) 오디오 처리

음성 인식과 음성 합성, 감정 분석 등 오디오 데이터와 관련된 작업을 수행할 수 있다.

(4) 복합 데이터 추론

여러 모달(텍스트, 음성, 이미지, 동영상)의 데이터를 동시에 분석하여 상황을 이해하고, 예측을 수행할 수 있다.

이처럼 GPT-4가 멀티모달 기능을 가지게 되면서, 이를 활용하여 여러 종류의 데이터를 처리하고 더욱 다양한 상황에서 높은 성능을 발휘할 수 있게 되었다.

[표 1] GPT 인공지능의 단계별 버전 특성

모델	연도	파라미터 수	기술 특성
GPT-1	2018	1억 1,700만	사전 훈련과 세부 튜닝의 Transformer 기반 모델
GPT-2	2019	15억 (최대)	GPT-1보다 파라미터 수와 학습 데이터 확장
GPT-3	2020	1,750억	큰 규모, 향상된 성능, Zero-Shot Learning
챗GPT	2022	1,750억	GPT-3 기반 대화형 인공지능
GPT-4	2023	미확인	더 큰 규모, 개선된 성능, 멀티모달 기술

각 GPT 모델의 발전 과정을 살펴보면, OpenAI는 인공지능 연구 및 개발을 지속적으로 이어가고 있음을 알 수 있다. GPT 시

리즈는 계속해서 발전되어 성능이 향상되고 있으며, 자연어 처리뿐만 아니라 멀티모달 기술을 통해 이미지, 음성 등 다양한 영역에서의 성능 개선이 이루어지고 있다.

GPT는 GPT-5도 개발 중으로 2023년 말경에 출시될 것으로 예측되는데 기존보다 훨씬 더 많은 파라미터를 통해 더욱 발전된 자연어 처리 능력을 보여 줄 것이다. 또한, 인공지능이 다양한 영역에서 더 정교하게 작동하게 되어, 선용하면 보다 다양한 문제 해결과 이를 통한 인류에게 도움이 되는 형태로 활용될 것으로 기대된다. 또한, GPT-4는 멀티모달 기술을 포함하여 이미지, 음성, 음성, 텍스트 등 여러 형태의 데이터를 함께 처리할 수 있는 능력을 갖추어 인간과 구별이 힘들 만큼 자연스러운 대화도 가능하게 될 것이다.

OpenAI는 GPT 시리즈를 더욱 발전시켜 인공지능의 활용 범위를 확장시킬 것으로 예상되며, 인공지능 연구 및 개발 노력을 통해, 인공지능의 가능성이 극대화되어 인간의 삶에 더욱 큰 영향을 미칠 것으로 예측된다.

이에 국제미래학회 회장, 대한민국 인공지능메타버스포럼 공동회장으로서 필자는 지속적으로 아래 사항을 강조하고 있다.

"어떤 상황에서도 인공지능은 수단이 되어야지, 목적이 되어서는 안 됩니다. 인간이 주체가 되고 인류 행복이 목적이 되어야 합니다. 범용 인공지능 도입기인 지금부터 인간이 주체가 되고 인류 행복이 목적이 되도록 AI 개발과 사용에 대한 가이드라인과 윤리 기준, 건강한 AI 사용 교육과 캠페인이 매우 중요합니다. 그래야 인공지능의 발전과 함께 인류의 행복이 보다 증진되고 AI가 아니라 인간이 중심이 되는 사회가 될 것입니다. 지금 우리의 결정이 인류의 미래를 좌우합니다."

2) 챗GPT 인공지능 활용 영역

챗GPT는 자연어 처리 기술을 기반으로 하여 다양한 활용 영역에서 높은 성능을 발휘할 수 있다. 이러한 다양성과 확장성은 챗GPT를 많은 어플리케이션에 적용할 수 있게 만들고, 새로운 영역에도 쉽게 적응할 수 있도록 한다.

챗GPT는 다양한 산업 분야에서 활용된다. 챗GPT는 다양한 분야의 전문 지식을 학습하여 사용자에게 도움을 주고, 특정 업무를 자동화하는 데 활용될 수 있다.

또한, 챗GPT는 다양한 언어를 처리할 수 있는 능력을 가지고 있어 이를 통해 서비스를 전 세계 사용자들과 원활한 소통을 가능하게 도우며, 다양한 국가와 문화에서 활용할 수 있게 된다.

그리고 챗GPT는 맞춤형 솔루션을 제공하여 챗GPT는 특정 도메인이나 업무에 맞춰 세부 튜닝이 가능하다. 이를 통해 사용자의 요구 사항에 따라 맞춤형 서비스를 제공할 수 있게 한다.

또한, 인터랙티브한 경험을 가능하게 챗GPT는 대화형 인터페이스를 통해 사용자와 원활한 상호작용을 제공한다. 이를 통해 사용자의 의도를 더 정확하게 이해하고, 적절한 답변을 생성할 수 있게 활용된다.

한편, 챗GPT는 다양한 모달리티와의 연계하여 챗GPT는 텍스트 외에도 이미지, 음성, 동영상 등 다양한 데이터를 처리할 수 있게 되어 이를 통해 더 다양한 상황과 환경에서 적용되어 활용성을 확대할 수 있게 된다.

이처럼 챗GPT의 다양성과 확장성은 지속적인 기술 발전과 함께 더욱 강화될 것으로 예상되며, 이를 통해 챗GPT는 다양한 상황에서 높은 성능을 발휘하며 많은 사용자에게 도움을 줄 수 있을 것이다.

필자의 《챗GPT-4 인공지능 미래세상》 저술에서 챗GPT의 활용 방안을 생활 속의 챗GPT 활용, 경제 비즈니스 활동에서 챗GPT 활용, 창의·창작 활동에서 챗GPT 활용, 전문 서비스에서 챗GPT 활용, 교육 활동에서 챗GPT 활용, 종교와 인성 활동에서의 챗GPT 활용 등 70개 영역에서의 챗GPT 활용 방법을 제시하고 있다. 이처럼 챗GPT의 활용 영역은 이미 다양하지만 향후 더욱 확장될 것으로 예측된다.

[그림 3] 챗GPT 활용 70가지 영역을 담은 필자의 저서

3) 챗GPT 인공지능 생태계

챗GPT 생태계는 사용자, 개발자, 기업, 연구자 등 다양한 참여자들이 함께하는 인공지능 기반의 상호작용적인 환경을 의미한다. 챗GPT 생태계의 주요 구성 요소와 그들이 어떻게 상호작용하는지 살펴보면 다음과 같다.

(1) 사용자

챗GPT의 기본적인 사용자로서 챗봇, 가상 비서, 전문 서비스와 코딩 의뢰 등 다양한 형태의 챗GPT 기반 서비스를 이용한다. 사용자들은 질문을 하고 답변을 받거나, 콘텐츠를 생성하고, 정보를 검색하는 등의 작업을 챗GPT를 통해 수행할 수 있다.

(2) 개발자

챗GPT를 기반으로 한 다양한 어플리케이션을 개발하고 유지 관리한다. 개발자들은 챗GPT를 사용하여 새로운 서비스를 제공하거나 기존의 서비스를 개선할 수 있다. 이를 위해 OpenAI가 제공하는 API와 툴을 사용하여 챗GPT를 통합하고 커스터마이즈할 수 있다.

(3) 기업

기업들은 챗GPT를 활용하여 고객 서비스, 영업, 마케팅 등 다양한 부문에서 비즈니스 프로세스를 개선하고 효율성을 높일 수 있다. 챗GPT를 활용한 기업 솔루션은 고객 만족도를 향상시키고, 운영 비용을 절감하는 데 기여할 수 있다.

(4) 연구자

챗GPT의 기술 발전을 위해 지속적으로 연구를 수행한다. 연구자들은 챗GPT의 성능 향상, 학습 효율성 개선, 편향성 감소 등의 목표를 위해 새로운 알고리즘과 기술을 개발한다. 이를 통해 챗GPT 생태계의 지속적인 발전과 성장이 이루어진다.

(5) 규제 정책 기관

챗GPT와 관련된 규제, 정책, 윤리에 대한 이슈를 관리한다. 규제 정책 기관은 인공지능 기술의 안전성, 공정성, 개인정보 보호 등에 대한 지침과 법률을 제공하여, 챗GPT 생태계가 건강하게 성장할 수 있는 환경을 조성한다.

챗GPT 생태계는 참여자들 간의 협력과 경쟁을 통해 지속적으로 발전하고 성장한다. 이 과정에서 새로운 기술과 서비스가 탄생하며, 다양한 산업과 사회에 긍정적인 영향을 미치게 된다.

챗GPT 생태계

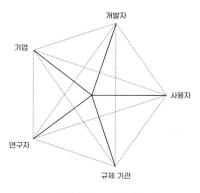

[그림 4] 챗GPT 생태계 구성

4) 챗GPT 인공지능 밸류체인

챗GPT의 밸류체인(Value Chain)은 해당 기술을 만들고, 유지하며, 확산하는 과정에서 참여하는 여러 주체들과 활동들의 연계이다. 챗GPT 밸류체인은 아래와 같이 구성된다.

(1) 연구 및 개발 (R&D)

연구자들이 자연어 처리(NLP)와 딥러닝을 연구하고, 새로운 아이디어와 알고리즘을 개발한다. 이 과정에서 GPT 모델의 구조와 학습 방법이 고안되며, 모델 성능 향상을 위한 최적화 전략들이 개발된다.

(2) 데이터 수집 및 가공

챗GPT의 훈련에는 대규모 텍스트 데이터가 필요하다. 데이터 수집 및 가공 작업에서는 웹 크롤링, 데이터 정제, 데이터 구조화 등의 과정이 이루어진다.

(3) 모델 훈련

데이터를 이용해 모델을 학습시키는 과정이다. 많은 리소스와 시간이 들어가며, 모델의 규모와 데이터 세트의 크기에 따라 이 과정에 영향을 받는다.

(4) 인프라 및 서비스 제공

챗GPT와 같은 인공지능 서비스를 제공하기 위해서는 안정적인 인프라와 서버가 필요하다. 클라우드 서비스 제공 업체들이 이러한 기능을 제공하며, 개발자들은 이를 활용해 챗GPT를 서비스로 만들 수 있다.

(5) 응용 프로그램 개발

챗GPT는 다양한 영역에서 활용될 수 있다. 개발자들은 챗GPT의 API를 이용해 다양한 응용 프로그램을 개발하며, 이를 통해 사용자들에게 가치를 제공한다.

(6) 사용자

챗GPT 기반의 서비스를 사용하는 개인이나 기업이 해당 밸류 체인의 일부를 차지한다. 사용자들은 챗GPT의 성능과 서비스를 이용하며, 새로운 요구 사항과 의견을 제공하여 연구 및 개발에 영향을 줄 수 있다.

(7) 규제 및 정책

규제 기관은 챗GPT와 같은 인공지능 기술의 발전에 영향을 미친다. 데이터 보호, 개인정보, 저작권, 인공지능의 윤리 등 다양한 규제와 정책이 챗GPT의 발전과 사용에 영향을 미친다. 이러한 규제와 정책은 기술의 적절한 활용을 보장하고, 부정적인 영향을 최소화하기 위해 중요한 역할을 한다.

(8) 커뮤니티 및 협력

챗GPT와 관련된 연구자, 개발자, 사용자, 기업 등의 커뮤니티들이 협력하여 서로의 지식과 경험을 공유하며, 기술의 발전과 보급에 기여한다. 이러한 협력을 통해 새로운 아이디어와 기술이 탄생하고, 챗GPT의 다양한 활용 가능성이 발견된다.

(9) 교육 및 인력 양성

챗GPT와 같은 기술을 발전시키기 위해서는 전문가들의 지식과 노력이 필요하다. 교육 및 인력 양성은 인공지능 전문가들을 육성하고, 챗GPT와 관련된 기술 및 서비스 개발에 참여할 인력을 확보하는 데 중요한 역할을 한다.

[표 2] 챗GPT의 밸류체인

1	연구 및 개발
2	데이터 수집 및 가공
3	모델 훈련
4	인프라 및 서비스 제공
5	응용 프로그램 개발
6	사용자
7	규제 및 정책
8	커뮤니티 및 협력
9	교육 및 인력 양성

이처럼 챗GPT의 밸류체인은 다양한 주체들이 참여하고 협력하는 과정에서 구성되며, 이를 통해 기술의 발전과 확산이 이루어진다. 이러한 밸류체인의 구성 요소들이 서로 긴밀하게 연계되어 있어, 한 부분의 변화가 전체 체인에 영향을 미칠 수 있다.

5) 챗GPT 인공지능 활용 비즈니스 모델

챗GPT를 활용한 비즈니스 모델은 다음과 같이 다양한 산업과 분야에서 적용될 수 있다.

(1) 고객 지원 서비스

챗GPT를 이용하여 고객 지원 서비스를 제공하는 비즈니스 모델이 있다. 이를 통해 기업은 고객 문의에 신속하게 대응하며, 인건비 절감과 고객 만족도 향상에 기여할 수 있다.

(2) 콘텐츠 생성 및 검토

마케팅, 블로그, 기사, 소셜 미디어 게시물 등 다양한 분야에서 콘텐츠를 생성하거나 수정하는 데 챗GPT를 활용할 수 있다. 이를 통해 기업은 더 많은 콘텐츠를 빠르게 생성하고, 효율적으로 관리할 수 있다.

(3) 자동화된 번역 서비스

챗GPT는 여러 언어 간의 번역에도 사용될 수 있다. 기업은 이를 활용해 자동화된 번역 서비스를 제공하거나, 기존 번역 서비스의 품질과 효율성을 높일 수 있다.

(4) 교육 및 튜터링

챗GPT를 사용하여 학생들에게 개인화된 교육 및 튜터링 서비스를 제공하는 비즈니스 모델이 있다. 이를 통해 기업은 학습자에게 맞춤형 교육 경험을 제공할 수 있다.

(5) 인사이트 및 데이터 분석

챗GPT는 비즈니스 인텔리전스, 데이터 분석, 시장조사 등에서 인사이트를 제공하는 데 사용될 수 있다. 이를 통해 기업은 데이터를 보다 쉽게 이해하고, 핵심 문제를 파악할 수 있다.

(6) 소프트웨어 개발 및 코드 생성

챗GPT는 프로그래밍 언어를 이해하고 사용할 수 있으므로, 개발자들이 코드를 작성하거나 문제를 해결하는 데 도움을 줄 수 있다. 이를 통해 개발 프로세스를 가속화하고, 개발 팀의 생산성을 높일 수 있다.

(7) 의료 서비스

챗GPT는 의료 정보 제공 및 초기 진단 지원 서비스를 제공하는 데 활용될 수 있다. 이를 통해 환자들은 증상이나 질문에 대해 신속하게 대응받을 수 있으며, 의료진은 환자를 보다 효율적으로 관리할 수 있다.

(8) 인공지능 개발자 툴킷

챗GPT를 기반으로 한 인공지능 개발자 툴킷을 제공하는 비즈니스 모델이 있다. 이를 통해 개발자들은 기존의 챗봇 및 인공지능 솔루션에 쉽게 적용할 수 있으며, 자신만의 챗봇 및 인공지능 솔루션을 개발할 수 있다.

(9) 상품 추천 및 검색

챗GPT는 고객들이 상품에 대한 질문을 효과적으로 이해하고, 맞춤형 추천을 제공할 수 있다. 이를 통해 온라인 쇼핑몰이나 이커머스 플랫폼은 고객 경험을 개선하고, 매출을 증가시킬 수 있다.

(10) 멘탈 헬스 서비스

챗GPT를 활용하여 스트레스, 우울증, 불안 등의 정신 건강 문제를 겪고 있는 사용자들을 위한 대화형 도움 서비스를 제공할 수 있다. 이를 통해 사용자들은 안정감을 얻고, 심리적인 지원을 받을 수 있다.

(11) 게임 및 엔터테인먼트

챗GPT는 게임 캐릭터, 대화 시나리오 및 스토리라인 작성 등에 활용될 수 있다. 이를 통해 게임 및 엔터테인먼트 산업에서 더 다양한 경험과 창의적인 콘텐츠를 제공할 수 있다.

(12) 광고 홍보 마케팅 서비스

챗GPT는 광고, 홍보, 마케팅 서비스를 제공할 수 있다.

(13) 고급 문서 작성 서비스

챗GPT는 엑셀과 PPT 고급 문서 작성 서비스를 제공할 수 있다.

챗GPT를 활용한 비즈니스 모델은 무한한 가능성을 가지고 있으며, 기술의 발전과 함께 지속적으로 성장할 것으로 예상된다. 그러나 이러한 기술을 사용할 때 개인정보 보호와 관련된 법적, 윤리적 이슈에 주의를 기울여야 한다.

1) 메타버스 프레임워크

메타버스를 구성하는 구성 요소(Building Block)에 대한 이해는 향후 메타버스의 확장과 발전에 필수적이다. 메타버스 프레임워크는 [그림 5]와 같이 8개의 핵심 스택(Core Stack)으로 구성되어 있다.

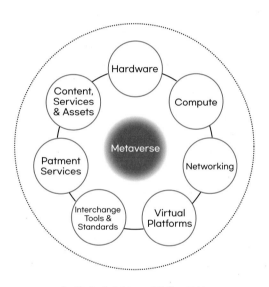

[그림 5] 메타버스 프레임워크 구성

(1) Hardware

메타버스와 연동하여 사용되는 물리적 장치에 해당하며 AR 및 VR 기기와 같은 사용자용 기기와 기업용 AR 환경을 포함한다.

(2) Networking

대용량 데이터의 실시간 전송과 끊김 없는 연결성을 제공하는 메타버스의 분산 통신 환경 지원을 의미한다. 5G를 비롯하여 근거리 통신 등을 모두 포함한다.

(3) Compute

물리적 계산과 실시간 화면 처리, 그리고 동기화 등 다양하고 방대한 연산 기능을 지원하기 위한 컴퓨팅 능력을 의미한다.

(4) Virtual Platform

전통적인 온라인 플랫폼에서 사용자가 개발자의 콘텐츠를 소비하던 방식(ex. video game)과 달리 사용자가 직접 디지털 환경을 구축하거나 참여하여(Socialize) 몰입 경험(Immersive Experience)을 할 수 있는 가상화 플랫폼을 의미한다.

(5) Interchange Tools and Standards

메타버스와의 연동성을 지원하는 기술과 규약에 대한 표준을 의미한다.

(6) Payments

디지털 과금과 관련된 프로세스, 플랫폼, 운영에 대한 기술 지원을 의미한다. DeFi (Decentralized Finace), NFT 및 블록체인 기술에 해당한다.

(7) Metaverse Content, Services, and Assets

메타버스의 디지털 자산에 대한 생성, 가공, 저장 및 서비스 등 정보 보호와 관리를 의미한다.

(8) User Behaviors

메타버스와 연관된 소비자와 비즈니스 측면의 관측 가능한 변화를 말한다. 이런 행동 변화는 대체로 트렌드 변화를 의미하며 메타버스에 대한 관심의 변화 혹은 기술적 변화 등을 모두 포함한다.

2) 메타버스 구성 요소

페이스북의 메타는 메타버스를 구성하는 주요 요소로 현실감, 아바타, 홈 스페이스, 텔레포팅, 상호 운용성, 정보 보호와 안전, 가상 상품, 자연스러운 인터페이스를 언급하며 새로운 메타버스를 선보일 계획이라고 밝혔다.

[표 3] 페이스북이 말하는 메타버스의 8대 구성 요소

페이스북은 기존 소셜 미디어 서비스에서 강조해 온 '사람 간 연결(Connectiong People)' 철학을 메타버스에도 적용할 계획

#	요소	내용
1	현실감(Presence)	메타버스 공간에 몰입되어 연결되어 있다는 느낌을 주기 위해서는 현실감(Realistic presence)이 중요
2	아바타(Avatar)	표현력이 풍부한 살아 있는 3D 아바타가 필요
3	홈 스페이스 (Home space)	가상의 공간에서도 나만의 집을 꾸밀 수 있어야 함

4	텔레포팅 (Teleporting)	인터넷에서 웹페이지를 클릭해 이동하는 것처럼, 다른 세계로 이동하는 텔레포팅이 중요
5	상호 운용성 (Interoperability)	API로 연결되어 하나의 월드에서 다른 월드로 이동하는 것이 편리해야 함
6	정보 보호와 안전 (Privacy and safety)	메타버스 서비스를 준비하는 Day1부터 개인 정보 보호와 안전성이 고려되어야 함
7	가상 상품 (Virtual goods)	메타버스에서 가상 상품과 실제 상품을 구매할 수 있도록 할 것이며, 대체 불가능 토큰(NFT)이 활용될 것
8	자연스러운 인터페이스 (Natural interface)	현실과 가상 공간을 잇는 원활하고 자연스러운 인터페이스가 중요

[그림 6] 몰입 경험을 위한 기술

3) 메타버스 비즈니스 모델

메타버스 서비스는 [표 3]에서 정리된 것 같이 다양하고 새로운 비즈니스 모델이 가능하다.

첫째, 유저가 콘텐츠를 제작 및 판매·유통시킬 수 있는 권리를 갖게 됨으로써 사업자가 게임 내 콘텐츠 거래 수수료를 취하는 비즈니스 모델이다. 유저들은 이미 미니 게임을 비롯해 게임 내 아바타용 스킨(SKIN) 등을 제작하여 판매하며, 판매 수익을 현금화할 수 있게 되어 유저 참여를 확대시키고 사업자는 콘텐츠 거래 수수료가 증대된다.

둘째, 플랫폼 내에 또 다른 형태의 미디어 플랫폼을 탑재하여 여러 형태의 미디어를 동시에 제공함으로써 중개 수수료를 확보하는 비즈니스 모델이다. 즉 다양한 영상 미디어 서비스를 이용할 수 있는 권리를 유저에게 판매하며, 여기서 발생하는 수익을 콘텐츠 제작사(독점사)와 일정 비율로 나누는 형태의 비즈니스 모델이다.

셋째, 마케팅 수수료이다. 일반적으로 소셜 서비스는 가입자 기반으로 디지털 광고 매출 올리는 형태의 비즈니스 모델을 가진다. 국내의 대표적인 소셜 미디어 기반의 메타버스 서비스인 제페토는 디지털 광고 매출이 주요 매출로 나타나지만, 가상 공간상에서 글로벌 기업들의 입점을 유도함으로써 입점 수수료를 취득하는 방식도 나타난다. 예를 들어 나이키, 컨버스, 구찌 등은 제페토 어플리케이션 내에 입점하고 있으며, 다양한 신상품에 대한 소개뿐만 아니라 아바타용 스킨을 판매하는 등 다양한 활동을 전개할 수 있도록 지원 중이다.

넷째, 구독료 형태의 비즈니스 모델이다. 이미 OTT 등에서와 같이 구독료를 지급하고 서비스를 무제한적으로 이용할 수 있는 형태가 널리 퍼진 상황이고, 메타버스에도 구독 형태의 서비스가 확대될 수 있다. 예를 들어, NC 소프트의 유니버스 매출 구조는 구성된 연예인 풀 안에서 채널 가입당 구독료를 부과하고, 취득한 구독료의 일정 부분을 채널별 연예인(소속사)들과 나누는 방식이다.

[표 4] 메타버스형 서비스의 비즈니스 모델

비즈니스 형태	관련 사례 정리
콘텐츠 제작 및 판매	• 로블록스, 마인크래프트, 제페토 등이 대표적 - 로블록스 내 게임 개발자들이 달성한 2020년 매출은 약 3억 3천만 달러(한화 3천 6백억 원) 수준[9] * 100,000로벅스 350$(미화)로 교환 가능
미디어 중개 수수료	• 포트나이트, 로블록스, 제페토, 유니버스 등이 대표적 - 포트나이트 게임 안에서 트래비스 스캇은 12회 공연을 하였으며, 총 매출 2천만 달러(한화 216억 원)를 기록[8]
마케팅 수수료	• 제페토, 동물의숲(닌텐도), 로블록스 등이 대표적 - 제페도 내에 나이키, 컨버스, 구찌 등의 주요 브랜드가 입점하였으며, 입점에 따른 수수료 비즈 모델이 확대 전망
구독료	• 유니버스가 대표적 - 팬 활동에 대한 라이프로그 서비스, AI 기반의 가상 통화서비스 등을 통해 매월 구독료를 받는 형태

다시 정리하면 메타버스를 지향하는 게임 및 소서비스들의 주

요 비즈니스 모델은 '콘텐츠 제작 및 판매', '미디어 중개 수수료', '마케팅 수수료', '구독료' 형태로 나타나고 있다. 이미 로블록스나 제페토의 경우 다양한 비즈니스 모델을 복합적으로 구성하여 활용하고 있으며, 향후 각각의 비즈니스 모델에서 통합된 형태로 변화될 것으로 예측된다.

3. 메타버스 생태계

1) 메타버스 산업

메타버스 산업 생태계는 [그림 7]과 같이 다양한 영역으로 구성되며 각 영역별 주요 기업들이 존재한다.

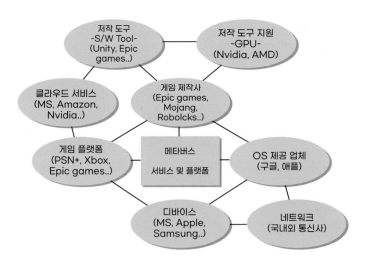

[그림 7] 게임 기반 메타버스 서비스 생태계와 영역별 주요 업체

(1) 기기 및 부품

VR/AR 기술을 표현하기에 적합한 HMD와 다양한 영상, 이미지 등의 객체를 끊임없이 처리할 수 있는 그래픽카드가 주요 부품으로 부상한다. HMD 개발 및 제공은 삼성전자, MS, 페이스북, 애플 등이 주요 공급 업체이며, 제품 개발 및 공급을 주도할 전망이다.

애플은 AR Glass, 애플워치를 통해 웨어러블 디바이스의 확산에 높은 영향을 미칠 것이다. 삼성전자는 글래스 라이트(Glass Lite)에 관한 콘셉트 영상을 고려했을 때, AR 기기 개발이 진행 중인 것으로 짐작된다.

MS는 지속적으로 홀로렌즈의 세대별 진화를 꾀하고 있으며, 자사의 클라우드 서비스인 아주르(Azure)와 연동함으로써 시너지 효과를 높이고 있다. 아주르는 홀로렌즈를 통한 다자 간 실시간 협업을 비롯해 시뮬레이션, 설계 등의 다양한 기능을 지원한다.

페이스북은 VR HMD인 '퀘스트2(Quest2)'를 2020년 10월에 출시하였으며, 가상 공간 소셜 서비스인 호라이즌 이용성 제고, 가상 오피스 구현 등에 기여할 것으로 보인다.

그래픽카드는 엔비디아의 지포스(Geforce)와 AMD의 라데온(Radeon) 진영으로 양분된다. 그중 엔디비아는 인공지능 학습부터 초고화질 미디어 객체 구현에 필요한 GPU를 공급 중이다. 자체 AI 시스템을 구축하고 있으며, 자사의 그래픽카드의 성능을 최대한으로 끌어올려 시뮬레이션 작업을 할 수 있는 옴니버스(OmniverseTM) 플랫폼도 제공하고 있다.

메타버스 서비스가 게임이나 소셜 서비스를 중심으로 이루어지고 있다는 점을 고려했을 때, 엔비디아는 메타버스 생태계의 주도권을 확립하기 위해 자사의 고유 영역인 그래픽카드의 성능 제고를 넘어서 실질적인 서비스 영역인 게임으로 활동 영역을 넓히고 있다.

(2) 소프트웨어 & 플랫폼

게임과 같이 가상 공간을 CG로 구현하고 현실 공간을 가상세계에 잘 투영시킨 형태로 콘텐츠를 제작하기 위해서는 저작 도구(SW)를 필요로 한다. 최근 게임 제작을 위한 엔진은 시뮬레이션(CG: Computer Graphics)뿐만 아니라 설계, 렌더링 등 다양한 기능을 통합하여 제공하는 형태로 변화하고 있으며, 각 산업별 고유 영역이 있었던 소프트웨어 저작 툴도 게임 엔진으로 일부 대체되는 중이다.

게임 엔진 시장은 유니티(Unity)와 언리얼(Unreal)로 양분되고 있으며, 모바일 게임의 절반이 유니티를 활용해 제작되고 있다. 유니티는 거울 세계의 전 단계로 볼 수 있는 디지털 트윈 구축을 위해 삼성중공업, LG CNS, 건설사 등과 협업 중이다. 언리얼 엔진은 에픽게임즈가 개발하여 보급하고 있으며, 포트나이트가 언리얼 엔진을 통해 제작되었다. 엔디비아는 실시간 3D 시각화 협업 플랫폼인 옴니버스를 공개하였다. 옴니버스는 픽사(Pixar)의 USD(Universal Scene Description)와 엔비디아 RTX 기술을 활용해 전 세계 아티스트들이 언제 어디서나 공동으로 작업할 수 있는 플랫폼을 제공하고 있으며, 유니티나 언리얼 엔진과 오프라인 렌더러를 지원하도록 설계되어 다양한 소프트웨어 파트너사들의 참여를 유도하고 있다. 에픽게임즈, 오토데스크, 픽사, 트림블 등과 협업 중인 것으로 나타난다.

서비스 플랫폼 측면에서 볼 때 구글, 애플 등의 모바일 플랫폼이나 플레이스테이션(Sony), 엑스박스(MS) 등의 게임 플랫폼이 메타버스 서비스 플랫폼을 주도할 것으로 예상된다. 구글과 애플은 모바일 OS뿐만 아니라 VR·AR 개발 도구, 스트리밍 서비스(게임, OTT) 등 다양한 영역을 주도하는 기업이며, 모바일 OS 주도권을 메타버스로 이전시키기 위한 작업을 진행할 것으로 보인다. 소니, MS 등은 자사의 게임 플랫폼 내에 다양한 메타버스 서비스를 유치하기 위한 다자 간 협력 체계를 구축하고 있다. 다만 MS는 기기(홀로렌즈), 콘텐츠(엑스박스 등), 클라우드(Azure) 등 다방면에 걸쳐 경쟁력을 확보하고 있어, 게임 플랫폼 경쟁에 있어 우위를 선점할 가능성이 높아 보인다.

(3) 인프라(네트워크 & 클라우드)

메타버스를 끊임없이 이용하기 위해 네트워크나 클라우드 서비스 등의 인프라 고도화가 필요하다. 네트워크는 5G의 보급 확대가 진행 중이며, 향후 6G로 발전할 것으로 기대됨에 따라 초지연, 초고속의 특성을 견지해 나갈 전망이다. 무선 네트워크 서비스 동향을 살펴보면, 전 세계 64개국 153개 이동통신 사업자가 5G 상용 서비스를 정식 출시하였으며, 계속 확대될 것으로 보인다. 그리고 국내외 주요 이동통신 사업자들은 5G 서비스 활성화를 위해 OTT, 음원, 게임 등의 미디어 서비스를 요금제에 번들링하여 제공 중이다. 이는 통신 서비스 자체가 미디어를 접할 수 있는 주요 수단으로 변화되고 있음을 의미한다.

대부분의 게임 콘텐츠, 영상 미디어 등의 서비스는 클라우드 기반으로 이루어지고 있으며, 메타버스 역시 미디어 플랫폼으로써 성장하기 위해서는 클라우드를 기반으로 한 서비스화를 전개할 가능성이 높다. 이런 클라우드 서비스는 아마존, MS, 구글 등의 소수 기업에 의해 주도되고 있는 상황이며, 이 중 메타버스 제공에 있어 경쟁력 있는 기업은 아마존과 MS로 보인다. 아마존의 AWS는 AI 기반 클라우드 컴퓨팅 서비스를 제공하고 있으며, AWS상에서 다양한 기술 지원은 물론 미디어 서비스를 제공하는 데 활용 중이다. 이미 포트나이트, 로블록스 등의 대표적 메타버스 서비스가 AWS에서 구현되고 있다. 그리고 자사의 클라우드 컴퓨팅 인프라를 활용해 스트리밍 게임 서비스인 '루나'를 2020년 9월에 런칭하였으며, 게임 목록을 계속 늘려 나가고 있는 중이다. MS의 아주르는 홀로렌즈를 통한 협력 어플리케이션을 지원하며, 최근에는 마인크래프트 인수 및 소니의 플레이스테이션 등과 클라우드 서비스 관련 협력을 진행 중이다.

2) 메타버스 에코 시스템

메타버스의 인프라와 메타버스 규칙 및 자산의 연결, 그리고 그것을 무한한 메타버스 세계와 연동시켜야 하는 대규모 메타버스 에코 시스템이 필요하다. 메타버스 에코 시스템은 메타버스 인프라 생태계, 메타버스 게이터웨이와 경제 생태계, 메타버스 콘텐츠와 기술 생태계로 구성된다.

(1) 메타버스 인프라 생태계

메타버스 생태계의 인프라 부문은 ① 클라우드/확장성, 호스팅, ② 영상화/시각화, 디지털 트윈(현실 세계의 물체를 가상 세계에 구현. 가상 공간에 실제 도시와 동일한 모습으로 구현하여 교통량, 안전, 복지, 환경, 상권 등을 시뮬레이션 분석) ③ 탈중앙화(예: 크립토 코인들), ④ 광고, ⑤ 연결성(예: 통신사들) 등이다.

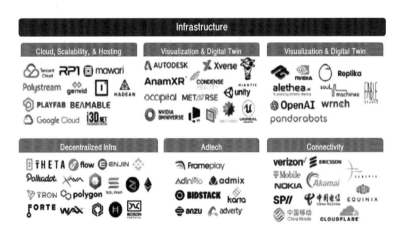

[그림 8] 메타버스 인프라 생태계
출처: Newzoo, 이베스트투자증권 리서치센터

(2) 메타버스 게이터웨이와 경제 생태계

현실 세계와 같은 디지털 가상 세상을 메타버스에 구성하는 가상 부동산 메타버스: 토지/건물 매매, 건물 건축 등을 구축한다. 메타버스 내 부동산은 현실 세계의 실물 부동산과는 무관한 가상 부동산임에도 상당한 가격대로 거래가 활발히 진행된다. 메타버스 Wallet이 있어야 하고 NFT화된 디지털 자산 구매도 이루어져 메타버스 경제 생태계가 운용된다.

[그림 9] 메타버스 게이터웨이와 경제 생태계
출처: Newzoo, 이베스트투자증권 리서치센터

(3) 메타버스 콘텐츠와 기술 생태계

메타버스를 활용한 콘텐츠와 기술을 제공하고 디센트럴랜드, 더 샌드박스, RTFKT 등에서 구매한 NFT 기반 디지털 자산들을 사용할 수 있는 블록체인 게임도 있고 OpenSea 등 NFT 디지털 자산 거래소에서 판매하거나 경매에 참여할 수도 있다.

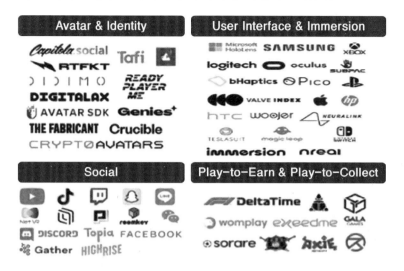

[그림 10] 메타버스 콘텐츠와 기술 생태계
출처: Newzoo, 이베스트투자증권 리서치센터

3) 메타버스 NFT 생태계

NFT 생태계는 ① NFT 개발 도구를 제공하는 플랫폼, ② 예술품, 소장품, 게임 아이템 등을 거래하는 디지털 자산 거래소, ③ NFT 시장 데이터 사이트, ④ Defi(Decentralize Finance, 탈중앙 금융. 금융사 중계 없이 개인이 직접 예금, 결제, 투자 등 액션)로 명명되는 NFT 금융, ⑤ NFT 원천 기술 블록체인, ⑥ 게임, 메타버스 등 NFT 기반 콘텐츠 및 신사업 등 다양한 분야로 구성된다.

메타버스 NFT 생태계는 [표 4], [표 5]와 같이 다양한 영역이 연계되어 새로운 비즈니스 영역이 창출되고 있고 각 영역별 기업들이 출현하여 서비스하고 있다.

[표 5] NFT 에코 시스템 구성

NFT 에코 시스템	
크립토아트	블록체인 태생의 희귀한 디지털 아트, 크립토펑크, Everydays 등
컬렉터블	예술, 게임, 스포츠 기념품 등 수집품에 대한 열정
게임 아이템	P2E 모델
디지털 부동산	샌드박스 형태로 가상 세계 및 메타버스 공간 구축. 개별 박스가 지번, 건물 주소
마켓플레이스	디지털 자산 거래소, 발행, 경매, 유통, 회수 등. OpenSea가 대표. 국내에선 게임빌, 카카오게임즈 등도 거래소 준비 중
커뮤니티 토큰	멤버들의 기여 및 합의로 커뮤니티 생명력 생성. 메타버스의 기축 통화 역할, 의사 결정 시 토큰 보유여부, 보유량이 투표권 결정
다오 (Decentralized Actonomous Organization)	탈중앙화 자율 조직. 가령 NFT 기반 P2E 시스템 게임 내에서 거액, 다량의 NFT 아이템을 보유한 거상(일종의 전주)은 게임 수행 능력은 뛰어나나 자금 및 아이템의 부족으로 게임에 참여할 수 없는 게이머(일종의 소작농)에게 아이템을 대여/분양해 준 후 나중에 게임에서 발생한 수익을 서로 Sharing하는 자율 조직이 형성될 수 있음 엑시인피니티의 DAO 사례: 엑시인피니티는 베트남의 NFT 기반 P2E 게임. P2E 게임의 원조(위메이드 미르4보다 먼저 출시). 엑시는 게임 아이템(캐릭터)이자 토큰으로서 빗썸, 업비트에도 상장되어 있음. 엑시 3마리를 보유해야 게임 참여 가능. 최근에는 엑시 1마리 가격이 60만 원 정도로서 게임 참여를 위한 3마리를 보유하기 위해선 180만 원 정도가 필요한데 이는 베트남인의 평균 연봉 수준이 300-400만 원임을 감안하면 매우 부담스러운 수준으로서 게임 진입 장벽으로 작용→ 엑시를 여러 마리 보유한 거상(전주)이 자금이 부족한 게이머(소작농)에게 엑시를 대여해 주고 게이머(소작농)가 게임을 수행하여 번 수익은 서로 Sharing

출처: Googleimage, sandbox, cryptofunk, 이베스트투자증권 리서치센터

[표 6] NFT 기업 생태계 내용

구분	프로젝트	설명	로그인	메인넷
거래	OpenSea	세계 최대 NFT 마켓플레이스, 현재 디지털 아트, 수집품, 게임 아이템들 거래 이뤄지고 있음	지갑	이더리움
	Mintbase	NFT 구매, 판매 및 MINT NFTS 얻을 수 있음. 다른 플랫폼에서 일반적으로 판매되지 않는 NFT 제공 (음악, 멤버십, 서비스, 티켓, 뉴스 및 사진과 같은 니치NFT 카테고리 다룸)	지갑	이더리움
아트 마켓플레이스	SuperRare	가장 오래되고 높은 점유율의 NFT 마켓 플레이스, 최근 삼성 넥스트 투자 받음	지갑	이더리움
	Rarible	탈중앙화조직 형태로 운영되는 마켓	지갑	이더리움
데이터	Nonfungible	NFT생태계의 Coingecko & Coinmarketcap	-	-
	NFTBank	NFT 포트폴리오 추적 및 분석 도구 갖춘 플랫폼	이메일	이더리움
금융	NFTfi	NFT 담보 대출 플랫폼. 사용자는 NFT를 담보로 사용하는 사용자는 ETH 또는 DAI 대출받을 수 있음	이메일	이더리움
	yinsure	탈중앙 보험 서비스로 사용자가 토큰화된 보험 만들 수 있음	지갑	이더리움
수집품	Cryptopunk	이더리움에서 발행된 최초의 NFT 아트	이메일	이더리움
	NBA TopShot	NBA 공식 NFT 플랫폼	이메일	플로우
	CryptoKitties	최초의 NFT 프로젝트로 고양이를 사육할 수 있는 특성과 희귀성을 가짐	지갑	이더리움

게임	Axie infinity	2018년에 만들어진 NFT를 활용한 이더리움 기반의 수집형 블록체인 게임	지갑	이더리움
가상세계 (메타버스)	The Sandbox	블록체인 사용자 콘텐츠 제작 게임	이메일	이더리움
	Somniumspace	토지 소유의 개념을 적용한 VR 시뮬레이션 게임	이메일	이더리움
NFT x DeFi	Aavegotchi	Aave 생태계 최초로 대출 자산인 aToken에 기초한 NFT 플랫폼 탈중앙화 자율 조직 DAO가 운영하는 게임 역학에 참여할 수 있음	지갑	이더리움
	MEME	SMEME 토큰을 스테이킹하고 그 대가로 희귀 NFT 획득할 수 있음	지갑	이더리움

출처: Googleimage, sandbox, cryptofunk, 이베스트투자증권 리서치센터

4. 메타버스 등장 요인과 밸류체인

1) 메타버스 등장 요인

메타버스 등장은 디지털 가상 융합 기술의 성장, 현실과 디지털 가상 세계의 공존 시대의 도래를 촉진했다. 경제사회와 산업 전반에 걸쳐 디지털 전환이 가속화되면서 산업계 위주로 활용되던 디지털 가상 융합 기술이 일상생활의 최첨단 기술로 등장하기 시작했다. 5G 서비스가 개시되면서 고해상도 콘텐츠 전송 속도가 크게 향상되고, HMD12) 등 디바이스 연산 속도 증가와 VR, AR, MR 등 기반 기술이 대폭 향상되면서 언제 어디서나 가상 세계속으로 접속하는 것이 가능해졌다. 코로나19로 비대면

문화 확산과 VR 콘텐츠에 대한 이용자 수요 증가에 힘입어 만개해졌다. 페이스북 오큘러스가 신형 HMD 퀘스트2를 출시했고, 삼성전자, 구글, 마이크로소프트 등에서도 최신형 기기를 출시했다.

비대면 문화 확산 및 사회적 거리두기로 인한 관계 단절 속에 생활 속 다양한 여가 형태가 양산되면서 새로운 문화생활이 잉태되기 시작했다. 공연 문화계는 오프라인 공연 형태를 온라인에서 재현하는 것을 넘어 색다른 장르의 개척을 시도하면서 새로운 문화 형태를 창출하였다. 유명 가수들은 3D 입체 영상 기술을 활용하여 증강현실을 체험할 수 있는 실감 콘서트를 개최하는가 하면, 게임 기반 메타버스에서 뮤직비디오를 세계 최초로 각국의 관광청과 지자체는 사회적 거리두기, 국가 간 락다운 (lockdown) 등에 공개하거나 공연을 펼치기도 했다.

집에서도 마치 1인칭 시점에서 관광하는 듯 몰입감을 높여 주는 3D 관광 콘텐츠를 앞다투어 제공했다. 경주문화관광은 경주의 주요 명소를 VR 투어 형태로 제공하고 있고 한국관광공사는 국내 유명 메타버스인 제페토에 가상 한강공원을 구축하여 전 세계인들이 집에서도 한강을 관광할 수 있게 해 줬다. 이렇게 새로운 여가 활동이 태동한 배경에는 디지털 세대가 주축이 되어 일상생활과 여가 생활 공간을 온라인 가상 공간으로 이동하고 있었고, 이러한 변화를 예측한 빅테크 기업과 엔터테인먼트 업계의 발빠른 대응에서 비롯되었다.

코로나 이후 제페토, 동물의 숲, 포트나이트, 위버스 등과 같은 메타버스에서 공연, 팬 미팅, 패션쇼, 졸업식 행사, 쇼핑, 관광 등 색다른 여가 활동이 본격적으로 등장하기 시작했다. 놀이와 경험을 중시하는 세대의 등장, 콘텐츠 소비 변화 놀이와 경험을 중시하는 MZ세대를 중심으로 가상현실 속에서 여가를 소비하며 아바타를 통해 사람들과 교류하는 새로운 풍속이 등장하면서 생활상이 변화하기 시작했다. 특히 현실의 일상생활을 현실에 가깝게 경험할 수 있는 메타버스에 열광함에 따라 메타버스 사용자가 폭발적으로 증가하였다.

일상생활을 놀이처럼 경험할 수 있는 3D 기반 메타버스 이용자나 소비 시간이 급증했다는 것은 3D 콘텐츠 소비 유형과 이용환경이 변했다는 증거이다. 생활상의 변화가 이끈 콘텐츠 소비 변화는 곧 산업 전체를 혁신할 것으로 예상된다.

2) 메타버스 밸류체인

메타버스 밸류체인은 메타버스 인프라인 GPU, 통신, 클라우드 그리고 엔진, 디바이스, 플랫폼인 게임과 소셜 미디어 메타 플랫폼으로 구성된다. 이러한 메타버스 밸류체인과 대표적인 기업을 살펴보면 [그림 11]과 같다.

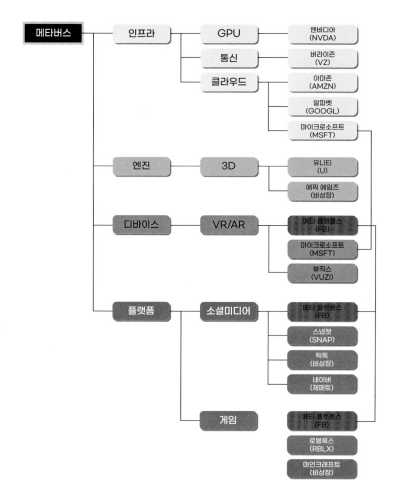

[그림 11] 메타버스 밸류체인
출처: 출처: 대신증권 리서치, 2021

　　메타버스가 챗GPT를 비롯한 인공지능 미래 기술과 더욱 밀접
하게 접목되면서 미래의 메타버스 생태계와 밸류체인은 더욱 확
장되고 영향력이 강해질 것으로 예측된다.

메타버스와 방송 그리고 챗GPT

박창묵(KBS TV기술국 영상감독)

CHAPTER 03
메타버스와 방송 그리고 챗GPT

1. 메타버스와 방송

1) 메타버스란?

코로나19 팬데믹 이후, 가상 공간을 활용한 소통과 연결의 욕구가 폭발적으로 증가하였다. 감염병 확산을 막기 위해 강제된 비대면, 비접촉 문화는 일상의 디지털 전환을 가속화하였다. 재택근무나 자가 격리로 인해 이동이 제약되면서 가정 내에서의 디지털 콘텐츠 활용과 미디어의 소비가 증가하였다. 경제, 사회 활동 및 여가 활동을 지속하기 위해 비대면 온라인 서비스의 사용이 확대되었고, 가상현실 속의 아바타를 통한 사람과의 교류가 가능한 메타버스(Metaverse) 서비스가 크게 주목받고 있다.

메타버스(Metaverse)는 초월이라는 뜻의 메타(Meta)와 세계라는 뜻의 유니버스(Universe)의 합성어이다. 메타버스는 물리적 실재(현실 세계)와 가상의 공간이 실감 기술을 통해 매개·결합되어 만들어진 융합된 세계로 개인이나 창작자, 기업 등 다양한 주체들이 상호작용하는 공간을 의미한다(삼정경제연구원, 2022).

2) 메타버스 재부상의 배경

메타버스가 재부상한 배경을 정리해 보면, 먼저 코로나19로 인한 비대면 문화의 일상화와, 기술적 측면에서 메타버스 서비스의 원활한 운영을 위해 필요한 다양한 기술적 인프라의 진화, 그리고 MZ세대의 급부상이다(삼정경제연구원, 2022). 코로나19로 비대면 문화가 확산되고 기업의 디지털화가 가속화되면서 메타버스에 대한 관심이 증대하였고, 비대면 방식의 원격 회의, 디지털 워크플레이스, 원격 교육, 원격 의료 등 비대면 산업이 주목을 받고 있고, 대학의 입학식, 신입 사원 교육 등이 온라인으로 진행되면서 현실과 유사한 커뮤니케이션이 가능한 메타버스에 대한 니즈 또한 증대되고 있다. 코로나19로 피로도가 쌓여가면서 메타버스는 현실로부터의 도피가 아닌 더 나은 사회적 공간으로 자리매김 중이다. 거울 세계의 특성을 지닌 메타버스는 가상의 공간에서도 현실과 유사한 경험을 제공하고 있고, 이용자들 또한 콘텐츠 소비 목적보다 사회적 관계 형성과 유지를 위한 목적으로 메타버스를 이용하고자 하는 욕구가 코로나19를 겪으면서 더 증가하였다.

기술적 측면에서 보면, 4차 산업혁명이 우리 사회를 관통하는 화두로 등장하면서 4차 산업혁명 관련 기술이 크게 발전하였다. 이와 더불어 경제, 사회, 산업의 전반에 걸쳐 디지털 전환이 가속화되면서 산업계에서 활용되던 가상 융합 기술이 일상생활에도 접목되고, 5G 기술의 상용화로 고품질의 콘텐츠를 편리하게 이용할 수 있게 되었다. 메타버스 서비스의 원활한 운영을 위해서는 다양한 기술적 인프라의 고도화가 필요하다. 가상 세계를 현실과 유사하게 구현하기 위해서는 고사양의 그래픽 처리 장치(GPU)와 클라우드, 데이터 센터, 5G 등의 기술 기반이 필수이다(김종욱, 2022).

MZ세대는 현실 세계와 가상 세계를 자유롭게 오가며, 아바타와 자기 자신을 동일시하는 경향이 있다. MZ세대는 자신이 원하는 모습을 아바타에 반영하며, 아이돌의 화장법부터 명품 의상, 신발 등을 아바타에 적용해 대리 만족감을 느낀다. 특히 이들은 디지털 네이티브(Digital Native)로도 불리며 디지털 환경에 매우 친숙하다. SNS/가상 세계 속 사회 활동과 가상 화폐 이용, 그리고, 메타버스 콘텐츠와 아이템 구매에 친숙하다. MZ세대들은 코로나 상황을 겪으면서 게임뿐만 아니라 공부, 심지어는 운동까지 그들의 사회적 활동을 메타버스 안에서 해결하고 있다. 메타버스라는 3차원 가상 커뮤니케이션 수단의 등장은 기존의 활자·영상·청각 매체 등이 갖고 있는 시간과 공간의 제약들을 한순간에 해소해 내고 있다. 지금 활자 매체·영상 매체·청각 매체들에 묶여 있는 수많은 콘텐츠는 현재의 젊은 메타버스 이용 세대들이 기성세대로 성장하게 되면 자연스럽게 메타버스 세상 속으로 편입될 것이다(신현규, 2021).

1) 메타버스와 방송의 결합

코로나19 확산 이후 미디어 이용 시간이 증가한 것으로 조사되었다(2020 방송 매체 이용 행태조사). 2017년을 기점으로 감소하던 TV이용 시간이 2020년을 기점으로 다소나마 증가한 것이다. 코로나로 집에 머무는 시간이 늘어나면서 시청자들은 가정 내에서 TV와 함께 커넥티드TV, 스마트스피커, AR/VR, 게임, e스포츠 등 다양한 서비스를 이용하게 되었다. 이러한 서비스들이 가정 내에서 이뤄지기 위해서는 인공지능 기술(AI)과 연결 테크놀로지가 중요하다. 최근 소위 4차산업의 핵심 기술인 가상현실(VR), 증강현실(AR), 혼합현실(MR) 그리고 인공지능(AI) 등에 의해 미디어 산업 분야의 변화가 거세다. 미디어 산업의 핵심 기술인 인공지능 기술은 사물인터넷인 IoT와 초고속 네트워크, 빅데이터, 클라우드 컴퓨팅 등의 기술 융합의 산물이다. 콘텐츠 제작 분야에서도 인공지능이 콘텐츠의 맥락을 이해하고 재조합하여 SNS 계정에 연결된 소셜 미디어의 상황과 생각을 알아채고 거기에 알맞은 맞춤형 콘텐츠를 제작할 수 있게 된다. 가상현실(VR)은 온라인의 가상 세계와 오프라인의 현실 세계가 융합하여 경계가 사라지는 O2O(Online to Offline) 세상이다. 두 세계의 융합을 통하여 교육, 여행, 운동뿐만 아니라 게임도 하면서 인간의 새로운 삶의 영역을 제시하고 있다. 인간의 오감(시각, 청각, 촉각, 후각, 미각)을 이용한 인간과 VR 기기 간의 인터페이스를 사용함으로써 시뮬레이션과 실시간 경험 등 인간의 감각과 VR 기기 간의 상호작용을 통한 새로운 미디어 서비스가 조만간 펼쳐질 것이다. 가상현실의 특징은 인간과 VR 기기 간의 상호작용을 통해 가상 세계에 몰입하게 된다. 가상현실은 현실 배경 이용 여부와 콘텐츠와의 상호작용 가능 여부 등에 따라 가상현실(VR), 증강현실(AR), 혼합현실(MR)로 세부적으로 구분된다. 가상현실(VR)은 컴퓨터 그래픽 등을 사용해 실제가 아닌 인위적으로 만들어 낸 특정한 환경 또는 상황에서 그것을 사용하는 사람이 실제인 것처럼 느낄 수 있도록 하는 인간과 컴퓨터 간의 상호작용을 말한다. 증강현실(AR)은 가상현실 기술 중 하나의 분야에서 파생된 것으로, 실제 환경 또는 상황에 가상 사물이나 정보를 합성해 실제 존재하는 것처럼 보이도록 하는 것이다. 혼합현실(MR)은 현실 배경 위에 현실과 가상의 정보를 혼합해 기존보다 진화된 가상 세계를 구현하는 기술이다.

[그림 1] VR/AR/MR
출처: 지식충전소, 메이트북스, 2018

방송은 기술의 변화를 비교적 빠르게 수용하는 분야이다. 흑백 TV에서 컬러 TV로, 아날로그 방송에서 디지털 방송으로, 고화질 방송에서 초고화질 방송으로, 당대의 첨단 기술을 수용하면서 방송은 빠르게 변화해 왔다. 방송 콘텐츠 또한 TV 수상기라는 제한된 범주를 넘어서 TV와 스마트폰, 가전, 자동차 등과 결합하여 그 속에서 작동하는 콘텐츠로 진화를 거듭하고 있다. 소위 메타버스로 통칭되는 가상현실(VR), 증강현실(AR), 혼합현실(MR) 그리고 인공지능(AI) 등이 방송을 변화시키는 주요 요인으로 등장한 지금, 당연히 방송 제작 현장에서도 메타버스라는 새로운 기술에 관심을 가질 수밖에 없게 된 것이다. 메타버스 개념이 소개되기 전부터 방송사들은 시청자에게 가치 있는 콘텐츠를 제공하기 위해 가상현실 콘텐츠 활용을 늘려 왔다. 가상 스튜디오를 이용하여 실제 세트의 2차원 화면에 컴퓨터그래픽으로 만들어 낸 가상 세트를 합성해 3차원의 영상 화면을 재현하였다. 크로마키용 판이 설치된 스튜디오에 VR 장치가 탑재된 카메라로 출연자를 촬영하고 배경 화면으로 사용될 실시간 그래픽을 비디오 스위처로 합성하여 가상 화면을 구성하는 개념이다. 메타버스 환경 구성의 기반이 되는 가상현실(VR), 증강현실(AR), 혼합현실(MR) 그리고 인공지능(AI) 등의 기술은 방송과의 접목을 통해 가상 공간을 이용한 다양한 콘텐츠를 제작할 수 있는 아이디어를 제공하였고, 여기에 연결 커뮤니케이션 기술을 더해 디지털로 조성된 사이버 공간에서 다른 사람을 만나거나 다양한 서비스를 이용하는 등의 상호작용을 가능하게 한다. 이와 같이 3차원 가상 공간인 메타버스를 구현하는 것도 결국 미디어와 콘텐츠이다.

몇몇 국내 방송사를 중심으로 메타버스라는 새로운 변화에 방송 제작 생태계의 접목을 시도하고 있다. 하지만 그 과정은 여전히 미흡하고 생소하다. 기기의 완성도나 콘텐츠 제작 기법의 불확실성 등 방송사들이 공격적 투자에 한계를 느끼기 때문이다. 메타버스 개념이 방송 제작 현장에 적용된 사례를 살펴보더라도, 아직은 기존의 VR·AR 기술을 이용한 제작 형태에서 크게 벗어나지 못하고 있다. 앞으로 발전된 기술과 디바이스 보급에 따라 가상현실 기반의 메타버스 결합 콘텐츠의 제작과 방송 활용이 늘어 날 것으로 기대한다.

2) 메타버스와 방송 결합 방식

방송과 메타버스가 만나는 방식은 '메타버스 플랫폼에 방송을 삽입하거나, 방송 콘텐츠 안에서 메타버스를 다루는 것, 그리고 방송과 메타버스가 다른 미디어와 크로스오버 되는 등' 크게 세 가지로 구분해 볼 수 있다(방송과 메타버스, 2022).

첫째, 이미 구축된 메타버스 플랫폼에 방송을 삽입하는 방식으로는, 아리랑TV가 지난해 8월 네이버 제페토에 실제 방송 환경을 그대로 옮긴 메타버스 맵 '아리랑타운'을 연 것이 대표적 사례다.

첫 번째 방식이 방송의 메타버스화라면, 두 번째 방식은 방송 콘텐츠 안에서 메타버스를 다루는 것이다. 즉 메타버스의 방송 소재화라 할 수 있다. MBC가 2022년 추석 특집으로 SK텔레콤 메타버스 플랫폼 '이프랜드'(ifland)와 손잡고 제작·방영한 파일럿 예능 '더 마스크드 탤런트'가 좋은 사례이다.

세 번째 방식으로 다른 미디어나 플랫폼을 넘나들면서 방송과 메타버스를 함께 가져갈 수도 있다. 2021년 8월부터 10월까지 방영했던 Mnet 아이돌 서바이벌 '걸스플래닛999'는 팬덤 플랫폼 '유니버스'를 활용해 방송 콘텐츠에 메타버스 유사 서비스를 접목한 사례가 좋은 예라 할 수 있다.

이외에도 메타버스는 방송 분야에서 다양한 응용이 가능하다. 메타버스 기술을 활용하여 화려한 컴퓨터 그래픽을 삽입한 가상 스튜디오를 구축할 수 있고, 메타버스 세상에 구축된 가상의 공연장에서 라이브 공연을 진행할 수 있다. 물리적 공간 제약이 사라진 가상의 공간에서 많은 관객과 상호작용하면서 방송을 통해 수많은 시청자에게 동시에 전달할 수 있을 것이다. 광고 부분에서도 방송 프로그램에서 소개되는 제품을 가상 공간에서 체험하고 구매하는 것도 가능해질 것이다. 가상 세계에서 제품이나 기업의 이미지를 소개하는 광고를 제작하고, 방송을 통해 수많은 사람에게 전달할 수 있다. 이와 같이 메타버스와 방송이 결합하면 새로운 콘텐츠의 생산뿐만 아니라 다양한 혁신적인 비즈니스 모델을 창출할 수 있을 것이다.

1) 메타버스로 유권자 모은 'KBS 개표 방송'

지난 제20대 대통령 선거 개표 방송에서 KBS는 메타버스 플랫폼을 구축하여, 세계 최초로 유권자들이 가상 공간에서 아바타의 형태로 개표 방송을 시청할 수 있게 했다.

[그림 2] KBS의 세계 최초 개표 방송
출처: 이프랜드

KBS는 시상식 현장을 연상하게 하는 좌석 배치로 제2별관 스튜디오의 모습을 구현했다. '메타버스 랜드'에 참석한 유권자들은 아바타 채팅창과 음성대화를 통해 실시간 의사소통이 가능하며, 이용에 따른 불편 사항에 대한 즉각적인 피드백을 받을 수 있다(소비자평가, 2022).

[그림 3] KBS 대선 개표 방송의 '메타버스 랜드'
출처: 이프랜드

또한, KBS는 제페토와 협업하여 만든 '함께해요 KBS' 서비스를 통해 대선 선거 방송을 준비하고 있는 KBS 방송사 내부를 가상의 공간에서 방문해 볼 수 있게 하였다. 국내에서는 처음으로 방송사 건물과 다양한 내부 공간을 실제와 동일하게 구현했다.

[그림 4] '함께해요 KBS'
출처: KBS

2) KBS 대기획 '키스 더 유니버스'

2021년 KBS 1TV 대기획 '키스 더 유니버스'의 영상에서는 주지훈과 공룡이 'KBS 열린음악회' 등이 열리는 KBS홀 무대에서 같이 출연, 인터랙션의 AR 최신 기술로 시청자의 몰입을 유도하였다.

'키스 더 유니버스'의 1편은 인간이 가진 우주적 존재로서의 한계, 2, 3편은 인류의 운명에서 호기심으로 지구가 아닌 다른 행성으로 찾아가는 내용이다. 기존의 설명형 다큐멘터리와는 달리 멸종된 공룡과 미지의 공간인 우주를 AR 테크놀로지로 생생하게 구현하였고, 과학자들과의 인터뷰를 통해 우리가 몰랐던 신비로운 우주의 비밀들을 실재감과 몰입으로 시청자 경험 유도하였다. 지구 최후의 날은 VR, AR, 비디오월 등 첨단 시각 기술을 통해 미지의 공간 우주를 시청자들이 직접 체험할 수 있게 하는 체험형 다큐쇼로 명품 다큐멘터리 3부작으로 제작되었다. 배우 주지훈이 직접 '키스 더 유니버스'가 소개하는 세상 속으로 들어간 것과 같이 이를 직접 체험하고 생생히 전달하는 방식이다. 특히 주지훈이 비디오월을 뚫고 나와 스튜디오에 등장한 AR 공룡과 만나는 순간은 시청자들도 함께 공룡을 만나는 듯한 짜릿함을 느끼게 하여 시청자의 몰입을 한껏 높여 주었다.

[그림 5] 지구 최후의 날
출처: KBS

'키스 더 유니버스'의 2편 '화성인류'에서는 지구 밖 새로운 거주지 후보로 꼽히는 화성으로의 이주 계획과 불가능을 가능으로 만들어 낼 인류의 끝없는 도전과 노력이 펼쳐진다. AR 기술로 시청자들과 함께 화성으로 시공을 초월한 가상 투어를 떠나는 체험을 제공하였다. 화성이 인류의 또 다른 터전이 되기까지는 극복해야 할 많은 과제들이 있는데, 화성을 넘어 우주를 향한 인류 역사상 가장 담대하고 위대한 도전과 노력들을 3D 메타버스로 실재감 있게 표현하였다.

'키스 더 유니버스'의 3편 '코스모스 사피엔스'에서는 우주로 향하는 인류의 성장 드라마이다. 앞서 AR 기술로 되살아난 티라노와 사투를 벌이고 화성으로 가상 투어를 떠나는 등 시간과 공간을 넘나드는 황홀한 여정을 안내한 가이드 주지훈은 미국 UCLA 교수 데니스 홍, 한국천문연구원의 선임연구원 심채경 박사와 함께 우리가 맞닥뜨린 가장 흥미진진한 우주 이야기를 전달하였다. 2024년 화성 탐사가 목표인 테슬라 CEO 일론 머스크의 '스페이스X', 최근 민간 우주여행에 성공한 아마존 CEO 제프 베조스의 '블루 오리진'과 영국의 억만장자 리처드 브랜슨의 '버진 갤럭틱' 등 인류 역사상 가장 담대하고 위대한 도전을 위한 민간의 노력들을 메타버스 형태로 풀어나갔다.

[그림 6] MBC '너를 만났다'_못다 한 사랑이야기
출처: MBC

'너를 만났다'에서는 AR·VR의 첨단 기술을 이용해 구축된 가상현실 속에서 잠시나마 그리워했던 딸과 행복한 시간을 갖는 나연이 엄마의 모습은 많은 시청자들의 눈물샘을 자극하였다. '너를 만났다' 영상 클립은 약 1,500만 뷰를 넘기면서 계속해서 회자했고, VR·AR 산업에 대한 반향과 함께 기술의 다양한 활용성에 대한 기대가 고조되었다. '너를 만났다'는 사회 전반에 큰 이슈로 대두된 이유로는 그동안 신기한 기술로만 여겨졌던

VR·AR 기술이 이제는 일반 사용자에게 감동과 몰입을 전달해 줄 수 있는 수준까지 높아졌다는 것을 대중들에게 증명했기 때문이라고 볼 수 있다.

3) MBC '더 마스크드 탤런트(The Masked Talent)'

MBC가 2022년 추석 특집으로 SK텔레콤 메타버스 플랫폼 '이프랜드'(ifland)와 손잡고 제작·방영한 파일럿 예능 '더 마스크드 탤런트'는 '복면가왕'의 스핀오프(오리지널 방송 콘텐츠를 바탕으로 새롭게 파생되어 나온 작품)이다. 가상 세계에 녹화장을 마련하고 아바타를 통해 비대면 관객 투표를 진행했다. '복면가왕'과의 차별점은 유명 연예인 대신 일반인이 노래 배틀에 참여한다는 것이다.

노래 경연 프로그램의 경우 방청객들의 솔직한 리액션은 보는 이의 시각적 재미를 더해 주는데, 코로나19로 인해 대면 접촉에 제한이 가해지면서 사실상 방청객을 동반한 프로그램 진행이 불가능해졌다. 이처럼 오프라인 방청의 한계를 극복하기 위해 MBC에서는 방송계 최초로 '메타버스 판정단'을 도입한 예능 '더 마스크드 탤런트'를 선보인 것이다. SK텔레콤의 메타버스 플랫폼 '이프랜드(ifland)'가 마련한 가상 스튜디오에 95명의 관객들을 초청해 판정단의 자리를 메꿨으며, 특히 MZ세대 사이에서 '밈(meme)'으로 활발히 이용되고 있는 개그우먼 신봉선의 'ㄴㅇㄱ 포즈(상상도 못한 정체)'가 아바타 모션으로 등장해 시각적 재미와 생생한 리액션까지 담아내었다.

[그림 7] 복면가왕 만난 이프랜드
출처: SK텔레콤 뉴스룸

4) SBS. '아바타로 소통한다'. 메타버스 스튜디오

SBS 선거방송기획팀은 대한민국 선거 방송 최초로 글로벌 메타버스 플랫폼 제페토에서 가상현실 공간 '투표로 스튜디오'를 오픈하였다. 캐릭터와 마스코트를 통해 진행하며 스튜디오에서 카메라를 잡아 보고 여러 가지 체험이 가능하다. SBS는 실시간 개표 정보 그래픽 '바이폰(VIPON)'을 개표 방송에 선보였는데, 인물의 얼굴 사진을 잘라 붙이는 방식에서 벗어나 3D 모델링과 영상 자료를 활용해 생동감 넘치게 후보들을 구현하며 그래픽 품질을 향상시켰다.

[그림 8] SBS 메타버스 스튜디오
출처: SBS 메타버스 스튜디오

SBS의 자체 예측 분석 시스템 'AI 유확당'(유력/확실/당선)은 개표 진행 상황에 따라 당선자의 윤곽을 세밀하게 예측하는 기존의 인공지능 시스템에 페르소나가 부여된 캐릭터를 결합한 2세대 AI로 유/확/당을 보여 주었다. 또한, '2022 국민의 선택'에서는 '디지털 트윈'이라는 새로운 투개표 시스템을 도입하였는데, 실시간으로 쏟아지는 데이터를 한눈에 알아볼 수 있게 시각화하고, 실제 투표소와 개표소를 그대로 옮겨온 듯한 디지털 트윈 공간을 구현해 투표와 개표 상황을 한눈에 볼 수 있도록 하였다.

5) SBS. '라우드'

SBS는 JYP, PNATION과 함께하는 오디션 프로그램을 방영했다. 이 프로그램은 세계적인 보이 그룹을 탄생시키는 것을 목표로 하는 프로그램으로 박진영과 싸이 그리고 SBS의 콜라보레이션이 큰 화제를 모은 바 있다. SBS는 라우드 프로그램에서 메타버스 플랫폼인 제페토를 활용해 참가자들을 응원할 수 있는 방법을 제공하였다. 자신이 좋아하는 연예인을 응원하는 가장 대표적인 방식으로 커피차를 들 수 있는데, SBS 라우드는 제페토를 통해 현실에서 커피차를 선물할 수 있게 했다.

[그림 9] SBS 오디션 프로그램 '라우드'

출처: 제페토

6) MBN, '아바타싱어'

MBN은 2022년 8월, 국내 최초 메타버스 뮤직쇼 '아바타싱어'를 방영했다. '아바타싱어'는 아바타에 로그인한 초특급 뮤지션들의 환상적인 퍼포먼스를 경험할 수 있는 국내 최초 메타버스 뮤직 서바이벌이다. 국내 정상급 아티스트 10팀이 3D 아바타로 구현돼 공연을 펼치는 15부작 예능이다. 가수들이 본인의 정체

를 숨기고 공연에 나서고, 패널들이 이들의 정체를 추리하게 된
다(서울경제, 2022).

[그림 10] 메타버스 음악 예능 MBN '아바타싱어'
출처: MBN

4. 메타버스 생태계의 진화 전망

메타버스의 무한한 가능성은 2022년 3월 대선 개표 방송을 통
해서 재확인되었다. 이는 상대적으로 정치에 무관심한 MZ세대
의 참여를 이끌어냄으로써 민주주의의 가치를 실현했다는 점에
서 시사하는 바가 크다. 무엇보다 세계 최초로 개표 방송에 메타
버스를 도입했다는 점에서 의미가 있다. 코로나19로 비대면 생
활이 지속됨에 따라 대면 활동에서의 경험을 그대로 구현해 낼
수 있는 기술과 서비스에 대한 관심이 더 높아진 상황이다. 메타
버스는 가상 세계이지만 현실 세계와의 비슷한 경험을 할 수 있

다는 점에서 보다 매력적이다. 앞으로 방송사를 비롯한 여러 기업에서 메타버스를 활용해 어떤 새로운 패러다임을 가져올 것인지에 대해 귀추가 주목된다(소비자 평가, 2022).

TV 방송사들은 메타버스·AR(증강현실)·아바타 등 신기술을 도입한 프로그램 제작·방영에 나서고 있다. TV를 떠나 유튜브·SNS 등으로 옮겨가 버린 MZ세대를 다시 브라운관 앞으로 데려오고, 또 신기술에 익숙하지 않은 TV 시청층을 사로잡아 수익 모델 확대에 성공할지 주목된다. 아직은 전통적 방송 미디어에 메타버스가 자연스럽지 않은 부분도 있고, 메타버스가 방송을 통째로 바꿀 만한 대체재도 아니다. 그러지만 메타버스라는 현상 자체는 당분간 계속되거나 확대될 가능성이 높다. 방송뿐만 아니라 콘텐츠 전 영역에서 새로운 메타버스 콘텐츠 제작은 물론 기존 콘텐츠에 메타버스적 요소를 접목하는 사례도 갈수록 증가할 것으로 보인다. 방송 사업자는 이러한 상황과 메타버스에 대한 고려를 통해 시청자와 접점을 확대하고 새로운 비즈니스 기회를 만들 수 있다. 특히 메타버스와 방송의 융복합을 통해 확장된 시청 경험을 제공함으로써 TV 수상기만으로는 접근이 어려운 젊은 시청자에게도 훨씬 친근하게 다가가는 게 가능할 것이다. 메타버스와 융합된 미래의 방송은 가상 공간을 구현한 방송 콘텐츠를 통해 새로운 재미를 선사하고 방송 너머에 마련된 또다른 가상의 공간에서 시청자들 간 상호작용하는 온·오프라인을 자유롭게 넘나드는 새로운 매개체가 될 수 있을 것이다(방송과 메타버스, 2022).

메타버스 등 신기술에 익숙하지 않은 TV 시청자들의 프로그램에 대한 반응은 아직까지는 뜨겁지 않다. 현재 방송사들이 제작/방송하고 있는 메타버스와 접목된 방송 콘텐츠들은 신선한 시도임에도 시청률의 벽을 넘기가 어렵다. 하재근 대중문화평론가는 "3D 아바타의 완성도와 디자인이 화제성을 결정할 것"이라며 "레거시 미디어에서는 3D 아바타가 실제 사람보다 흥미가 떨어질 수밖에 없고, 중년 세대 이상에게는 어색하게 느껴질 수밖에 없기 때문에 현실과 가상의 조화가 중요하다."라고 전망했다(서울경제, 2022).

기술적 요소로 메타버스의 기본 구성과 주요 시스템이 어떻게 구성되어 있는지 살펴볼 필요가 있는데, 메타버스 Value Chain은 '인프라, 엔진, 디바이스, 플랫폼'으로 나눌 수 있다. 인프라(Infra)는 그래픽 처리 장치(GPU), 통신, 클라우드로 구성된다. 방송과 메타버스 환경의 접목에 있어서 시청자들의 몰입에 가장 방해되는 요소는 데이터의 끊김이나 처리의 지연에서 오기 때문에 데이터 처리 기술이 무엇보다 중요하다. 방대한 3D 데이터 처리가 가능한 고성능 그래픽 처리 장치(GPU) 및 클라우드 환경 조성, 그리고 데이터 센터와 개별 디바이스를 지연 없이 연결할 수 있는 통신 환경이 필요하다(정상섭, 2022).

최근 챗GPT의 등장으로 인공지능 기술에 대한 관심이 폭발적으로 증가하고 있고 다양한 분야에서의 활용이 예상된다. 메타버스 분야에 인공지능 기술이 적용된다면 보다 풍부한 메타버스 세계를 경험할 수 있을 것이다. 인공지능은 머신러닝 혹은 딥러닝을 통해 현실 세계의 데이터들을 학습함으로써 메타버스 공간을 정교하게 구성할 수 있다. 예를 들어, AI가 사물의 움직임을 학습하면서 일련의 동작들을 자연스럽게 표현할 수 있고 사람의 외양을 학습해 사람과 흡사한 캐릭터를 만드는 것도 가능하다. 이처럼 인공지능 기술은 메타버스 세계를 더욱 정밀하고 폭넓게 확장시켜 줄 수 있을 것이다.

한편, 메타버스에 익숙하지만 TV를 시청하지 않는 MZ세대를 어떻게 시청자로 포섭할지도 문제다. 메타버스 생태계에서 가장 중요한 요소가 경험이다. 방송과 메타버스가 접목된 새로운 미디어 환경에서 기존의 시청 경험에서 확대된 새로운 시청 경험을 제공할 수 있는 방법을 모색해야 한다. TV 수상기는 단순히 콘텐츠를 재생하고 정보를 제공하는 역할에서 나아가 현장감이 중시된 게임이나, 음악 콘서트, 몰입형 영화 감상 등의 서비스가 제공되고 또한 대형 스크린을 활용한 가상 공간에서 기존의 소셜 미디어보다 진보된 휴먼 인터페이스의 역할까지 할 수 있어야 한다.

매번 신기술이 등장하고 매체 환경이 변화할 때마다 방송은 새로운 변화를 방송에 일방적으로 적용하려는 경향을 보여 왔다. 하지만 메타버스와의 접목에서는 메타버스를 방송에 활용하려는 일방적인 사고를 버려야 한다. 메타버스는 새로운 기술이 아니라 시대의 변화가 반영된 하나의 현상으로 이해해야 한다. 방송을 포함한 기존의 미디어 생태계와 메타버스의 생태계를 이해하고 두 개념이 융합된 이벤트를 어떻게 통합해 나갈 것인지에 대한 고민이 더해져야 할 것이다.

5. 또 다른 융합의 대상 챗GPT

1) 챗GPT의 등장

챗GPT는 OpenAI에서 개발한 대화형 인공지능 모델 중 하나이다. 이 모델은 2018년에 처음 공개되었으며, 그 이후로 GPT-2, GPT-3로 발전해 대화형 인공지능 기술의 발전을 이끌어왔다. 최근에는 GPT-4가 출시되어 인공지능 기술의 발전이 가속화되고 있다. 챗GPT는 자연어 처리(Natural Language Processing, NLP) 분야에서 큰 주목을 받고 있으며, 대규모의 데이터 세트를 학습함으로써 사람과 비슷한 수준의 자연어 이해와 생성 능력을 가지게 되었다. 이 같은 특성에 따라 챗GPT는 논문 작성, 코딩, 소설 창작, 문서 요약, 번역 및 교정 등 다양한 창의적 콘텐츠 제작 능력을 보여 주며 다양한 분야에서의 활용이 예상된다(안종배, 2023).

챗GPT의 등장은 대화형 인공지능 기술의 발전과 함께 인공지능 기술의 발전을 이끌어냈으며, 인공지능이 우리 생활에 보다 더 가까워지고 있음을 보여 준다. 무엇보다 챗GPT는 일반인도 복잡한 명령 없이 단순 질의를 입력하는 것만으로 거의 실시간으로 답변을 확인할 수 있다는 점이 선풍적 인기의 원인이다. 알파고의 등장으로 인공지능에 대한 관심이 높아지긴 했지만, 챗GPT의 출시 이전까지는 인공지능 AI 서비스는 여전히 전문가들의 영역으로 인식되었다. 챗GPT는 누구나 무료로 쉽게 접근이 가능하고 사용 결과의 만족도가 높아 서비스 출시 이후 이용자가 폭발적으로 증가하고 있다. 서비스를 시작한 지 5일 만에 이용자 100만 명을 돌파하고 2개월 만에 1억 명을 넘어섰다. 이러한 추세는 앞으로도 지속될 것이며, 인공지능 기술의 발전은 우리가 살아가는 거의 모든 영역에 스며들어 새로운 가능성들을 열어줄 것이다.

챗GPT가 서비스로서의 가능성을 보임에 따라 많은 빅테크 기업들은 대규모 언어 모델 기반 AI 챗봇 출시 계획을 잇달아 발표하였다. 챗GPT가 쏘아 올린 '생성형 AI' 경쟁이 AI 기술 패권 전쟁으로 확대되고 있다. 현재 미국과 중국은 인공지능 디지털 패권 경쟁을 벌이고 있으며, 인공지능은 미래의 국가 경쟁력에 큰 영향을 미칠 것으로 예상된다. 이러한 상황에서 인간이 주체적으로 인공지능을 잘 활용하는 능력은 국가나 기업뿐 아니라 개인의 경쟁력에도 큰 영향을 미칠 것이다. 따라서 우리는 인공지능이 바꾸어 갈 미래 세상을 이해하고 대비할 필요가 있다. 방송의 분야도 이러한 추세에서 제외될 수 없으며, 인공지능 기술이 방송 분야에서도 점점 더 많이 활용되어질 것은 분명하다.

2) 챗GPT와 방송

챗GPT의 등장은 인공지능 기술의 발전과 함께 대화형 인공지능 기술의 진보를 끌어낸 중요한 역할을 한다. 인공지능 기술은 인간과 더욱 가까워지고, 현실 세계에서 활용될 수 있는 새로운 가능성을 제공하고 있다. 방송 분야도 이러한 추세에서 예외는 아니며, 챗GPT를 비롯한 대화형 인공지능 기술을 기반으로 한 모델들은 방송과의 융합을 통해 새로운 서비스와 혁신적인 콘텐츠 생성을 기대할 수 있을 것이다.

따라서 챗GPT와 방송의 융합은 시청자들과의 상호작용이 강화된 새로운 서비스와 콘텐츠를 만들어 방송사의 경쟁력을 강화하는 것 이상으로 방송 산업 분야에서도 다양한 비즈니스 모델 창출을 통해 혁신적인 변화를 가져올 수 있을 것이다. 즉 챗GPT를 비롯한 대화형 인공지능 기술은 방송 산업에 높은 가치를 제공하며, 이를 활용하는 방송 산업은 다양한 비즈니스 기회의 창출과 혁신을 이루어낼 수 있을 것이다.

방송사들은 챗GPT와 같은 인공지능 기술을 방송 콘텐츠 제작에 활용하여 새로운 경험을 제공할 수 있다. 예를 들어, 인공지능을 활용하여 시청자의 관심사와 취향에 맞는 맞춤형 방송 콘텐츠를 제공하는 것이 가능하다. 챗GPT와 같은 인공지능 기술은 대규모 플랫폼에서 방송 채널 제공에 활용될 때 보다 효과적일 수 있기 때문에 방송사들은 다양한 장르의 및 형태의 방송 채널을 제공하여 시청자들의 시청 취향에 맞는 콘텐츠를 쉽게 선택할 수 있도록 하고, SNS나 모바일 앱 등의 새로운 플랫폼에서도 콘텐츠를 제공하여 다양한 시청자들의 접근을 유도할 수 있을 것이다.

챗GPT(https://chat.openai.com/)에 방송과 어떻게 협업하고 융합할 수 있는지에 대해 몇 가지 질문을 던져 보았다.

(1) 챗GPT와 방송의 융합

BC 챗GPT와 방송의 융합

챗GPT는 대화 인공지능 기술을 기반으로 한 인공지능 모델입니다. 방송과 챗GPT의 융합은 여러 가지 형태로 가능합니다.

첫째, 방송 프로그램에서 챗GPT를 사용하여 청취자와 상호작용하는 것이 가능합니다. 예를 들어, 토론 프로그램에서 청취자들이 질문을 챗GPT에게 보내면, 챗GPT는 그 질문에 대한 답변을 실시간으로 제공할 수 있습니다. 이를 통해 청취자들과의 상호작용을 더욱 원활하게 할 수 있습니다.

둘째, 방송 프로그램의 콘텐츠 제작 과정에서 챗GPT를 활용할 수 있습니다. 예를 들어, 뉴스 방송에서 챗GPT를 사용하여 자동으로 뉴스 기사를 작성할 수 있습니다. 또한, 방송 프로그램에서 사용되는 스크립트를 작성하는 데 챗GPT를 사용하여 생산성을 높일 수도 있습니다.

셋째, 방송 프로그램에서 챗GPT를 사용하여 자막을 자동으로 생성할 수 있습니다. 이를 통해 청각 장애인들에게 더욱 쉽게 방송 콘텐츠를 제공할 수 있습니다.

[그림 11]

출처: https://chat.openai.com/

방송과 챗GPT의 융합은 다양한 형태로 이루어질 수 있다. 챗봇 기술을 활용하여 방송 프로그램에서 시청자와의 상호작용을 강화할 수 있고, 프로그램에 대한 시청자들의 질문이나 피드백을 바탕으로 추가적인 정보를 제공하거나 프로그램을 개선하는 데 활용할 수 있을 것이다. 또한, 챗GPT를 활용하여 방송 프로그램에서 AI 호스트나 인공지능 캐릭터를 만들어 내는 것도 가능하다. 이 경우 챗GPT는 프로그램 내에서 대화를 이어나가는 역할을 하며, 시청자들과 상호작용하면서 새로운 정보나 재미있는 이야기를 제공할 수 있을 것이다. 더 나아가 챗GPT를 이용한 자동화된 방송 콘텐츠 생성도 가능하다. 예를 들어, 챗GPT를 활용하여 자동으로 뉴스 기사나 라디오 스크립트를 작성할 수 있다. 이를 통해 빠르고 정확한 콘텐츠 생성이 가능하며, 제작진은 이를 바탕으로 보다 다양하고 풍부한 콘텐츠를 제공할 수 있을 것이다.

(2) 챗GPT와 방송의 융합으로 가능한 서비스

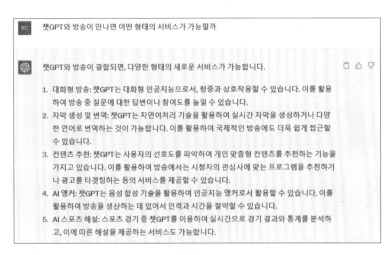

[그림 12]
출처: https://chat.openai.com/

챗GPT와 방송의 융합은 방송 콘텐츠의 질과 다양성을 높일 수 있는 유용한 방법 중 하나가 될 것이다.

챗GPT가 방송 분야에서 활용될 수 있는 몇 가지 예시를 들어 보면,

① 방송 콘텐츠 자동 생성

챗GPT는 대량의 데이터 세트를 활용하여 콘텐츠를 자동으로 생성하는 기능을 가지고 있다. 이미 뉴스를 통해 챗GPT의 논문 및 보고서 작성 능력이 사람이 작성하는 것보다 좋다는 평가가

나오기도 했다. 이와 같이 검증된 인공지능의 텍스트 창작 능력을 이용하여 방송 대본, 큐시트를 작성하고, 그림 그리기와 동영상 제작 기능을 이용하여 프로그램 타이틀 이미지나 동영상을 자동으로 생성하는 것도 가능하다.

② 챗GPT 기반 자동 뉴스 생성

챗 GPT를 사용하여 뉴스 기사를 자동으로 생성할 수 있다. 챗GPT가 뉴스 기사를 생성하고, AI 앵커가 방송하면 실시간 뉴스 방송이 가능하다. 챗GPT가 도입되면 초기에는 기자와 챗GPT의 역할 분업화를 통한 새로운 구조가 만들어질 수 있고, 로봇 저널리즘이 더 확산할 것이다. 스포츠, 날씨, 증시 시황 등 이미 사실이 확인된 간단한 스트레이트성 정보의 전달은 챗GPT가 담당하고, 전문적인 분석 및 심층 보도는 기자가 담당하는 기능 분업화가 가속화될 것이다. 무엇보다 챗GPT를 이용하여 기자들은 단순한 정보 찾기와 사실 확인을 위해 투입하는 시간을 줄이고, 본격적 심층 취재와 깊이 있는 현상 분석에 전념함으로써 뉴스의 품질을 제고할 수 있다.

③ 챗GPT 기반 인터랙티브 방송

챗GPT는 챗봇 기술로 활용될 수 있다. 방송에서 챗봇은 시청자와 상호작용하면서 질문에 대한 답을 제공하거나 의견을 수렴하는 역할을 하면서 방송에 대한 시청자들의 참여와 상호작용을 높일 수 있다. 방송 프로그램에 챗GPT와 함께 작동하는 인터랙티브 기능을 제공하여 시청자들이 질문을 제출하거나, 투표를 하거나, 피드백을 보낼 수 있는 기능을 추가할 수 있다.

④ 인공지능 호스트

챗GPT는 방송에서 인공지능 호스트로 활용될 수 있다. 인공 지능 호스트는 대화형 인공지능 기술을 활용하여 방송 진행을 도와주는 역할을 할 수 있다. 예를 들면, 라디오 프로그램에서는 인공지능 호스트가 DJ의 역할을 하면서 특정 음악 장르를 추천 하거나 이야기를 나눌 수 있다.

⑤ 캐릭터 개발

챗GPT는 캐릭터 개발에도 활용될 수 있다. 애니메이션 방송 에서 챗GPT를 활용하여 자동으로 대사를 생성하는 캐릭터를 만 들어 낼 수 있다.

⑥ 챗GPT 기반 음성 인식 및 음성 재생 기술

챗 GPT는 음성 인식 기술을 개선하는 데 활용될 수 있다. 챗 GPT를 사용하여 방송 프로그램의 음성 데이터를 자동으로 분석 하고, 이를 텍스트로 변환하여 자막 제작 등에 활용할 수 있다. 이와 반대로 텍스트 기반으로 작성된 방송 원고를 실시간으로 영상의 타임라인에 맞게 AI 호스트가 읽어 주는 서비스도 가능 하다. 또한, 여기에 사용된 음성 인식 기술을 개선하여 음성 인 식 기술의 경쟁력을 확보하고, 이를 다양한 분야에서 활용하여 수익을 창출할 수 있다.

⑦ 챗GPT 기반 콘텐츠 추천 시스템

챗GPT는 이용자의 디지털 활동 이력 등의 데이터를 분석하여 이용자 취향에 맞는 콘텐츠를 추천하는 데 활용될 수 있다. 이 기능을 이용하여 시청자 맞춤형 콘텐츠 및 부가 서비스를 제공할 수 있다.

이와 같이 챗GPT는 방송 분야에서도 다양하게 활용되면서 방송 콘텐츠의 품질과 다양성을 높이는 데 유용한 역할을 할 수 있을 것이다.

(3) 챗GPT와 방송의 비즈니스 모델

[그림 13]
출처: https://chat.openai.com/

인공지능의 활용이 보편화되면 방송 산업 분야의 구조 변화로 제작의 형태도 변화할 것이다. 특히 그간의 AI는 기존 데이터를 분석하거나 분류하는 것이 핵심 역할이었다면 챗GPT와 같은 생성형 AI는 텍스트, 이미지, 음성, 영상 등을 생산하면서 인간의 창의적 업무까지도 대신할 수 있게 되었다. AI에 의해 방송국 내에 새로운 일자리가 생겨나기도, 일자리가 없어지기도 할 것이다. 결국 일하는 방식의 변화할 것이다.

챗GPT와 방송의 결합은 방송 프로그램의 기획에서부터 송출 유통되는 전 과정에 걸쳐 효율성을 제고하거나 제작자의 편의를 증진하는 형태로 접목되어 활용될 수 있을 것이다. 챗GPT가 만들어 낸 결과물을 사람이 확인하고 수정해서 인공지능의 불완전함을 보완해 준다면 더 높은 품질의 프로그램을 제작할 수 있다. 이와 같이 방송에서의 챗GPT의 활용은 프로그램 제작의 과정 및 결과물의 품질 제고뿐만 아니라 새로운 형태의 다양한 비즈니스 모델 개발을 통한 수익 창출의 기회를 제공할 것이다.

① 맞춤형 광고 서비스

챗GPT를 활용하여 시청자의 개인정보와 관심사를 분석하여 맞춤형 광고를 제공하는 서비스를 만들 수 있다. 방송사는 이를 통해 광고 수익을 증대시킬 수 있다.

② 인공지능 기반 쇼핑 방송

챗GPT를 활용하여 상품 설명을 자동으로 생성하고, 시청자들이 해당 상품에 대해 질문하면 자동으로 답변하는 인공지능 기반 쇼핑 방송을 만들 수 있다. 방송사는 챗GPT를 매개로 하는 쇼핑몰과의 협업으로 수익을 창출할 수 있다.

③ 인공지능을 활용한 제작비 절감

챗GPT를 활용하여 방송 프로그램의 스토리나 대화를 자동으로 생성하는 서비스를 제공하는 것도 가능하다. 방송사는 새로운 콘텐츠를 빠르게 만들어 낼 수 있으며, 이를 다양한 플랫폼에서 제공하여 절감된 비용으로 수익을 창출할 수 있다.

④ 챗봇 기반 고객 상담 서비스

챗GPT를 활용하여 챗봇 기반 고객 상담 서비스의 제공이 가능하여 고객 상담 부서 운영을 위한 인력과 비용을 절감할 수 있다.

3) 챗GPT와 방송의 미래

챗GPT가 다양한 분야에서 서비스로서의 가능성을 보이고 있다. 개발사인 OpenAI가 챗GPT와의 연계 개발이 가능한 API를 공개함에 따라 다양한 응용 개발이 가능해지게 되면서 본격적인 생성형 AI 시장의 형성이 예상된다. 방송사들도 생성형 AI 기술인 챗GPT를 활용한 콘텐츠 제작 및 서비스 모델 개발에 나서야 하겠지만, 다른 한편으로는 인공지능 기술이 방송 제작 생태계에 미칠 영향을 분석하면서 챗GPT가 몰고 올 변화에 적응할 수 있는 대응 방안을 모색해야 한다.

챗GPT와 같은 인공지능 기술을 이용한 특화된 콘텐츠를 제작하여야 한다. 특히 챗GPT는 대화형 콘텐츠 분야에서 높은 수준의 자연어 처리 능력을 보이고 있기 때문에 많은 방송사가 다양한 학습이 이루어진 챗GPT를 방송 제작에 활용하게 될 것이다. 따라서 AI 활용 경쟁이 심화된 환경에서 경쟁 우위를 확보하기 위해서는 또 다른 노력이 필요해질 것이다. 방송사들은 챗GPT를 방송 제작에 활용하되, 챗GPT가 할 수 없는 독자적인 콘텐츠를 발굴하여 제작하는 것이 중요해질 것이다. 예를 들어, 챗GPT는 거의 모든 과거의 자료를 학습하고 던지는 질문에 그때그때 가장 적합한 답을 내릴 것이기 때문에 역설적으로 제작자들은 챗GPT와의 차별화를 위한 독창성 경쟁에 내몰릴 가능성이 있다. 고유한 인터뷰나 토론 프로그램, 게임쇼 등을 기획하여 챗GPT가 사전 학습하기 어려운 시청자들의 신선한 참여를 이끌어내는 등의 독창성을 발휘해야 하는 숙제를 안게 될 것이다.

챗GPT 시대의 메타버스와
XR(VR AR MR)

장형준(KBS TV기술국 영상감독)

챗GPT 시대의 메타버스와 XR(VR AR MR)

메타버스로 대표되고 있는 XR 세계가 가상현실(VR)과 증강현실 (AR) 등 인간의 비주얼(Visual)적 경험을 비롯한 감각적 확장을 통해 실감형 콘텐츠를 제공하고 있다. 이제는 이러한 가상, 증강, 혼합현실의 경계가 허물어지면서 각각의 특징이 어우러지는 확장현실(XR)이 유기적으로 연결되면서 서로 간의 융합을 통해 새로운 기술 혁명을 이끌어 가고 있다.

현재의 VR, AR, MR 등의 서비스는 각각의 특징에 맞는 서비스를 기반으로 발전하고 있으며 메타버스라는 3차원 가상 세계를 통한 플랫폼이 확산되고 대중화되어 가고 있다. 2007년 미국의 기술연구단체 ASF(Acceleration Studies Foundation)는 메타버스 로드맵을 통해 현실 세계와 가상 세계가 융합되는 현상을 보고 이전의 가상 세계의 개념을 보다 진보된 개념으로 정의하고 있다.

4가지로 구분되는 가상현실은 현실 공간에 가상의 물체를 겹쳐 상호작용하는 증강현실(AR) 환경으로 위치 기반 기술과 네트워크를 활용한 AR 글래스, 차량용 HUD, AR 원격 협업 등이 대표적이다. 현실을 그대로 반영하되, 정보적으로 확장된 가상 세계를 의미하는 거울 세계(Mirror Worlds)는 3차원 가상 지도, 위치 식별 등 지도 기반 서비스를 이용한 서비스를 의미한다. 센서, 카메라, SW를 활용하여 사람과 사물에 대한 일상 기록(Life Logging) 등이 있으며 가상현실(VR)은 디지털 데이터로 구축한 가상의 세계로 아바타 간의 상호작용으로 제페토와 같은 소셜 가상 세계가 대표적이다. 가상 세계는 보다 구체적이고 다양한 방면으로의 메타버스 세계를 구축하고 생태계 환경이 빠르게 발전하고 있다. HMD를 착용하고 컴퓨터 그래픽을 통한 게임을 즐기던 몇 년 전의 가상현실 콘텐츠가 이제는 증강, 혼합 등 경계가 허물어지며 더욱더 실감형 콘텐츠로 우리 주변에 일상으로 다가오고 있다.

기술의 발전과 맥을 같이해 오는 가상 세계 서비스는 소재의 발전 통신 기술의 발전, 컴퓨터 그래픽 기술의 발전, AI 발전 등 기술발전이 콘텐츠 발전과 서비스의 질적 향상에 크게 작용하고 있다. 수많은 스타트업 기술과 융합되어 발전하고 있는 가상 세계의 서비스를 한 번에 이해하고 따라가기는 쉽지 않은 게 현실이다. 기본적인 기술 개념과 단말기의 발전 방향 등을 이해한다면 엄청남 속도로 발전하고 있는 가상 세계 서비스를 보다 이해하기 쉬울 것이다

이번 장에서는 실감 미디어의 한 축으로 발전해 가고 있는 가상현실(VR)과 증강현실(AR), 그리고 혼합현실(MR)의 특징과 서비스 모델의 기술적 적용과 특징을 중심으로 알아보았다. 메타버스를 구현하고 콘텐츠를 즐기기 위한 기술적 배경과 구현 기술 그리고 관련 장비들을 중심으로 구성하였다. 빠르게 변화하고 있는

가상 세계와 메타버스 관련 기술들의 흐름과 관련 동향을 중심으로 구성하였다.

1. 메타버스와 XR 관계

1) VR(Virtual Reality)의 개념과 특징

VR은 가장 보편화된 개념과 기술로 메타버스에서 온라인 게임에 이르기까지 3차원 그래픽 환경에서 구현된 커뮤니티라 할 수 있다. 인공현실(Artificial Reality), 사이버 공간(Cyberspace), 가상 세계(Virtual World)라고도 하며 모니터 방식이 아닌 HMD(Head Mount Display)를 쓰고 체험하는 기술을 의미한다.

'리그 오브 레전드'(LoL, League of Legends), '메이플스토리'(MapleStory) 등 온라인 게임이 VR을 사용한 대표적인 예다. 메타버스는 가상 세계를 지칭하는 공간적인 의미다. 메타버스 시대는 시간적인 개념을 추가, 가상현실 세계와 현시대 흐름을 아우르는 통칭으로 쓰인다. 반면 VR은 완전한 메타버스를 전제로 한 가상적인 것을 현실에 적용해 경험하는 것을 뜻한다.

VR에서 파생된 개념으로 XR을 포함, '증강현실'(AR, Augmented Reality), '혼합현실'(MR, Mixed Reality)이 있다. VR에서 현실 적용성을 확대, 발전하면서 이와 같은 개념들이 생겨났다.

2) AR(Augmented Reality)의 개념과 특징

실제 존재하는 환경이나 가상의 사물이나 정보를 합성하여 마치 원래의 환경에 존재하는 사물처럼 보이도록 하는 컴퓨터 그래픽 기법을 의미한다. 완전한 가상 세계를 전제로 하는 가상현실과는 다른 개념으로 현실을 기반으로 2D 또는 3D로 표현한 가상의 겹쳐 보이는 물체를 통해 상호작용하는 환경을 의미한다. 가상 세계보다 부담을 줄이고 몰입감을 높일 수 있는 장점이 있다. 현실 세계를 기반해 그 위에 가상 사물이나 정보를 합성한 기술로 현실 세계만으로는 얻기 어려운 효과적인 정보를 시각적으로 제공한다. 메타버스를 기반으로 한 VR과 달리 현실을 기반으로 가상의 정보를 증강해 주는 AR은 가상 형태를 현실 환경에 입혀 마치 현실에 원래 존재하는 것처럼 느껴지게 한다. 마케팅 등에 이용이 가능하며 부가적인 정보들은 현실 속에서 가상으로 제공받을 수 있다.

3) MR(Mixed reality)의 개념과 특징

가상과 현실이 혼합된 형태를 의미한다. VR과 AR의 단점을 보완한 MR은 진짜 같은 가상의 이미지라는 특징과 가상의 물체를 현실 공간에 옮기거나 현실의 물체를 인식해 그 주변을 가상공간으로 합성하는 형태의 기술을 의미한다.

AR과 VR 콘텐츠에 비해 MR은 상호작용이 가능한 수준으로 발전하였다. 대표적인 예로 영화 〈마이너리 리포트〉를 들 수 있다. 영화 장면 중 인터페이스를 조작하는 장면이 MR을 구현한 장면이라 할 수 있다. 대표적 MR 기기로는 마이크로소프트의 홀로렌즈, 매직리프의 원크리에이터 에디션, 삼성의 HMD 오디세를 들 수 있다.

　대표적인 MR로 아바타와 함께 데뷔한 SM엔터테인먼트 걸그룹 '에스파'(aespa)가 있다. 에스파는 사람 멤버와 동일한 아바타 멤버 4명이 존재한다. 사람 멤버와 아바타 멤버가 해당하는 멤버끼리 서로 긴밀하게 상호작용하며 혼합현실에 대한 이해를 도와준다. 에스파의 데뷔곡 'Black Mamba' 뮤직비디오에서는 디지털로 구현된 메타버스에 사람 멤버들이 나와 효과적인 MR을 구현해 냈다. MR은 VR과 AR을 혼합한 개념이다. 가상과 현실을 연결해 새로운 환경을 만들어 주며 시각화하는 등으로 정보를 제공한다. 현실과 가상에 존재하는 것 사이를 실시간으로 상호작용할 수 있을 경우 혼합현실이 사용된 개념으로 사용할 수 있다.

[그림 1] 혼합현실(MR) 사례
출처: https://www.chosun.com/, SM엔터테인먼트

4) XR(eXtended reality)의 개념과 특징

가상현실(Virtual Reality, VR)부터 혼합현실(Mixed Reality, MR), 증강현실(Augmented Reality, AR)에 이르기까지 가상현실 기술 전체를 통틀어서 일컫는 말이다. 확장현실로 불리는 XR은 가상현실, 증강현실, 혼합현실 등 실감 기술을 통칭하고 있으며 가상과 현실의 융합을 통해 현실의 경험을 확장하고 특별한 몰입감을 제공한다는 특징이 있다.

확장현실 XR은 MR을 망라하는 초 실감형 기술 또는 서비스를 제공해 준다. XR은 VR과 AR 기술뿐 아니라 이들을 혼합한 MR까지도 자유롭게 선택해 활용할 수 있다. 이 모든 것을 활용해 확장한 VR을 제공한다고 볼 수 있다.

지금은 현실 공간과 사물 정보를 파악해 3D 홀로그램을 볼 수 있는 안경 형태의 기기지만, XR의 기술이 진화하면 안경이 불투명하게 변하면서 사라져 시야 전체를 통해 정보를 표시하는 게 가능해질 예정이다. VR을 최대로 확장한 개념인 XR은 교육 분야, 헬스케어 제품, 제조업 등 다양한 분야에 적용할 수 있다고 전망한다.

5) VR. AR. MR의 차이와 특징

VR 콘텐츠의 이용적 측면에서 기술적 부분에서 고글(HMD)이나 안경(글라스) 등 시각적인 도구를 통해서만 VR을 사용할 수 있다는 한계점이 점이 있다. 또 VR 사용 시 사물이 특정한 위치나 장소에 고정해 있어야 한다. 유비쿼터스 컴퓨팅 환경에 제약이 있어 움직이는 대상으로 VR로 실행하는 것이 제한적이기 때문이다.

　VR(Virtual Reality)과 AR(Augmented Reality), MR(Mixed Reality) 은 모두 컴퓨터 그래픽과 디스플레이 기술에 기반한다. 다만 서로 작동하는 방법이 다를 뿐이다.

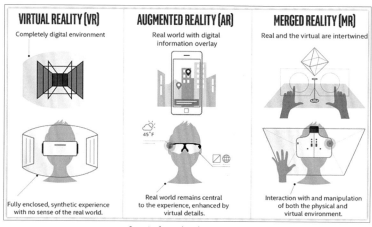

[그림 2] VR/AR/MR 차이점
출처: https://blog.wishket.com

[표 1] VR/AR/MR 차이점

VR vs AR vs MR			
특징	VR	AR	MR
사용자가 현실 세계에 대해 알고 있습니까?	불가능	가능	가능
사용자는 실시간으로 실제 및 가상 세계와 상호작용할 수 있습니까?	불가능	가능	가능
실제 콘텐츠와 가상 콘텐츠가 실시간으로 상호작용할 수 있습니까 ?	불가능	불가능	가능

VR은 내가 존재하는 환경과 다른, 가상 환경에 존재하는 듯한 느낌을 받게 하는 게 목적이다. 게임에서 현실로 전이되는 것과 비슷하다. VR 기술을 제대로 이용하면 지금 여기와 다른 가상 세계나 가상 환경으로 완전히 넘어간다. 어떤 다른 현실에 퐁당 빠지는 느낌이라고 생각하면 된다.

AR은 지금 있는 세계의 이미지에 CG를 덧입혀 그린다. 포켓 몬고가 가장 유명하지만 스마트폰 셀카 앱으로 사진을 찍을 때 토끼 귀를 달거나, 피부를 보정하는 일도 사실 AR 기술이다. 다만 CG가 현실 이미지에 덧입혀졌을 뿐, 현실 사물과 상호작용하진 못한다. 현재 AR 기술은 특정 형태를 인식해 그래픽을 덧입히는 정도가 한계다.

MR은 현실 사물과 반응하는 AR에 가깝다. 현실을 기반으로 가상 정보를 부가하는 증강현실(AR : Augmented Reality)과 가상 환경에 현실 정보를 부가하는 증강 가상(AV : Augmented Virtuality)의 의미를 포함한다. 즉 현실과 가상이 자연스럽게 연결된 스마트 환경을 제공하여 사용자는 풍부한 체험을 할 수 있다.

XR 기술은 본질적으로 CG 기술과 디스플레이 기술의 발전에 기반해 있기에 그 기술들이 좋아질수록 함께 성장한다. 그런 의미에서 우리는 이미 XR이 널리 쓰이는 세계에 살고 있다. 우리가 즐기는 컴퓨터 게임, 운전면허를 따기 위해 잡아야 하는 자동차 시뮬레이터나 스크린 골프 같은 실내 스포츠 게임 모두 가상 현실 기술에 기반한다.

메타버스를 대표하는 사례인 게임 포트나이트, 게임 플랫폼 로블록스, 3D 채팅 프로그램 제페토는 모두 평면 디스플레이 기반 XR이다. XR은 게임뿐만 아니라 다양한 공간에서 활약하고 있다. 가상/현실을 시뮬레이션하면서 게임과 교육 등에 주로 쓰이고 있고, 발전된 하드웨어 성능을 활용해 인공지능, 위치 정보, 자동 번역 등과 합쳐서 유용한 도구로 쓰기도 한다. 미 육군은 예전부터 프로젝션 기반 VR 돔을 만들어 훈련에 사용하고 있다. 최근엔 MS 홀로 렌즈 12만 대를 훈련과 실제 전투를 위해 주문하기도했다. 비행기 조종사 훈련을 위한 시뮬레이터를 대신해 HMD를 이용한 시뮬레이션 훈련도 일반화됐다. 일반 시뮬레이터 기기보다 훨씬 저렴한 게 장점이다.

미국 농업 장비 제조 업체인 AGCO에서는 AR 글래스를 도입해 작업 시간은 30%, 교육 시간은 50% 줄이는 성과를 얻기도 했다. 의료계에서는 수술 방법을 교육/훈련하고, 실제 수술을 돕는 시스템까지 등장했다. 자동차를 설계하거나, 가상으로 여행을 하거나, 가상으로 치아 교정을 하거나, 건축 디자인을 하고 분양될 집을 미리 보거나, 집에서 옷을 미리 입어 보는 등 XR을 쓰는 분야는 한둘이 아니다. 프로젝션 기반 VR 기술을 이용해, 디지털 스튜디오를 만들어 영상을 찍는 일도 잦아졌다. 디즈니에서 만든 SF 드라마 〈만달로리안〉이 좋은 예다.

메타버스가 사회/문화적인 의미에서 가상 사회를 지칭한다면, XR은 그런 가상 사회를 지탱하는 기반 기술이라 할 수 있다. XR 기반으로 작업, 일상, 놀이 환경이 바뀌는 것이 가능하다면 앞으로 우리 삶은 지금보다 더 많은 변화가 된다.

1) 메타버스의 기술적 특징

메타버스 기반의 기술 및 서비스 분야는 가상현실이라는 기술을 통해 다양한 분야에서 가상의 환경을 체험하는 것이 가능해졌다. 1인칭 시점에서의 가상현실 체험에서 가상의 타인과 서로 상호작용할 수 있는 메타버스 세계로 트렌드가 변화하고 있다. 사람들은 자기 자신을 대신하는 아바타가 활동할 수 있는 메타버스 공간에서 단순한 상호작용 및 활동뿐 아니라 설명회, 게임, 경제 활동까지 수행하고 있으며, 이러한 활동들을 가능하게 해 주는 소프트웨어 및 하드웨어 기술 또한 완성도가 높아지고 있다.

2020년 초부터 전 세계에서 유행한 코로나19는 비대면과 온라인 분야의 기술 발전 속도를 증가시키는 계기가 되었다. 바이러스의 대유행(팬데믹)으로 인해 원격 업무와 온라인 생활의 유행을 불러왔으며, 비대면 환경에 적응하여 업무 및 일상생활이 온라인 환경에 대한 수요의 증가와 관련 기술들이 경쟁적으로 서비스 기술을 제공하면서 기술의 양적, 질적 발전을 가져왔다.

메타버스를 구현하기 위해 필요한 핵심 기술은 가상현실 기술[여기서의 가상현실은 증강현실(AR), 혼합현실(Mixed Reality: MR), 확장현실(eXtended Reality: XR)을 모두 포함]과 네트워크, 보안 기술, 3차원 영상 모델링, 컴퓨터 비전, 영상 처리, 빅데이터 처리 및 분석, 클라우드 컴퓨팅, 사물인터넷(IOT), 블록체인, 인공지능, 하드

웨어(반도체, 디스플레이 등) 등으로 매우 다양한 형태의 기술들이 필요하다. (이덕우, 2022)

　가상현실 기술은 현실감 있는 콘텐츠를 제공하여 높은 몰입감을 가지고 체험할 수 있는 서비스를 제공하는 것이 목표이다. 이것을 달성하기 위해서는 가상의 환경과 객체를 인간이 가진 모든 감각 기관으로 체험할 수 있어야 한다. 현재의 기술 완성 단계의 측면에서 볼 때, 가장 높은 완성도를 보이는 것은 시각 중심의 가상현실 기술이라 하겠다.

　가상의 환경과 객체를 현실감 있도록 3차원으로 영상 콘텐츠를 구성하기 위해서 컴퓨터 비전 기술이 반드시 필요하다. 가상현실 체험을 위해서는 대체로 VR 디바이스라 불리는 HMD를 이용하게 되는데, 오큘러스(Oculus)사와 HTC사가 HMD 시장에서 가장 높은 점유율을 차지하고 있고 그 외에 HMD 분야 시장에서 구글, 삼성, 소니 등이 VR 시장을 형성하고 있다.

　HMD를 착용한 상태에서 사용자의 양안으로 3차원 콘텐츠를 현실감 있고 몰입도가 높도록 체험할 수 있어야 하므로 3차원 모델링 및 렌더링 기술, 고품질의 디스플레이 기술, 콘텐츠 기술 등이 모두 완성도 높게 이루어져야 한다. 이 외에도 청각, 후각, 미각, 촉각 등의 감각 기관을 통해 체험을 할 수 있어야 하므로 이에 대한 해당 기술들 또한 완성도 높게 개발되어야 한다. 그러나 여전히 후각, 미각, 촉각을 통한 가상현실 체험은 기술적으로 여전히 부족한 상태인 것이 현실이며 이를 해결하기 위한 연구는 여전히 활발하다. (김석기, 2019)

증강현실 또는 혼합현실은 현실의 환경에 가상의 객체를 조합하는 기술이므로, 3차원 현실 세계와 조합이 되는 3차원 객체를 정확하게 모델링하는 것이 중요하며, 기본적으로 컴퓨터 비전과 영상 처리 기술이 필요하다는 점에서 가상현실과 공통점을 가지고 있다. 시각적 관점에서의 체험이 가장 큰 비중을 차지하기 때문에 영상 및 컴퓨터 비전 기술은 가상현실을 구현하기 위한 기반 기술들 중 가장 비중이 크다고 할 수 있다.

메타버스에서 중요한 것은 상호작용이다. 상호작용을 위해서는 가상의 공간에 존재하는 가상의 아바타들이 서로 정보를 주고받을 수 있어야 하는데, 현실 세계와 동일한 속도를 체감할 수 있어야 한다. 또한, 가상현실 기술과 다르게 메타버스에서 제공되는 가상의 세계는 현실 세계와 같이 종료되지 않는 시간의 측면에서 볼 때 영원히 지속되는 환경이다. 등장하는 인물의 숫자에 제한이 없기 때문에 이들이 생성하는 다양한 형태의 방대한 양의 데이터들이 유연하게 전달, 처리, 분석되어야 한다. 이것이 충족되어야 현실감 있고 몰입도 높은 서비스를 사용자에게 제공할 수 있다. 그러므로 이동통신 기술과 멀티미디어 기술을 결합하여 어떠한 가상의 환경에서도 활동이 가능하도록 끊이지 않는 서비스를 제공할 수 있어야 한다. 몰입형 체험 서비스를 위해서는 네트워크 기술이 반드시 뒷받침되어야 한다.

2) 메타버스의 기술적 방향성

메타버스가 상용화되고 사용자가 증가하게 되면, 메타버스상에서 이루어지는 사용자들의 활동들의 패턴, 습관 등 새로운 유형의 정보들을 생성하게 된다. 대규모의 사용자들이 발생시키는 대량의 정보 데이터들은 동시다발적으로 발생되기 때문에 이들에 대한 보안 통제는 매우 중요한 이슈가 될 것으로 예상하고 있다. 메타버스 환경에서 이루어지는 활동 중 가장 중요한 것은 경제 활동이다. 현실 세계 수준의 경제 활동이 가능하다는 예측이 이루어지고 있는 상황에서 경제적 가치를 가지는 콘텐츠가 증가할 것으로 보고 있다. 그러므로 보안의 대상이 되는 콘텐츠는 현실 세계보다 더 많아질 것이며, 대상 콘텐츠는 크게 두 가지로 나누어 볼 수 있다. 한 가지는 인증이고, 다른 한 가지는 콘텐츠 정보에 대한 보안이라 할 수 있다. 메타버스에서 보안은 사용자들의 정보뿐 아니라 사용자들이 가진 가상의 소유권을 지키기 위해 반드시 필요하며 해당 시장 또한 성장할 것으로 예상하고 있어 NFT(Non Fungible Token)와 메타버스의 결합 등 다양한 보안기술들과 메타버스의 결합은 필수적이라 하겠다. (이덕우, 2022)

메타버스는 단방향의 가상 체험과 다르게 각각의 사람들이 생활할 수 있는 '제2의 일상'을 제공하여 문화, 업무, 경제 활동 등 모든 일상생활을 할 수 있게 해 준다. 메타버스 기술은 현실 세계에서 수행할 수 있는 여러 가지 활동이 가능한 가상의 환경을 제공하고 있지만 상용화된 분야는 여전히 제한적이다. 현실 세계의 활동 영역은 무수히 많기 때문에 메타버스 기술은 이렇게 무수한 활동들이 메타버스 환경에서도 가능하도록 개발될 것으로 예상된다.

또한, 메타버스 플랫폼별로 인간의 제2의 일상이 가능해지면서 사람들은 플랫폼 기반의 일상생활을 가지게 될 것이다. 이러한 현상이 가능해지려면 기술의 발전보다 더 중요한 것이 메타버스 환경에 맞는 제도적 뒷받침이라 할 수 있다. 새로운 환경에 접근하는 사용자들이 다양한 콘텐츠를 활용하여 다양한 활동을 안전하게 할 수 있을 때 메타버스 기술의 완성도가 더욱 높아질 것이다.

3. XR 기반의 메타버스 인터페이스 기술의 특징과 동향

1) VR HMD(Head Mount Display)의 특징과 분류

(1) HMD의 구분

시장에 출시된 VR 헤드셋을 구매할 때 고려해야 할 가장 큰 요소는 구동 방식이다. 현재 시장에는 3가지 유형의 VR 헤드셋이 있다. 스마트폰, PC 또는 독립 실행형 헤드셋이 있는데, 이 가운데 독립 실행형은 VR 사용자들에게 비교적 새로운 옵션이다.

① 모바일형

모바일 VR 헤드셋은 일반 VR 헤드셋과 모양이 비슷하지만 디스플레이, 내부, 추적, 그리고 모바일 VR 경험을 제공하기 위해서는 스마트폰이 필요하다. 이 유형의 VR 제품은 일반적으로 입문자용 VR 헤드셋이라고 여겨진다. 예산 범위 내에서 VR 경험, 360도 비디오와 기본 게임에 대한 접근을 제공하지만 VR 환경과의 실제 상호작용 방식에서는 많은 것을 제공하지 않는다.

② 독립 실행형

스마트폰이나 PC 없이 독립적으로 실행하는 VR 헤드셋이다. 기초적인 것부터 시작해 오큘러스 퀘스트 2와 같은 제품은 PC로 구동되는 헤드셋처럼 PC VR 헤드셋으로도 사용할 수 있다.

③ PC 구동형

VR 헤드셋은 아주 정확한 위치 기반 추적 기능, 완전한 몰입을 위한 고급 컨트롤러를 통해 하이엔드급 게임과 VR 경험을 제공하면서 일반적으로 시장에서 가장 성능이 뛰어나다는 평가를 받는다. 이 헤드셋의 문제는 비싸다는 점이며, VR 경험을 제공할 수 있는 강력한 PC가 필요하다.

(2) VR 경험의 게이트웨이, 컨트롤러

부수적인 영역인 것 같지만, 컨트롤러는 VR 헤드셋을 선택할 때 매우 중요하다. 컨트롤러가 VR 시스템에 따라 다르기 때문이다. 컨트롤러는 가상 세계에 접근하고 환경과 상호작용하는 게이트웨이 역할을 하기 때문에 최대한 정확하고 편안하게 사용할 수 있어야 한다.

일반적으로 바이브 코스모스 엘리트(Vive Cosmos Elite)와 같은 고급 VR 헤드셋은 진정한 1:1 위치 추적 기능을 갖춘 훌륭한 컨트롤러를 제공하는 반면, 리프트 S, 퀘스트 2, 표준 HP 리버브 G2에서 제공하는 것과 같은 인사이드아웃 추적은 살짝 미덥지 못하다. 플레이스테이션의 VR 헤드셋은 기본적인 위치 추적 기능을 제공하지만, 오큘러스와 HTC의 그것만큼 정확하지는 않다.

① 추적 기능

일반적으로 추적 기능은 VR 세계에서 고려해야 할 또 다른 중요한 영역이다. 모바일 VR 헤드셋은 프리미엄급 헤드셋에서 제공하는 6DoF(Depth of Field)와 비교해 3DoF만 제공한다. 3DoF는 제자리에 서서, 주위를 둘러보고, 위아래로 움직일 수 있다는 것을 의미하지만, 앞으로, 뒤로, 위로 또는 아래로는 어떤 움직임도 추적되지 않음을 의미한다.

반면 6DoF는 물리적 공간 내에서 사용자 위치를 추적할 수 있다. 리프트 S, 퀘스트 2, 바이브 코스모스를 사용하면 가상 세계를 물리적으로 걷고, 몸을 굽혀 바닥에서 물건을 집을 수 있는 등 몰입도가 대폭 향상된다.

② 해상도, 재생 속도, 그리고 FOV

VR 헤드셋을 구매하기 전에 해상도와 재생 속도를 확인하는 것이 좋다. 둘 다 VR 경험에 필수적이기 때문이다. 해상도가 높을수록 디스플레이에 생성되는 이미지 품질이 향상된다는 점에서 해상도는 매우 명확하다. 이는 더 선명한 화면과 읽기 쉬운 텍스트, 더 고급스러운 VR 경험을 의미한다.

그러나 재생 속도가 형편없다면 해상도는 그리 중요하지 않다. VR 초기에는 VR 사용자가 경험한 멀미를 퇴치하기 위한 이상적인 재생 속도를 알아내기 위해 많은 테스트가 있었다. 일반적으로 90Hz가 빠르게 진행되는 VR의 최소 요구 사항이지만, 앱이나 게임이 특별히 격렬하지 않다면 70Hz로도 가능하다는 결론에 다다랐다.

60Hz보다 낮으면 움직일 때 디스플레이를 새로 고치는 데 시간이 너무 오래 걸리고, 지연(Delay)이 발생하므로 VR을 사용할 때 멀미를 느끼기 시작한다. 다행히 대부분의 주류 VR 헤드셋은 최소 90Hz를 제공하기 때문에 걱정할 필요는 없지만, 비주류 VR 헤드셋의 경우, 고려해야 할 사항이다.

또한, 시야라고 부르는 FOV(Field Of View)는 기본적으로 VR 헤드셋의 몰입도를 제공하는 중요한 사항이다. 일반적으로 100도에서 120도 사이의 시야를 제공하는 VR 헤드셋을 선택해야 한다. 현재로서는 120도가 최선의 시야인 것으로 보인다. 참고로 사람의 눈은 약 220도 정도의 시야를 갖고 있다.

2) VR 헤드셋의 종류와 특징

[표 2] VR 헤드셋의 종류와 특징

오큘러스 퀘스트 2	플레이스테이션 VR	밸브 인덱스(VALVE INDEX)
Display: Dual 1832x1920 Framerate: 120Hz 심리스 올인원 VR 시스템 PC에 접속 가능 룸스케일 VR 가능 대규모 앱 라이브러리	Display: Dual 1920x1080 Framerate: 120Hz FOV: 100 3축 자이로 3축 가속도 센서 뛰어난 게임 라이브러리 간단한 설치 비교적 저렴한 가격	Display: Dual 1440x1600 Framerate: 144Hz 뛰어난 빌트 퀄리티 스마트하게 설계된 컨트롤러 스마트 내장 스피커 트래킹 능력 우수

HTC 바이브 프로 2	HP 리버브 G2	HMD Odyssey XQ800ZAA-HC1KR
Display: Dual 2448x2448 Framerate: 120Hz FOV: 120도 무게: 약 500g G-센서, 자이로스프, 근접 센서, IPD 센서, SteamVR 트래킹 2.0	Display: Dual 2160x2160 Framerate: 90Hz FOV: 114도 무게: 약 500g 4개 내부 트래킹용 카메라, 6DoF 인식	Display: Dual 1440x1600 Framerate: 90Hz Framerate: 144Hz FOV: 110도 무게: 645g

출처: 각 제조사 홈페이지

3) AR 글래스의 종류와 특징

AR 글래스(AR Glass)는 투명한 렌즈 위에 증강현실(AR) 콘텐츠를 구현하는 안경 형태의 전자기기로 가상현실(VR) 기기와는 달리 현실에 그래픽을 얹은 형태로 이용 도중에도 앞을 볼 수 있는 기기이다. 일반 안경처럼 착용한 상태에서 눈앞에 대형 스크린 화면 수준의 디스플레이를 띄우거나 다양한 증강현실 콘텐츠를 이용해야 하기 때문에 AR 글래스를 상용화하기 위해서는 전용 칩셋, 배터리, 디스플레이 모듈, 센서, 광학계, 응용 프로그램 등의 핵심 기술이 필요하다. 디스플레이의 경우 해상도를 높이고 머리를 돌렸을 때 20밀리초(1,000분의 20초) 이내의 지연 시간 안에 영상과 시선을 일치시키는 기술이 필요하다. 이를 위해서 센서와 통신 기술, 인공지능 처리 기술이 필요하다.

광학계는 가볍고 넓은 시야각을 제공해야 한다. 현재 AR 글래스의 시야각은 최대 40도 정도다. 최초의 AR 글래스인 구글 글래스가 채택한 하프미러 방식으로 시야각 50도를 만들려면 렌즈의 두께가 2.5~3인치가 되기 때문에 실용성이 떨어진다. 마이크로소프트가 만든 AR 글래스 '홀로렌즈'는 빛의 빨강, 초록, 파랑의 파장에 따라 반사하는 필름을 각기 따로 두는 방식이라 렌즈 두께를 줄일 수는 있으나 필름을 픽셀 단위로 붙여야 해 양산하기 어렵다는 단점이 있다.

배터리 기술 개발에도 공을 들여야 한다. 기본적으로 안경이라고 하는 것은 수면 시간 이외에 항상 머리에 쓰고 있는 것이기 때문에 디자인도 중요하지만 최대한 가벼운 소재를 사용하여 가볍게 만드는 것이 중요한 문제인데 배터리 때문에 무게가 그만큼 중요해진다. 사용이 편하려면 배터리를 안경 안에 내장해야 하지만, 지금의 충전식 배터리는 부피가 크고 자유롭게 형태를 만들기 어렵다. 대안으로 전고체 배터리가 거론된다. 전고체 배터리는 전해질을 고체화한 배터리로 집적도가 기존 배터리의 20배 정도다. 스마트폰에 적용하면 한 번 충전해 한 달을 쓸 수 있다. 부풀어 오르거나 액이 흐를 염려가 있다.

전자파 문제로 안경 형태의 특성상 썼다가 벗었다가를 반복하기가 어렵기 때문에 뇌에 가장 가까운 곳에 전자기기를 온종일 달고 다녀야 하는 문제가 있다.

사생활 침해 문제도 고려해야 한다. AR글래스, 사용자에게 렌즈 너머의 물건에 대한 정보를 띄워 주기 위해서는 물질이나 사람에 대해 인지 상황에 대한 카메라 시스템으로 인해 사생활 침해 문제 등 다각도로 고려해야 할 문제가 있다. 초상권 문제, 각종 보안 문제 등 카메라가 모든 문제를 일으킬 수 있는 시작이 되는 것이다. 사생활 침해 문제가 AR 글래스가 상용화되기 어려운, 그리고 상용화된다면 문제를 일으킬 가능성이 가장 큰 요소이다.

[표 3] AR 글래스의 종류

Nreal Light	Magic Leap one	Google Glass2	Hololens2
안경형 스마트폰 연결 FOV: 52도 1920x1080 (per eye) 무게: 88g	헤드셋형 소형 본체 연결 FOV: 50도 1280x960 (per eye) 헤드셋: 345g 본체: 415g	안경형 네트워크 연결 FOV: 80도 640x360(per eye) 무게: 46g 구글 고객사 한정판매	헤드셋형 별도 디바이스 연결 FOV: 52도 2048x1536 (per eye) 무게: 566g

출처: 각 제조사 홈페이지

4) MR 글래스의 전망과 특징

애플은 증강현실(AR)과 가상현실(VR)을 결합시킨 혼합현실(MR) 헤드셋을 2015년부터 개발을 시작한 것으로 알려져 있다. 애플의 MR 기술 확보를 보면, 2015년에는 독일의 AR 업체인 '메타이오'와 스위스의 모션 캡처 기업인 '페이스시프트'를 인수했고, 2016~2017년에는 AR 관련 카메라 소프트웨어 개발 업체 '플라이비 미디어'와 안구 추적 기술을 보유한 독일의 '센소모토릭 인스트루먼츠'를 사들였다. 이어 AR글래스 렌즈 기술을 갖고 있는 '아코니아 홀로그래픽스'(2018년), 모션 캡처 기술을 전문으로 하는 영국의 '이키네마'(2019년), VR 생중계 서비스 회사인 '넥스트 VR'(2020년) 등을 차례로 인수했다. 이러한 준비로 WWDC 행사에서 새로운 혼합현실 헤드셋 기기의 완성품을 공개하려고 했으나 제작 일정이 늦춰져 혼합현실 헤드셋은 이르면 올해 말 또는 내년 초에 공개될 가능성이 높다고 전망된다.

애플은 대신 '룸플랜(RoomPlan)'이란 기능을 새로 소개했다. 아이폰의 '라이다(LiDAR) 스캐너'를 이용해 방 안을 스캔하면, 방의 평면도가 3D 도면으로 만들어지는 기술로 마이크로소프트(MS)가 2019년 출시한 MR 기기 '홀로렌즈2' 역시 사용자의 주변 공간을 자동으로 스캔해서 주변의 지형지물들을 파악하는데 이와 유사한 기능이 적용되었다. 룸플랜 기술이 차세대 애플의 MR 글래스에 적용에 기대를 모으고 있다.

외신들이 추정한 내용을 종합하면 애플의 MR 글래스(N301)에는 고성능 애플리케이션 프로세서(AP)와 디스플레이, 3D 센싱 기술이 사용된다. 안쪽에는 3840×2160, 3000PPI(디스플레이 1인치당 픽셀 수)의 화질을 갖춘 1.4인치 마이크로 유기 발광다이오드(OLED) 디스플레이가 2개 장착되고, 외부에는 1440×640, 263PPI 화질의 6인치 OLED 디스플레이가 탑재된다. 또 맥북에 사용되는 AP인 M1 이상급 프로세서가 탑재되고, 주변 환경과 사용자의 움직임, 표정과 시선 등을 읽는 카메라 모듈 13개가 장착된다. 고사양 컴퓨터에 버금가는 용량의 메모리도 필요할 것으로 보인다.

최근 소식에 의하면 애플이 내놓을 첫 헤드셋이 별도의 핸드 컨트롤러 없이 손가락으로 작동하며 VR(가상현실)과 AR(증강현실) 겸용 등 첨단 기능을 갖춘 '혼합현실' 방식을 채택했다고 블룸버그가 23일(현지시간) 보도했다.

애플 헤드셋에는 사용자의 손을 추적하는 여러 대의 외부 카메라와 눈을 읽을 수 있는 센서를 이용해 엄지와 검지를 움직여 버튼이나 목록 등을 선택하고 제어할 수 있다는 것이 다른 장치와의 차별점이라고 보도했다.

2개의 초고해상도 디스플레이와 외부 투시 모드 카메라를 이용해 VR을 사용하면 고글 내에서 가상의 이미지와 콘텐츠를 볼 수 있으며 AR 모드로 전환하면 실제 화면이 펼쳐지며, 그 위에 디지털 콘텐츠들이 오버레이 되는 기능을 갖추는 VR과 AR 모드를 모두 사용 가능하다는 평이다. 애플은 '리얼리티 프로'라는 이름의 헤드셋은 2023년 말 출시 예정으로 가격은 3,000달러(약 370만 원)로 예상하고 있다. 하지만 배터리 발열 문제나 제품 가격 그리고 이를 구현하기 위한 협력 업체와 소프트웨어 등 현실화하기에 아직도 많은 난관이 산재해 있다. 출시를 기대하는 만큼 제품을 현실화하기까지 많은 시간이 걸릴 수도 있다.

메타는 2014년 VR 기기 1위 업체 '오큘러스'를 인수했고, 2020년 VR 기기 '메타퀘스트2'를 출시해 좋은 반응을 얻었다. 하지만 메타가 진짜로 노리는 건 VR 너머에 있는 MR 시장이다. VR이 영상과 음향 등으로 인간의 실제 감각을 최대한 차단해 가상 세계에 몰입하도록 만드는 데 초점을 맞춘다면 AR과 MR은 현실 세계에 가상의 그래픽을 더해 사용자의 경험을 확장시키는 데 목적이 있다. 메타는 VR·AR·MR 등의 기술을 이용해 '메타버스'를 구축하려는 야심찬 계획을 세웠다. 메타는 VR에 현실 세계의 모습을 담기 위해 '캄브리아'라는 프로젝트명의 MR 기기를 개발하고 있다. 프로젝트 캄브리아는 사람의 눈과 얼굴을 실시간 추적할 수 있어, 기기 착용 시 좀 더 현실감 있는 메타버스를 체험할 수 있을 것으로 기대된다.

5) XR 장비의 특징과 동향

XR 관련 2023 CES 트렌드 분석을 보면 PC나 모바일을 활용한 메타버스와 관련 소프트웨어 플랫폼에서 XR(확장현실)을 활용한 Digital Reality를 활용한 다양한 업체들이 신제품이 공개되었고 산업 측면에서는 게임을 넘어서 정비, 레저, 안전, 의료 등 다양한 분야에서의 XR의 활용이 현실화되고 있다.

이번 CES 2023에서 가장 큰 변화라고 할 수 있는 점은 기존 커뮤니티형 플랫폼이나 게임들과 차별화되기 어려운 메타버스 관련 업체들의 전시가 많이 줄어들고 XR 기기 전시가 확대되었다는 점 또한 특이점으로 거론되었다.

기존의 XR 기기에서 Sony의 PSVR2는 사용자의 초점을 분석해 정확도를 높이고(Calibration) 게임 메뉴에서 시선만으로 커서를 움직일 수 있는 Eye Tracking 기술과 4K OLED 디스플레이와 PlayStation 5의 컴퓨팅 파워를 활용한 차별화된 그래픽을 적용한 기술은 호평을 받았으나 Standalone 기기가 아니라는 점과 핸드 트래킹이 불안정한 부분, PS5 기기에 케이블을 연결해 사용해야 한다는 점 등 사용자의 몰입감을 떨어뜨리는 개선 사항 또한 보고되었다.

Sony PSVR2 세트와 대표적인 레이싱 게임인 Gran Turismo7

의 VR 버전, 디스플레이 방식은 OLED 방식으로 해상도는 한쪽 당 2000x2040의 해상도와 110도의 시야각, 6축 모션 감지 시스 템에 시야 트레킹 IR 카메라가 장착되었다.

Sony PSVR2   Gran Turismo 7 VR

[그림 3] XR 장비 동향
출처: Sony 그룹

6) 햅틱 수트, 장갑을 이용한 메타버스 콘텐츠 연동 기술

햅틱(haptic) 기술은 사용자에게 힘, 진동, 모션을 적용함으로써 터치의 느낌을 구현하는 기술이다. 즉 컴퓨터의 기능 가운데 사용자의 입력 장치인 키보드, 마우스, 조이스틱, 터치스크린에서 힘과 운동감을 촉각을 통해 느끼게 한다. 햅틱 폰과 비디오 게임기 컨트롤러 등에 사용된다.

햅틱 기술은 항상 전화와 밀접한 관계에 있어 왔다. 1973년, 토마스 섀넌(Thomas D. Shannon)은 최초로 '촉각 전화(tactile telephone)'에 대한 특허를 취득했고, 벨 전화연구소(Bell Telephone Laboratories)의 마이클 놀(A. Michael Noll)은 1975년, 촉각 통신 시스템으로 특허를 받았다. 이후 햅틱은 비디오 게임, 로보틱스, 소비자 가전 등 다양한 제품 및 산업에 적용돼 왔다.

핵틱이란 전자기기가 생성하는 촉각 피드백을 통해 사용자에게 정보를 전달하는 기술로 정의할 수 있다. 스마트폰의 알림음을 통한 다양한 정보의 해석이 가능하다. 좋은 핵틱은 다양한 강도와 길이, 리듬을 조합하여 서로 다른 정보를 전달한다. 스마트폰에서도 문자와 전화 수신음이 조금 더 길거나 강하게 울리는 것 등을 예로 들 수 있다.

다음으로는 소프트웨어 키보드에서 발생되는 촉각 피드백이 있다. 터치스크린 키보드는 심지어 실제 키보드를 눌러 입력하는 것과 유사한 촉감을 구현하는 피드백을 제공할 수 있어, 물리적 키보드 같은 느낌을 주면서도 입력의 유연성을 담보할 수 있다. 핵틱을 통해 안드로이드 시스템 전반에서 실제 버튼을 누르는 느낌을 구현할 수 있다. 지문 인식을 통한 잠금 해제 시, 홈 화면이 나오기 직전 아주 잠깐의 떨림이 있을 것이다. 앱 아이콘을 길게 누르거나 내비게이션 바를 밀어 올릴 때도 비슷한 촉감을 느낄 수 있다.

(1) 핵틱을 적용한 다양한 제품

메타의 리얼리티 랩스가 7년간의 연구 끝에 공기주머니를 사용해 가상현실(VR) 물체를 손으로 느낄 수 있는 핵틱 장갑 시제품을 개발했다. 가상 세계를 손으로 직접 느낄 수 있는 핵틱 장갑 시제품을 공개했다고 보도했다. 메타의 핵틱 장갑은 액추에이터로 알려진 약 15개의 플라스틱 팽창식 에어패드가의 기능으로 VR이나 증강현실(AR)의 시각, 청각 신호와 함께 작동하며 물리적으로 어떤 것을 만지는 환상을 생성하여 실감 현상을 증대할 수 있다.

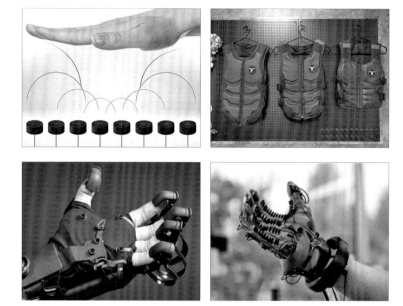

[그림 4] 햅틱을 적용한 제품
출처: 시정일보, 울트라햅틱스, 햅트엑스

NASA Ames Research Center에서 1980년대 헤드 마운트 디스플레이 및 유선 장갑을 볼 수 있다. 현재는 초음파 원격 햅틱 기술을 이용하여 공간 내에서 물체를 만지는 것과 같은 촉감을 전달받을 수 있다.

한국전자통신연구원(ETRI)에서 개발한 착용형, 피부 부착형, 신경 햅틱 인터페이스를 통해 원격에서도 물체를 만져 보고 느껴 볼 수 있는 촉감 기술을 개발했다. 가상/증강현실의 몰입감을 극대화하고 원거리에서도 촉감으로 의사소통할 수 있는 압전 소재를 개발, 센서와 액추에이터를 통해 차세대 텔레햅틱(tele-haptic)

기술을 제시했다. 압전 소재는 힘을 가하면 전기를 발생하고 전기를 가하면 변형되는 효과를 발생시키는 재료이며, 텔레햅틱은 원격, 가상에서 현실 같은 생생한 촉감을 느낄 수 있는 기술을 의미한다.

 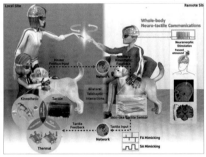

[그림 5] 차세대 텔레햅틱
출처: Wikipedia, ETRI

VRgluv(브이알글루브)는 전문 VR 장치인 HTC의 Vive(바이브)와 Oculus(오큘러스)의 VR 장치와 호환되는 햅틱 장비로 가상현실 게임 컨트롤러를 보다 더 자연스럽고, 직관적으로 이용할 수 있으며, 중요한 것은 몰입감이 증가되는 장비로 알려져 있다.

'CES 2022'에서 신제품 햅틱 장갑 TactGlove DK1를 착용하고 VR상에서 고양이를 쓰다듬으며 촉감을 느끼는 장면으로 섬세한 촉각 전달을 위한 LRA 모터 10개가 장착되어 있으며, BLE 기반의 무선 작동을 지원하여 사용자가 자유롭게 손을 움직일 수 있다. 최초의 B2C용 햅틱 장갑인 만큼 통기성, 신축성이 좋은 원단을 사용하여 착용 및 사용성을 높이고, 세탁 가능한 내피를 적용하여 위생적인 관리가 가능하도록 했다. 메타버스의 시대가 도래하며 자연스러운 가상 공간에서의 자연스러운 인터랙션이 중요해진 시점에서 앞으로 더욱 많은 콘텐츠와 연동이 진행될 것으로 예상된다.

[그림 6] VR 글로브
출처: VRgluv, 비햅틱스

7) 웨어러블 기기의 특징과 기술

착용감으로 의식하지 못할 정도의 자연스런 착용감이 요구된다. 신체적, 지적 능력과의 자연스러운 일체감을 위한 사용자 인터페이스가 요구된다. 항시성으로 즉각적인 반응을 위해 끊임없는 통신 기능이 제공되어야 한다. 전원 및 전자파 등에 대한 안전성이 보장되어야 하며 문화적 이질감이 없고 프라이버시가 보호되는 사회성이나 기기와 서비스에 대한 가격이나 내구성 등도 요구된다.

웨어러블 디바이스의 주요 개발 이슈를 살펴보면, 사용자 중심의 지능적 서비스를 구현하기 위해서는 정보의 수집과 추출을 위한 각종 센서, 그리고 음성/영상/제스처/생체 신호 등 사용자의 의도와 상태를 정확히 인식할 수 있는 인터페이스 핵심 부품이 관건이다. 웨어러블이 스마트폰 뒤를 잇는 전략적 디바이스로 자리 잡기 위해서는 '휴대'에서 '착용'으로 전환되기 위한 사용성 및 UX 상의 근본적 변화를 원활히 지원할 수 있어야 한다. 생체 신호 및 생체 인증 기술은 웨어러블 전 분야에서 핵심적 이슈이기도 하다. 이러한 문제를 해결하기 위해서는 전원 공급 및 저전력, 초소형 기술 등 웨어러블 디바이스 사용성이 가장 큰 이슈이기도 하다. 웨어러블 디바이스용 무구속 멀티모달(Multi-Modal) 무선 에너지 공급 기술과 생체 신호의 초고감도 감지를 위한 저차원 소재 기반 플렉시블/웨어러블 전자 소자 개발이 함께 연구되어야 한다.

헬스케어 웨어러블을 통한 생체 데이터의 수집과 활용은 맞춤형/정밀 진료를 위한 필수재로 발전하고 있다. 비침습 연속 생체 정보 모니터링(생체 정보들을 언제 어디서나 실시간, 연속적으로 모니터링하기 위한 비침습 방식의 센서 및 시스템, 사용자가 무통증과 무자각 상태에서 편리하게 생체/의료 정보를 측정)을 통한 헬스케어 웨어러블은 건강 관리, 만성질환 관리 및 예방 분야를 넘어 향후 스마트 의료, 헬스케어, 웰빙 산업, 스포츠 산업 관련 신산업 창출에 크게 기여하게 될 것으로 전망하고 있다. (최진영, 2021)

웨어러블 디바이스 기술을 통해 제조 산업, 플랜트 산업, 인포테인먼트, 국방안전, 유통물류 산업, 의료 산업 등에 가상 증강 기술을 접목하여 적용함으로써 다른 산업과의 기술적 연계가 가능하다. 웨어러블 디바이스(wearable device)는 IoT(사물인터넷), AI(인공지능), VR(가상현실)을 비롯한 다양한 플랫폼 전략이 결합되면서 ICT 패러다임의 변화를 견인하고 있다. 5G를 이어 6G 스마트폰의 모바일 프로세서에 탑재될 IoT · AI · VR 기능, 8K-UHD 콘텐츠 기능 등이 강화된 행동 생체 인식 기술, 핵심 칩 설계 기술, 스마트폰에서 몰입형 XR 및 홀로그램 기능 구현 기술, 6G 웨어러블 디바이스용 3D 심도 감지 솔루션으로 스마트 웨어러블 디바이스 핵심 기술 개발이 전망되고, 이를 이용한 실감형 웨어러블 기기의 미래를 위한 기술 조건과 개발 동향 등이 제기되고 있다.

6G 스마트폰에 적용될 스마트 웨어러블 디바이스는 IoT, AI, VR 등 첨단 기술력을 기반으로 한 다양한 기능(머신러닝, 음성 인식, 패턴 인식, 제스처 인식, 생체 인식, 자연어 처리 등)들이 접목되어 더욱 고도화될 것으로 예상된다. 이러한 차세대 웨어러블 디바이스에 탑재될 수 있는 유망 기술로 4차 산업혁명의 핵심 기술 중 하나인 AI와 함께 행동 생체 인식 기술 등이 부각되고 있다. 이용자의 다양한 행동 인식(음성, 안면, 지문, 행동, 손바닥 혈관, 심장 박동, 보행, 시그니처 등)을 반영한 행동 생체 인식 기술은 도소매 및 전자상거래, 보건 의료, 국방, 통신 등 매우 다양한 분야에 적용되면서 그 가치를 발휘하고 있다.

고성능 코어와 저전력 코어로 설계된 콘텐츠의 인코딩 및 디코딩 기술, 4K 영상의 60fps 재생 기술 등이 주목받고 있다. 6G 플랫폼은 이론상으로는 5G의 데이터 전송 속도(20Gbps)보다 최대 50배 빠른 1,000Gbps(1Tbps)를 지향하고 있다. 또한, 3D 모델링 기술과 유사한 6G 웨어러블 디바이스용 3D 심도 감지 솔루션의 적용도 필요로 하고 있다.

이처럼 웨어러블 기기는 독립적인 디바이스로부터 메인 기기의 입출력 보조 수단 데이터 수집 등 다양한 용도로 사용되고 발전해 오고 있다. 웨어러블 디바이스는 건강 관리 및 의료 서비스, 엔터테인먼트, 에너지, 전자기기, 조명, 광고, 패션, 국방 등으로서 디지털 사회의 신시장 수요와 다양한 산업에 응용되어 관련 산업의 성장에 큰 영향을 미치고 있다.

웨어러블 디바이스의 개발 및 상용화는 디스플레이, 센서, 소프트웨어, 통신, 프로세서, 기계, 섬유 등 다양한 유관 기술과 연동이 필요하므로 다양한 사업자 간의 생태계 조성이 이루어져야 한다. 아직은 혼합현실에 적용되는 웨어러블의 장비와 특성은 초기 단계이지만 앞으로 빅데이터, 인공지능, VR/AR 기술 및 디지털 헬스/의료의 사용자 접점으로서의 웨어러블을 정립하고 특히 데이터 확보/활용 관점의 R&D 필요하다.

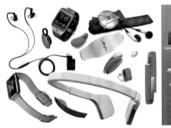

[그림 7] 다양한 웨어러블 기기들
출처: tech42, LG Display Newsroom

웨어러블 기술 및 제품의 주요 핵심 기술은 사용자 중심의 가치 발굴 및 핵심 서비스와 연계해 여러 관련 분야(섬유, 의료, 디스플레이, SoC 등)의 요소 기술들과의 통합과 융합적 관점의 연구 개발도 함께 요구된다.

웨어러블 디바이스의 주요 개발 이슈로는 융합의 공통, 핵심 시나리오인 사용자 중심의 지능적 서비스를 구현하기 위해서는 정보의 수집과 추출을 위한 각종 센서, 그리고 음성/영상/제스처/생체 신호 등 사용자의 의도와 상태를 정확히 인식할 수 있는 인터페이스 핵심 부품이 관건이다. 결국 웨어러블이 스마트폰 뒤를 잇는 전략적 디바이스로 자리 잡기 위해서는 '휴대'에서 '착용'으로 전환되기 위한 사용성 및 UX상의 근본적 변화를 원활히 지원할 수 있어야 하기 때문이다. 이를 뒷받침하기 위해서는 기기의 전원 공급 및 저전력, 초소형, 초경량 소재/부품 기술, 비침습 연속 생체 정보 모니터링(생체 정보들을 언제 어디서나 실시간, 연속적으로 모니터링하기 위한 비침습 방식의 센서 및 시스템, 사용자가 무통증과 무자각 상태에서 편리하게 생체/의료 정보를 측정) 등 헬스케어 분야를 넘어 향후 스마트 의료, 헬스케어, 웰빙 산업, 스포츠 산업 관련에 연계될 수 있다.

4. 챗GPT와 메타버스

1). 인공지능(AI)과 확장 현실(Extended Reality. XR)의 상호 기술적 관계

인공지능(AI)의 발전이 비약적으로 발전되고 거의 모든 분야에 걸쳐 적용되고 있다. 메타버스도 예외가 될 수 없다. 오히려 메타버스처럼 가상현실을 이용한 서비스는 더욱더 인공지능과의 협업의 범주가 넓게 확장되고 있는 현실이다. 본 장에서는 인공지능이 메타버스와 확장 현실과의 기술적 미치는 영향에 대해 기술적 상호 보완 관계와 발전 가능성에 대해 알아보았다. (내용 중 일부는 챗GPT에 질문한 결과를 요약 정리하였다.)

인공지능과 확장현실(Extended Reality, XR)은 서로 상호 보완적인 관계를 가지고 있다. XR은 가상현실(Virtual Reality, VR), 증강현실(Augmented Reality, AR) 및 혼합현실(Mixed Reality, MR)로 구성된 개념으로, 현실과 가상 세계를 융합시켜 새로운 경험을 제공한다. 이를 위해 XR은 다양한 하드웨어와 소프트웨어 기술이 필요하며, 이 중 인공지능 기술이 큰 역할을 하고 있다.

XR은 현실 공간과 가상 공간을 결합하는 기술로 XR에서는 실제 환경에서 센서 데이터를 수집하고 분석해 가상 공간에 반영한다. 이를 위해 AI 기술을 활용하여 센서 데이터를 분석하고 이를 가상 공간에 적용하는 등의 작업이 필요하다. 반대로, AI 기술은 XR에서 수집한 데이터를 분석하고 활용하는 데에도 사용된다. XR에서 수집한 이미지 데이터를 분석하여 물체를 인식하고 분류하는 작업 등 인공지능 기술은 데이터 분석과 패턴 인식 등을 통해 인간의 지능과 유사한 작업을 수행한다.

인공지능은 가상현실 기술을 보다 더 혁신적으로 발전시킬 수 있는 기술 중 하나로 인공지능을 이용하여 가상현실에서 자연스러운 대화가 가능하도록 만들거나, 사용자의 동작을 실시간으로 분석하여 가상 공간에서의 상호작용을 더욱 원활하게 할 수 있다. 또한, 인공지능을 이용하여 가상현실 환경에서의 체험을 보다 개인화된 형태로 제공하거나, 가상현실에서의 데이터 수집 및 분석을 보다 더 정확하게 수행할 수 있다.

보다 구체적으로 인공지능을 활용한 확장현실의 기술 적용을 살펴보면 다음과 같이 구분할 수 있다.

(1) 인공지능을 이용한 물체 인식 기술

인공지능 기술을 이용하여 AR 기술에서 물체 인식 기술을 발전시킬 수 있다. XR은 사용자가 주변 환경을 인지하고 조작하는 기능이 필요하다. 인공지능 기술을 이용하여 카메라나 센서로 촬영한 영상에서 물체를 인식하고, 실시간으로 물체를 인식하고 분석하여 사용자와 상호작용할 수 있도록 XR 기술의 사용성을 높이고, 더욱 자연스러운 경험을 제공할 수 있다.

(2) 인공지능을 이용한 자연어 처리 기술

XR에서는 사용자와 자연스러운 대화를 할 수 있는 인터페이스가 필요하다. 이를 위해 인공지능 기술을 이용하여 자연어 처리 기술을 통해 사용자는 언어를 통해 직관적으로 XR을 제어하고, 더욱 편리한 사용 경험을 제공할 수 있다. 인공지능 기술을 이용하여 가상현실 상황에서 사용자와 대화하면서 적절한 답변을 제공하는 가상 캐릭터를 통해 사용자는 보다 자연스럽게 가상현실 환경에서 상호작용을 할 수 있게 된다.

(3) 인공지능을 이용한 감정 인식 기술

XR에서는 사용자의 감정을 인식하고, 그에 따라 XR의 내용이 변경되는 기술이 필요하다. 인공지능 기술을 이용하여 얼굴 표정, 목소리, 자세 등을 분석하고, 사용자의 감정을 인식하는 기능을 통해 XR은 더욱 사용자 중심의 경험을 제공할 수 있다.

(4) 개인화된 경험 추천 서비스 기술

인공지능 기술을 활용히여 시용지의 취항, 관심시, 행동 패턴 등을 파악하여 맞춤형 AR 서비스를 제공할 수 있다. 예를 들어, AI가 사용자의 취향을 분석하여 맞춤형 상품 추천을 제공하거나, AI 기반의 언어 처리 기술을 활용하여 실시간 번역 서비스를 제공할 수 있다. 예를 들어, VR 쇼핑몰에서 인공지능이 사용자의 구매 이력을 바탕으로 추천 상품을 제공하거나, 사용자의 음성과 몸짓을 분석하여 가상현실상에서 사용자에게 맞춤형 서비스를 제공할 수 있다.

(5) 인공지능을 이용한 콘텐츠 생성 기술

XR은 새로운 콘텐츠를 제공하기 위해 인공지능 기술을 이용하여 실제 대상을 3D 모델링하고, 그 모델을 XR에 적용하여 새로운 경험을 제공할 수 있다.

현실감 있는 체험 제공으로 인공지능을 이용하여 가상현실상에서 자연스러운 터치, 냄새, 맛 등 다양한 감각 등 가상현실상에서 물리적인 상호작용을 제공할 수 있다.

또한, 인공지능을 이용하여 가상현실상에서 자동차 운전 시뮬레이션을 구현하거나, 의료 분야에서 수술 시뮬레이션을 구현할 수 있다.

체험 기반 XR 서비스로 AI 기술을 활용하여 AR 기술에서 사용자의 감정을 파악하고, 이를 기반으로 보다 풍부한 체험을 제공하거나 XR 기술에서 사용자의 행동을 분석하고 이에 맞게 맞춤형 서비스를 제공할 수 있다. 학습 기반의 서비스 제공도 가능하다. AI 기술을 활용하여 XR 기술에서 사용자의 학습 과정을 분석하고 이를 기반으로 맞춤형 학습 서비스를 제공할 수 있다.

2). 인공지능을 이용한 메타버스의 기술 적용 사례

(1) 인공지능 기반의 개인화 추천 시스템

인공지능 기반의 개인화 추천 시스템을 적용하면, 사용자의 행동 패턴과 취향을 분석하여 사용자에게 맞는 콘텐츠를 추천해줄 수 있다. 예를 들어, 사용자가 자주 방문하는 지역이나 취미 등을 고려하여, 이에 맞는 새로운 경험을 제공하는 등의 기능이 있다.

(2) 머신러닝 기반 분석

인공지능은 메타버스 안에서 사용자들의 행동과 데이터를 수집하고 분석하여 트렌드를 예측하거나 데이터 기반의 의사 결정을 지원할 수 있다. 예를 들어, 메타버스 내에서 사용자들이 가장 많이 찾는 콘텐츠나 특정 상품의 인기도를 예측하여 효과적인 마케팅 전략을 수립할 수 있다. 사용자의 선호도, 구매 패턴, 활동 패턴 등을 파악할 수 있다.

(3) 가상 캐릭터 제작

인공지능은 메타버스 안에서 가상 캐릭터를 제작에도 활용된다. 사용자의 얼굴을 인식하고, 해당 얼굴 정보를 활용하여 자동으로 3D 가상 캐릭터를 생성할 수 있다.

(4) 딥러닝 기반의 이미지 인식

메타버스 안에서는 다양한 시각적 콘텐츠를 효과적으로 관리하기 위해 딥러닝 기반의 이미지 인식 기술을 활용해 이미지나 비디오를 분석할 수 있다. 이미지 인식 기술의 활용을 통해, 사용자들이 자연스럽게 상호작용할 수 있는 가상 세계를 만들 수 있다.

(5) 인공지능 기반의 콘텐츠 추천 시스템

메타버스 안에서는 다양한 콘텐츠가 제공된다. 이를 활용하여 인공지능 기술을 적용한 콘텐츠 추천 시스템을 구축할 수 있다. 사용자의 활동 패턴, 취향, 관심사 등을 분석하여 해당 사용자에게 맞는 새로운 콘텐츠를 추천할 수 있다.

(6) 자율주행을 위한 인공지능 기술

메타버스에서는 사용자가 가상으로 운전하거나 이동할 수 있다. 이때 인공지능 기술을 활용하여 자율주행을 가능하게 할 수 있다. 인공지능은 자동차와 같은 운송 수단의 경로를 최적화하고, 교통 체증을 피하는 등의 역할을 수행할 수 있다.

(7) 인공지능 기반의 챗봇

메타버스 안에서는 다른 사용자들과 커뮤니케이션을 하는 것이 중요한데, 이때 인공지능 기반의 챗봇을 활용하면 더 빠르고 정확한 답변을 제공할 수 있다. 또한, 챗봇은 메타버스 안에서의 커뮤니케이션의 수단으로도 활용할 수 있다.

3) 인공지능을 이용한 메타버스의 성장 동력

인공지능을 이용한 메타버스의 성장 동력 중에서도 가장 큰 성장 동력은 아마도 사용자 경험의 개선으로 평가된다.

메타버스는 가상 세계로서 현실 세계와 유사한 경험을 제공한다. 이를 위해서는 인공지능 기술을 활용하여 현실과 비슷한 물리적 환경, 사실적인 캐릭터와 대화, 효과적인 게임 시스템 등을 구현할 수 있어야 한다. 이를 통해 사용자들은 현실과 비슷한 경험을 즐길 수 있으며, 이를 통해 메타버스의 인기와 사용자 수가 늘어날 것으로 예측 되고 있다.

또한, 인공지능 기술을 활용하여 사용자들의 선호도나 취향에 맞는 맞춤형 콘텐츠를 제공하는 것도 중요한 성장 동력으로 이를 통해 사용자들은 개인 맞춤형 경험을 즐길 수 있으며, 이를 통해 메타버스의 인기와 사용자 충성도가 높아질 것으로 전망되고 있다.

인공지능 기술을 활용하여 메타버스 내에서의 경제 활동과 거래를 효과적으로 관리할 수 있다는 점도 성장 동력 중 하나이다. 블록체인 기술과 결합하여 가상 자산의 안정성과 신뢰성을 보장하고, 스마트 계약 등을 활용하여 거래 과정을 간소화할 수 있다. 이를 통해 메타버스 내에서의 경제 활동이 더욱 증진될 것이며, 이를 통해 메타버스가 더욱 큰 성장을 이룰 수 있다. 인공지능 기술은 메타버스의 성장과 발전에 있어서 매우 중요한 역할을 하고 있다.

도약하는 인공지능 시대
메타버스 비즈니스

안동수(한국블록체인기업진흥협회 수석부회장)

도약하는 인공지능 시대
메타버스 비즈니스

1. 메타버스를 통해 이룩할 문화 국가 한국

1) 메타버스의 중요성

2020년 들어서면서 한국의 메타버스 산업은 새로운 희망을 만들어 가는 새로운 목표가 되었다. 전자신문에서는 이러한 기회를 다음과 같이 전하고 있다.

국내외 금융사는 PC, 인터넷, 스마트폰에 이어 메타버스가 금융업 패러다임을 또 한 번 획기적으로 변화시킬 잠재력이 있다고 보고 있다. 이에 따라 기존 영업점을 메타버스와 연결하는 것에서 더 나아가 대체 불가 토큰(NFT) 등을 이용해 메타버스가 촉발한 새로운 가상 경제에 대응하고 미래 비즈니스 모델 가능성까지 살피고 있다. MZ세대가 메타버스를 가장 활발하게 즐기고 있다는 점에서 금융사는 메타버스 세계에서 벌어지는 가상 경제 활동 양상에 주목한다. 메타버스에서 커뮤니티, 게임, 교육 등 다양한 활동이 벌어지고 있고 해당 플랫폼에서만 사용할 수 있는 암호화폐를 이용해 메타버스 콘텐츠를 적극적으로 소비하고 있는 것도 눈에 띈다.

이미 유통 업계를 시작으로 다양한 분야에 메타버스가 이입되고 있다. 메타버스 플랫폼 제페토에는 구찌를 비롯해 나이키, 컨버스 등 여러 패션 브랜드가 입점했다. 제페토에서 사용하는 화폐 '잼'으로 해당 브랜드 가상 재화를 구매할 수 있다. 일부 다른 메타버스 플랫폼은 실제 블록체인 기반 암호화폐를 사용해 가상 상품을 구매할 수 있다. 가상 부동산을 전용 화폐로 매매하거나 거래소에서 화폐를 실제 돈으로 교환하는 게임도 인기를 얻고 있다.

메타버스와 오프라인 간 시너지 창출을 시도한 사례도 있다. GS리테일은 싸이월드제트 메타버스 플랫폼과 연계해 온·오프라인 유통망 연결 시도에 나섰다. 이처럼 메타버스에 MZ세대가 모여들고 실제 현실과 유사한 다양한 활동이 펼쳐지면서 자연스럽게 가상 경제에 대한 관심과 참여가 활발해지고 있다. 메타버스에서는 가상 재화를 구입하는 소비자도 될 수 있지만, 참여자가 즐길 거리를 제공하는 공급자 역할을 할 수 있는 것이 특징이다.

가상 의상 디자이너, 건축가 등 이미 메타버스에서 다양한 직업군이 생겨나고 있는데, 실제로 이들은 현실 세계에서 수익을 거두고 있다. 디센트럴랜드, 더 샌드박스 등 블록체인 기반 메타버스 게임 플랫폼은 사용자가 직접 NFT 창작물을 만들고 사용자끼리 거래할 수 있는 것이 특징이다.

2) 메타버스와 암호화폐

여기서 간단하게 용어 정리를 하자. 아날로그 세계에서 사람들이 쓰는 돈이 종이돈이라고 하면 코인은 디지털 가상 공간에서 컴퓨터와 자율자동차, 그리고 로봇과 같은 기계들이 쓰는 디지털 돈이라고 할 수 있다. 즉 기계가 쓰는 돈이기 때문에 일반인들은 코인이라고 하면 낯설고 이해하기가 어렵다. 나아가 암호화폐는 미래에 인플레이션과 해킹이 되지 않는 이상적인 코인을 말한다. 그리고 가상화폐는 가상 공간, 즉 인터넷 세상에서 쓸 수 있는 화폐로 해킹을 막는데 약하지만, 가상 공간에서 쓰는 코인이라 할 수 있다. 즉 코인들도 우열이 있어 모두 같은 코인이 아닌 것이다. 또 디지털화한 포인트나 카드에 들어 있는 법정화폐 등을 모두 디지털 화폐라고 할 수 있다. 이런 기능과 기술 등을 파악하는 것이 복잡하고 어려운 일이지만, 앞으로 도래하는 웹3, 즉 3세대 인터넷 세상에 안전하게 해킹되지 않는 안전한 금융 세상을 맞이하기 위해서는 반드시 통과해야 할 관문이다.

지금은 사회와 기술, 그리고 비즈니스가 공부를 하며 따라잡기가 불가능할 정도로 빠르다. 그러므로 이제는 우리 사회와 국가적으로 필요한 정책의 확산 및 실천 방안을 초 스피드로 강구해야 한다. 이를 위해 한국의 당면 현안인 코인 경제 등 디지털 자산 관련 미래 경제 발전을 위한 범국민 인식 제고 및 확산이 긴급하다. 한국 국민의 디지털 화폐가 미래 경제를 확보해야 한다는 인식이 널리 전파되도록 국민의 과학 교육을 조속히 실시해야 한다.

여기서 교육과 경험을 위한 실습 차원에서 우리 국민들이 참고할 파이코인 플랫폼 정보를 전하고자 한다. 그래서 다가올 제2의 비트코인 체계로 발전할 수 있는 파이 플랫폼 경제에 관심을 갖고 실행해 나갈 것을 제안한다.

파이코인 플랫폼은 2019년 초에 미국 스텐포드대학교 컴퓨터공학과 니콜라스 박사 개발팀이 비싼 장비와 높은 수수료 없이 채굴을 원하는 모든 이에게 휴대전화 응용력을 극대화하여 기회를 제공하자는 것으로 시작했다. 즉 사람들이 안전하게 운영하는 암호화폐 및 스마트 계약 플랫폼을 구축하고, 세계에서 가장 널리 사용되는 암호화폐를 '파이 π'라 이름하여 포괄적인 글로벌 P2P 시장을 구축해 왔다. 이들이 추진하는 웹3 기반의 파이 생태계는 어느 정부나 어느 중앙은행이 통제하는 것도 아니고 스스로 발전하는 혁명이라고 할 만한 암호화폐 플랫폼 시스템이다.

이 코인의 장점은 세계로, 집단지성으로 생태계를 확장해 나가는 실전 모델로 각자의 휴대전화에서 무료로 시작하는 채굴 버튼을 눌러 주면 되는 쉬운 방법이다. 현재 약 230개국에 걸쳐 4,700만 명의 채굴 회원과 단순 이용자 포함 약 1억 명 규모가 참여하고 있어 세계적으로 확장성이 대단하다.

한국은 참여자가 150만~200만 명 정도로 추정되는데, 참여율이 우리나라 인구 대비 3% 정도로 저조해 안타까운 상황이다. 우리 국민도 여기에 많이 합류하여 미래 경제의 주요 기반이 될 블록체인 생태계로 점프해 가면 좋겠다.

[그림 1]

파이코인 플랫폼은 장기 학습 프로젝트이기 때문에 지속적인 학습과 실행만이 좋은 결과를 만들어 낼 수 있다. 미래 금융 세계에 합류할 좋은 기회로 빨리 참여할수록 한국 국민의 지분이 커지게 되어 우리 후대에게 부끄럽지 않은 유산을 물려줄 수 있다. 파이코인은 신원 증명 KYC를 약 4년간 철저히 준비하여 온 암호화폐라서 해킹이 되지 않는 제일 이상적인 코인이다. 가입 차 파이를 설치하려면 링크(https://minepi.com/ads7773)를 클릭하여 가입한다. 가입 시 추천자 아이디 ads7773을 초대 코드로 사용하든지, 주위에 지도해 술 지인이 있으면 그분의 추천을 받으면 배우는 것과 관리에 도움이 된다. 추천은 단단계만 가능하므로 등록 후 자기의 추천 링크로 전파하면 가치를 생성할 수 있다. 다단계 추천제가 아니라서 말썽의 소지가 적어 본인이 추천하는 데 부담이 적다. 아울러 현재 파이코인 채굴을 멈춘 분들은 다시 한번 자기 아이디와 비번을 확인하여 로그인하면 큰 가치를 얻을 수 있을 것으로 기대되니 재기하기 바란다.

이에 대한 자세한 내용은 wwbw@kakao.com 메일로 실행 자료집을 드리고자 한다.

두말할 필요 없지만, 메타버스에서 다양한 활동을 하려면 해당 플랫폼에서 사용할 수 있는 암호화폐는 기본이다. 아직도 '암호화폐라면 사기꾼이나 다단계꾼들이 하는 불량품'으로 치부하며 손사래를 치는 '꼰대 세대'는 미래 희망을 점점 멀리하고 있는 것이다.

NFT화된 토지와 토큰/코인에 실려진 가치를 실감하기에는 아직 좀 이르다는 것이 일반인들의 생각일 것이다. 그러나 지난 2009년 이후 부상한 코인 경제의 맥락에서 보면, 그 시작은 언제나 의구심과 기대감으로 뒤범벅이 되어 진흙탕의 번뇌 과정을 겪어 오며 발전했다는 것을 알 수 있다.

한편, 은행이 디파이 이자를 주는 인터넷 뱅킹으로 바뀌고 부동산 등기부 등본이 블록체인과 스마트 컨트렉트로, 운송 체계는 전기차와 자율주행으로, 물류 배달은 인간 택배에서 드론으로 가는 과정에 있다. 2023년 3월에는 인공지능의 획기적인 실용화로 검색의 대부인 구글이 하루아침에 을의 처지로 전락하고 있다. 인간의 지식이 AI 어플로 대체되는 급격한 혁명의 한가운데 있는 것이다. 이제 어떻게 세상이 변하고 어떤 시스템을 선택해야 살아남는지를 고민해야 한다. 지금은 다가오는 메타버스 세상을 미리 공부하는 것도 필요하다.

한 가지 안타까운 것은 지금의 정치적 목적으로 코인을 하는 국회의원을 이렇게 저렇게 여론몰이를 하며 이익을 챙기는 이익 집단과 언론이 광고를 잡으려는 속셈으로 흙탕물 싸움을 하고 있어 이런 것을 보는 국민들에게 가치를 오도하고 있다. 이러한 철없는 행동은 국민들의 진실을 보는 눈을 멀게 하여 한국 국민들의 미래 코인 경제를 망치고 있는 것이다. 우리나라가 디지털 미래 경제로 가는데 여야 입장을 넘어야 하고 언론기관의 보도 내용은 현명한 미래를 알려 줘야 한다. 이제는 더 이상 회색지대에 머물거나 기회주의자로 남아서는 안 된다. 다음은 전자신문이 전하는 실제 산업 현장의 소식이다.

블록체인 기반 NFT로 자신의 디지털 창작물을 상품화하고 판매해 수익을 내는 사례도 증가하고 있다. 메타버스에서 개인이 창작한 상품이 거래되고 실제 화폐로 환전이 가능하게 되면서 가상 세계와 현실 세계가 융합된 경제 활동이 벌어지고 있다. 금융사 핵심 고객층으로 떠오른 MZ세대가 가상 경제 관련 비즈니스 모델까지 주도하고 있는 만큼 금융권이 메타버스에 높은 관심을 기울일 수밖에 없는 분위기가 형성된 것이다.

이미 국내 금융권은 빅테크 플랫폼 등장으로 입지를 위협받고 있다. 수십 년간 쌓아온 브랜드 신뢰성, 우대 고객을 만들어 온 노력이 쉽고 편리함을 앞세운 빅테크 금융 서비스에 추월당하고 있다. 더 편리한 서비스를 찾아 빠르게 이동하는 MZ세대 특성도 이런 변화에 영향을 끼쳤다. 이는 빅테크 플랫폼에 이어 등장한 새로운 메타버스 플랫폼에 선제 대응하려는 시도가 절실한 이유로 얼리어답터의 정신이라고 할 수 있다.

금융권에서 메타버스 플랫폼을 활용해 내부 회의, 연수, 세미나 등 다양한 활동을 하고 있지만, 이에 비해 가상 경제에 대응하는 움직임은 수면 위로 드러난 것이 많지 않다. 이는 규제기관이라는 입장에 있는 것이 주요 원인일 것이다. 즉 국내에서 NFT에 대한 관심은 높아졌지만 각종 규제를 준수해야 하는 금융업권 특성상 이를 공격적으로 기존 사업과 접목하는데 현실적인 어려움이 따르기 때문이다.

3) 메타버스 산업 시장 규모

미국 컨설팅 업체 맥킨지가 2023년 1월 7일 메타버스 공간이 2030년까지 약 5조 달러(약 6,300조 원)의 가치를 창출할 수 있다고 발표했는데, 메타버스는 암호화폐 업계의 장기적인 불황에도 좋은 소식이라 생각된다. 그 주요 내용은 아래와 같다.

· 메타버스가 충족시킬 수 있는 무수한 소비자 및 비즈니스 중심 활용 사례를 고려할 때, 2030년까지 최대 5조 달러의 가치를 창출할 수 있는 기술의 잠재력을 부각시켰다.

· 메타버스가 최대한의 잠재력을 발휘하기 위해서는 장치(AR/VR, 센서, 햅틱 및 주변기기)와 상호 운용성 및 개방형 표준, 플랫폼

및 개발 도구의 네 가지 기술 지원자가 필요하다.

- 메타버스의 성공은 소비자, 즉 최종 사용자에게 긍정적인 경험을 제공하는 것을 목표로 하는 인간 경험을 극대화하는 데 더 중점을 두고 있다.
- "메타버스는 너무 커서 무시할 수 없다"며 상업적이고 개인적인 삶에 미칠 수 있는 영향을 강조했다.
- 메타버스는 조사 대상 미혼자의 3분의 1이 가상 세계 데이트에 관심을 보였기 때문에 현대 낭만주의자들을 유치하기에 좋은 위치에 있다.
- 온라인 중매 플랫폼인 데이팅닷컴(Dating.com)이 실시한 최근 조사에 따르면, 설문 참여자들은 "데이트 앱 기술과 메타버스의 발전으로, 더 많은 데이트 상대들이 다른 도시, 국가, 심지어 대륙에 걸쳐 인연을 만드는 것에 관심이 있다"고 응답했다.

또 이 회사는 다른 보고서에서 관심도에 대해 다음과 같이 언급했다.

- 2022년 5월까지 들어온 메타버스 투자금은 1,200억 달러(한화 약 163조 원)로, 이미 작년 전체 투자금인 570억 달러의 두 배를 넘어섰다.
- 투자 주체는 기술 대기업, 벤처캐피털, 사모펀드, 스타트업, 기성 브랜드 등이다.
- 투자자는 메타버스 인프라 기술 발전, 차세대 이용자의 관심도,

소비자 주도 브랜드의 참여도, 시장 준비 수준 향상 등이다.

- 소비자들의 59%는 일상생활을 메타버스로 전환하는 것에 흥미를 가지고 있고, 관심 분야는 소셜, 엔터테인먼트, 게임, 여행, 쇼핑 등이다.
- 메타버스에 대해 인지하고 있는 기업 중 57%는 메타버스를 채택했다고 답했다.
- 기업의 메타버스 활동 분야는 ▲마케팅 캠페인 ▲직원 학습 및 개발 ▲메타버스 회의 ▲ 행사 컨퍼런스 ▲상품 설계나 디지털 트윈 등이다.

4) 메타버스의 성장 분야 현황과 전망

2023년 3월 서울경제는 현재의 메타버스 산업 상황을 "애플사는 MR 헤드셋 출시 난항, 메타회사는 퀘스트 프로 판매 저조, 구글회사는 생성형 AI 개발에 집중"이라고 전했다. 그 주요 내용을 인용하면 다음과 같다.

팬데믹 기간에 테크 업계를 휩쓸었던 메타버스 열풍이 올해 들어 급격히 식으면서 빅테크의 메타버스 전략에 비상등이 켜졌다. 경기 침체 확산과 생성형 인공지능(AI) 열풍이 메타버스의 흐름을 밀물에서 썰물로 바꾼 탓이다. 테크 업계에서는 애플이 연례 개발자 회의인 'WWDC 2023'를 6월 5일 개최한다고 발표한 가운데 혼합현실(MR) 헤드셋 공개 여부에 관심이 모이고 있다. 지난해만 해도 애플의 MR 헤드셋 공개를 기점으로 메타버스 시장이 격변할 것으로 관측됐다. 하지만 정작 MR 헤드셋 출시를 준비하는 애플은 내부에서 회의론이 커지는 상황이다. 경기 침체의 여파로 3,000달러가량의 MR 헤드셋의 흥행이 불투명하다는 점과 메타버스 시장의 성숙 시점이 더 멀어졌다는 판단에서다. 뉴욕타임스(NYT)에 따르면, MR 헤드셋팀 일부 직원들의 이탈도 나타나고 있다.

실제로 글로벌 시장조사 업체 IDC에 따르면, 지난해 증강현실(AR)·가상현실(VR) 헤드셋 출하량은 전년 동기 대비 20.9% 감소한 880만 대로 집계됐다. 현재 AR·VR 부문 강자인 메타도 지난해 출시한 전문가용 AR·VR 헤드셋 '퀘스트 프로' 판매가 저조해 고육지책으로 가격을 1,500달러에서 대폭 할인한 1,000달러로 내렸다. 2021년 10월 메타버스에 집중하겠다는 전략으로 사명을 바꾼 메타(옛 페이스북)는 이러지도 저러지도 못하는 상황이 됐다. 지난해 연례 개발자 회의에서 AR 기술을 미래 비전으로 내세웠던 구글도 현재는 모든 역량을 생성형 AI 기술 개발에 집중하고 있다.

지난해 메타버스 대열에 합류했던 기업들도 비용 절감을 외치며 손을 들고 있다. 밥 아이거 월트디즈니 최고경영자가 복귀한 뒤 디즈니는 메타버스 조직을 없애기로 했다. 미이크로소프트도 2017년 인수한 소셜 기반 메타버스 플랫폼 알트스페이스 VR 서비스를 이달 초 종료했다. 리서치 플랫폼인 서드브리지의 스콧 케슬러 애널리스트는 "기업이 직원 수나 지출을 줄여야 하는 상황에서 메타버스 같은 종류는 꽤 쉬운 목표가 될 수밖에 없다."
라고 말했다.

　그러나 이러한 현상은 주기적으로 활황과 침체를 겪으며 발전
하는 신기술 산업이라는 것을 감안하면 당연한 부침(浮沈)이라 할
수 있다. 메타버스 산업의 기본적인 전망은 기술 발전과 경제적
성장을 이루고, 미래에는 더욱 발전하고 성장할 것으로 기대된
다. 이는 다양한 산업의 연계와 협력, 혁신적인 기술 발전, 그리고
다양한 콘텐츠 제공 등으로 이루어질 것이다. 이에 대한 전망을
AskUp 인공지능에 물었더니 다음과 같은 답변을 내놓았다.

- 경제적 성장: 현재 메타버스 산업은 매우 빠르게 성장하고 있
다. 이는 게임, 영상, 쇼핑 등 다양한 산업과 결합하여 새로운
비즈니스 모델을 제공하고 있기 때문이다. 따라서 메타버스
산업은 앞으로도 경제적으로 성장할 것으로 예상된다.

- 더 넓은 산업 적용: 메타버스는 현재 게임 산업을 중심으로 발
전하고 있지만, 앞으로는 교육, 의료, 문화, 예술 등 다양한 산
업에서도 적용될 것으로 예상된다. 이는 메타버스의 가상 공
간이 산업 간 연계성을 높이고, 새로운 비즈니스 모델을 제공
하기 때문이다.

- 더욱 혁신적인 기술 발전: 메타버스는 VR, AR, XR, AI 등의 기
술과 결합하여 더욱 혁신적인 기술 발전을 이루고 있다. 따라
서 앞으로 더욱 놀라운 기술 발전이 예상된다.

- 다양한 콘텐츠 제공: 메타버스는 다양한 콘텐츠를 제공하고

있다. 이는 앞으로도 새로운 콘텐츠가 지속적으로 출시될 것으로 예상되며, 사용자들은 더욱 다양하고 흥미로운 경험을 할 수 있을 것이다.

2. 메타버스 비즈니스 기획과 경영

1) 비즈니스 설계에 고려할 요소

우리가 어떤 사업을 구상하고 계획을 세울 때 일반적으로 다음과 같은 핵심 사항을 중심으로 계획을 세운다. 인공지능이 제시한 메타버스 비즈니스 모델 설계에 있어서 중요한 사항은 다음과 같다.

- 가치 제안: 메타버스 비즈니스 모델의 가장 중요한 요소는 가치 제안이다. 사용자들이 메타버스를 경험하고자 하는 이유, 제공되는 가치가 무엇인지에 대한 분석과 설계가 필요하다.
- 수익 모델: 메타버스 비즈니스 모델에서 수익 모델은 중요한 부분이다. 수익 모델은 사용자들에게 과금(課金)하는 방법, 광고 수익, 상품 판매, 서비스 유료화 등 다양한 방식으로 구성될 수 있다.
- 마케팅 전략: 메타버스 비즈니스 모델에서 마케팅 전략은 사용자들에게 메타버스의 가치를 알리고 브랜드 인지도를 높이기 위한 활동이다.

- 기술적인 측면: 메타버스 비즈니스 모델의 성공에는 기술적인 측면에서 연구 개발과 혁신이 필요하다.
- 사용자 경험: 메타버스는 사용자들이 가상 공간에서 새로운 경험을 할 수 있는 새로운 형태의 서비스이다. 따라서 사용자 경험에 대한 분석과 설계가 필요하다.
- 보안과 개인정보: 메타버스 비즈니스 모델에서는 사용자들의 개인정보를 보호하고, 해킹 등의 보안 문제에 대비하는 방안이 필요하다.
- 글로벌 시장 진출: 메타버스 비즈니스 모델에서 글로벌 시장 진출이 필요한데, 여기에는 다양한 지역의 문화와 언어, 법적 제약 등을 고려해야 하며, 글로벌 시장에서 경쟁력을 갖출 수 있는 전략이 필요하다.

2) 인력팀 구성

어떤 회사의 기본 틀이 완성되어 본격적인 경영에 들어가려면 각 분야의 전문가들을 책임 임원으로 영입해야 한다. 필자가 접했던 경영서에서 크게 인상을 주었던 책이 《좋은 기업을 넘어 위대한 기업으로, From Good to Great》이다. 저자 짐 콜린스는 동료 연구자들과 함께 여러 기업을 많은 데이터를 기반으로 장기간 연구하며, 기업이 어떻게 좋은 기업에서 위대한 기업으로 전환되는지, 그리고 대부분의 기업이 전환에 실패하는 원인이 무엇인가를 알아내고, 2001년 10월 16일 이 책을 내었다. 기업 경영에 관한 바이블이라고도 불리는 2,000페이지의 인터뷰, 6,000건의 논문 조사, 3.8억 바이트의 정밀한 데이터를 분석해 위대한 기업으로 도약하는 핵심 요인들을 발견한 이 책은 400만 부가 팔린 베스트셀러였으며, 기존의 비즈니스 서적 독자를 훨씬 뛰어넘는 책이 되었다.

기업이 어떻게 성장하고 성공하며 긴 세월을 유지할 수 있는 가의 핵심 요인을 제시한 것이다. 결론은 '그 기업에 참여하는 인간들의 인간 됨됨이가 제대로 되어야 한다'는 싱거운 결론이다. 그러나 이 지극히 간단한 '참 인간성을 유지하며 경영자로서 책임을 다한다'는 것이 기업의 역사에서 흔하지 않다는 것이 경영의 아이러니이다. 기업이 시작될 때 먼저 함께할 사람을 당신은 어떻게 선택할 것인가? 자본을 많이 가진 사람, 기술이 좋은 사람, 영업력이 뛰어난 사람, 영리한 경영의 귀재, 평범하지만 참으로 인간적인 사람 중 선택은 당신의 안목에 달려 있다.

특히 여기서 세대별 차이가 나게 되고, 세대 간 지식과 가치의 충돌이 발생할 수 있다. 그러므로 나이든 세대의 겸손한 경영 자세가 필수적이라 할 것이다. 즉 공부하는 겸손한 임원이라야 이끌어 갈 수 있을 것이다. 결국 사업의 성공은 선한 인간성의 합작품이라 해도 과언이 아니다.

3) 메타버스의 가상 자산 관리

가상 경제는 메타버스에서의 활동을 통해 발생하는 경제 활동을 의미한다. 인공지능의 도움을 받아 알아본 결과 메타버스에서는 가상 자산을 이용한 거래, 가상화폐를 이용한 결제 등이 이루어지며, 이를 위해서는 다음과 같은 실행 방법이 있다.

- 가상 자산 발행: 메타버스에서는 가상 자산을 발행하여 거래를 진행한다. 가상 자산은 다양한 형태로 발행될 수 있는데, 예를 들면 게임 아이템, 디지털 땅, 가상 공간 등이 있다.

- 가상화폐 발행: 메타버스에서는 가상화폐를 발행하여 결제를 진행한다. 현재는 가상화폐는 해당 메타버스 플랫폼 내에서만 사용이 가능하다. 예를 들어, Second Life에서는 Linden Dollar, Decentraland에서는 MANA 등이 있다. 그러나 앞으로 더 발전하여 메타버스 시장의 기준이 되는 어떤 코인이 등장할 수도 있고, 또 그렇게 해야 규모의 경제를 도모할 수 있을 것이다.

- 거래소 운영: 가상 자산과 가상화폐의 거래를 위해서는 거래소가 필요하다. 거래소에서는 가상 자산과 가상화폐를 거래할 수 있으며 거래 수수료를 받는다.

- 경제 활동 활성화: 메타버스에서의 경제 활동은 사용자들의 참여에 따라 활성화된다. 따라서 메타버스는 사용자들이 창작 활동을 할 수 있는 환경을 제공하며, 이를 통해 사용자들이 창조적인 경제 활동을 할 수 있도록 지원한다.

메타버스에서의 가상 경제는 여러 분야에서 활발하게 이루어지고 있으며, 앞으로 더욱 발전할 것으로 예상된다. 특히 국내 최초 증권형 토큰 도입을 앞둔 가운데 증권형 토큰 STO가 우리 나라의 블록체인 업계에 어떤 영향을 미치게 될지 예의주시할 필요가 있다.

STO란 Security Token Offering의 약자로 증권형 토큰이며, 이는 실물 자산과 연동한 가상 자산의 발행을 의미한다. 이데일리에 따르면, 금융위원회는 2023년 1월 19일 금융투자협회에서 제6차 금융규제혁신회의를 열었고, 이 중 토큰 증권 발행/유통 규율 체계라는 자본 시장 분야 규제 혁신 안건을 의결했다고 한다. STO처럼 증권형 토큰을 발행하면 부동산, 미술품 등에 대한 '쪼개기투자'가 가능해지며, 실존하는 실물을 대상으로 하는 것이어서 코인 투자보다 안정적인 투자가 가능하다.

그간 현행법에서는 허용되지 않았으나, 이번 규제 혁신으로 법적인 제도화가 추진되는 것이다. 2023년 1월 19일 발표된 규율체계에 따르면, 블록체인 기술로 증권을 디지털화하는 방식을 허용해 토큰 증권 투자자들의 재산권이 법적으로 안전하게 보호되고, 일정 요건을 갖추면 증권사를 통하지 않고 토큰 증권을 발행할 수 있도록 한다고 한다.

일각에서는 STO가 실제로 자리 잡기까지 오랜 시간이 걸릴 것이라는 분석도 나오고 있다고 한다. 증권형 토큰은 기존 증권의 성격을 띠기 때문에 규제가 잇따르고 있는데, 아직까지 암호화폐나 블록체인 기반의 기술이 실용화가 미흡한 만큼 국내를 포함한 많은 국가가 암호화폐 및 가상 자산 공개에 대한 가이드라인이 제대로 되지 않은 상태라고 할 수 있다. 국내 또한 증권형 토큰을 포함한 모든 형태의 토큰 자금 조달이 여전히 금지되어 있는 탓에 STO 역시 합법적으로 실행되지 못한다는 한계에 부딪히고 있다는 의견이다. 금융위원회 위원장은 "새로운 규율체계를 마련하는 것인 만큼 가이드라인 제시, 샌드박스 테스트, 정식 제도화의 단계를 거치면서 원활히 정착할 수 있도록 하되, 우리나라가 시대의 변화를 선도해 나갈 수 있도록 명확한 방향성을 가지고 적극적이고 속도감 있게 추진해 나갈 것이라고 강조했다."라고 한다.

4) 한국 정부의 메타버스 발전 계획

(1) 메타버스 발전 기본 전략

글로벌 메타버스 발전 전략은 메타버스 산업이 글로벌 시장에서 성장하고 경쟁력을 갖출 수 있도록 지원하는 방안이다. 이를 위해 다음과 같은 전략들을 인공지능의 답을 참고하여 작성하였다. 이러한 글로벌 메타버스 발전 전략은 메타버스 산업이 글로벌 시장에서 성장하고 경쟁력을 갖출 수 있도록 지원하며, 메타버스 산업의 글로벌 선도 기업으로 성장할 수 있도록 돕는다.

- 첫째, 글로벌 시장조사와 분석을 통해 글로벌 메타버스 시장의 동향과 성장 가능성을 파악하고, 이를 바탕으로 글로벌 메타버스 시장 진출 전략을 수립해야 한다.
- 둘째, 글로벌 메타버스 시장에서 경쟁력을 갖추기 위해서는 기술적인 선도성과 혁신성이 필요하다. 따라서 메타버스 기

술과 관련된 연구 개발에 적극적으로 투자하고, 최신 기술과 트렌드를 반영하는 새로운 서비스를 개발해야 한다.

- 셋째, 글로벌 시장에서는 다양한 문화와 언어가 존재한다. 따라서 지역별 선호도와 문화적 특성을 고려한 다국어 지원과 맞춤형 서비스를 제공하여 글로벌 사용자들에게 높은 만족도를 제공하여야 한다.
- 넷째, 글로벌 시장에서는 법적인 규제와 인프라 문제 등이 다양하게 존재한다. 이에 대비하여 글로벌 시장 진출 전략을 수립할 때 각 국가나 지역별로 법적인 측면과 인프라 구축 등의 문제를 고려하여야 한다.
- 다섯째, 글로벌 시장에서는 협력과 제휴가 중요하다. 따라서 글로벌 기업들과 협력하거나, 글로벌 기업과의 제휴를 통해 글로벌 시장에서의 경쟁력을 높여야 소기의 성과를 달성할 수 있을 것이다.

(2) 한국 정부의 메타버스 발전 전략

한국의 메타버스 발전 전략은 현재 국내 정부와 기업들이 각각 추진하고 있다. 대표적으로는 '디지털 뉴딜'이라는 정부 계획이 있으며, 이 계획은 메타버스 산업 및 관련 산업의 발전에 큰 역할을 할 것으로 기대된다. 관계 부처는 다음과 같이 메타버스 시장의 성장과 함께 새로운 일자리 창출과 경제적 이익을 추구할 계획이라고 한다.

임혜숙 과기정통부 장관은 "메타버스는 무한한 가능성을 가진 디지털 신대륙으로 누구나 주인공으로 활약하며 꿈을 이룰 수 있으며, 특히 청년들이 더 많이 도전하고, 더 크게 성장하여 더 넓은 세계로 도약하는 기회의 공간이 될 것"이라며, "이번 전략을 통해 대한민국이 글로벌 메타버스 선도 국가로 발돋움할 수 있도록 관계 부처와 긴밀히 협력해 산업 생태계 활성화, 인재 양성, 전문 기업 육성, 규제 혁신 등 다양한 지원책들을 착실히 이행해 나가겠다"고 2022.1.21. 보도자료를 통해 밝혔다.

이 자료에 따르면 정부는 '디지털 신대륙, 메타버스로 도약하는 대한민국'을 비전으로, ① 세계적 수준의 메타버스 플랫폼에 도전하고, ② 메타버스 시대에 활약할 주인공을 키우며, ③ 메타버스 산업을 주도할 전문 기업을 육성하는 한편, ④ 국민이 공감하는 모범적 메타버스 세상을 여는 등 4대 추진 전략과 24개 세부 과제를 이행해 나갈 예정이다.

또한, 국내 기업들도 메타버스 시장에 대한 투자와 연구 개발을 진행하고 있다. 특히 게임, 엔터테인먼트, 건축, 제조 등 다양한 산업 분야에서 메타버스 기술을 활용하고 있으며, 이를 통해 새로운 시장을 창출하고 있다.

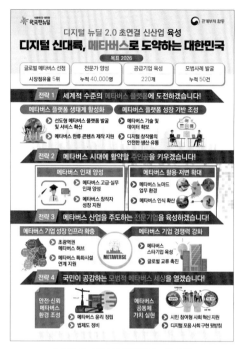

[그림 2] 정부의 메타버스 로드맵

한편, 메타버스 분야에서는 새로운 표준과 기술의 개발이 필요하다. 이를 위해 국내 연구 개발 기관들과 기업들이 협력하여 메타버스 기술의 발전과 표준화를 추진하고 있다. 또한, 국내 학교에서는 메타버스 분야의 인재 양성을 위한 교육 프로그램을 개설하고 있으며, 이를 통해 새로운 인재를 양성하고 있다.

또 정부는 2023년 경제 정책 방향을 3대 경제 혁신 과제로 다음과 같은 내용을 제시하고 있다. 금융·서비스·공공 등 3대 분야 혁신을 통해 경제 체질을 개선하기 위하여 금융 규제·제도 개선 및 외환시장 선진화 등으로 금융 혁신의 추진을 발표하였다. 또한, 금산분리(金産分離) 완화, 가상 자산 이용자 보호, 정책 금융 역할 재정립 등 금융 경쟁력 제고를 위한 혁신을 지속한다고 밝혔다. 예를 들면, 금융회사 부수 업무 범위 및 자회사 출자 규제를 합리적으로 개선하고, 가상 자산 이용자 보호를 위한 시장 규율 체계를 단계적으로 마련한다는 계획이다.

우선 1단계로 고객 자산 보호와 불공정 거래 규율 등 이용자 보호를 위한 규제를 도입하고, 2단계로는 국제 기준이 가시화되면 가상 자산 발행·공시 등의 시장 질서 규제를 보완한다는 것이다. 이를 통해 정책 금융의 경기 대응성을 강화하는 등 역할 재정립과 지원 효율화를 추진한다는 것이다.

여기서 한 가지 제언하고 싶은 것은 진흥 정책의 본격적인 추진이다. 지금까지 신기술 산업이 먼저 붐을 타고 일어날 때 정부는 우선 시장의 발전보다는 피해자 구제라는 명분으로 그 붐을 억누르는 규제의 칼을 들었다. 그래서 시장은 불이 꺼지고 벤처 기업들은 고통의 나락으로 떨어져 관련 산업은 풀이 죽어 버렸다. 가까운 예는 2017년도 세계 코인 산업에서 두각을 나타내던 한국의 블록체인과 암호화폐 산업이 그랬고, NFT 산업도 흐지부지해 졌다. 진흥하는 역할을 하는 것은 협회 같은 민간 단체뿐이다. 공직자들 눈에는 하나도 이상하지 않을지 몰라도 역사는 그런 억압하는 사회에는 발전의 기회를 부여하지 않았다. 그래서 선진국과 후진국의 갈림의 기준이 된 것이다.

따라서 한국의 메타버스 발전 전략은 정부와 기업, 연구 개발

기관, 학교 등이 함께 협력하여 시너지 효과를 내어 메타버스 산업을 성장시키고 글로벌 시장에서 경쟁력을 갖출 수 있도록 노력해야 한다. 규제와 진흥을 정부가 독단으로 하지 말고 관련 산업계의 전문가들을 적극 활용하여 수행해 나가기를 제언한다.

3. 메타버스 비즈니스 유형

메타버스 플랫폼 내 비즈니스 모델에는 다양한 종류가 있다. 대표적인 메타버스 비즈니스 모델로는 다음과 같은 것들이 있다.

- 가상 상품 판매: 메타버스 내에서 흔히 말하는 아이템, 즉 가상 상품을 판매하는 비즈니스 모델이다. 예를 들어, 게임에서 아이템을 판매하는 것과 비슷한 방식으로 메타버스 내에서 아이템을 판매할 수 있다. 그 거래소도 좋은 모델이 될 수 있다.

- 광고 수익: 메타버스 가상 세계나 플랫폼에서 광고를 게재하여 수익을 창출하는 비즈니스 모델이다. 많은 사용자가 접속하는 메타버스에서 광고를 게재하면, 많은 광고 수익을 얻을 수 있다.

- 유료 서비스: 메타버스 내에서 제공하는 유료 서비스를 판매하는 비즈니스 모델이다. 예를 들어, 메타버스에서 제공하는 교육 서비스나 금융 그리고 상담 서비스 등을 유료로 제공하는 것이다.

- 프리미엄 멤버십: 메타버스 내에서 프리미엄 멤버십을 판매하는 비즈니스 모델이다. 프리미엄 멤버십에 가입하면, 기본

무료 모델보다 다양한 혜택을 받을 수 있다.

- 브랜드 마케팅: 메타버스 내에서 브랜드 마케팅을 진행하여 수익을 창출하는 비즈니스 모델이다. 예를 들어, 메타버스 내에서 브랜드를 홍보하거나 제품을 판매하는 것이다.
- 가상화폐 거래: 메타버스 내에서 가상화폐를 거래하는 비즈니스 모델이다. 메타버스 내에서 사용되는 가상화폐를 구매하거나 판매할 수 있다.

이외에도 다양한 메타버스 비즈니스 모델이 개발될 수 있다. 비즈니스 모델은 메타버스의 특징에 따라 다양하게 구성될 수 있으며, 사용자들의 요구 사항과 시장 변화에 따라 계속해서 변화될 수 있다. 여기서 몇 가지만 간단하게 설명하고자 한다.

1) 아바타 제작 및 활성화

메타버스 아바타 활동을 활력 있게 하기 위해서는 여러 가지 방법을 적절히 활용하여야 하는데, 이 내용을 인공지능에 물었더니 아래와 같은 답을 내놓았다.

- 다양한 콘텐츠 제공: 메타버스에서 다양한 콘텐츠를 제공하면 사용자들이 더욱 많은 활동을 할 가능성이 높아진다. 예를 들어, 게임, 쇼핑, 교육 등 다양한 콘텐츠를 제공하여 아바타를 활발하게 이용할 수 있도록 유도할 수 있다.
- 커뮤니티 활동 지원: 메타버스 내에서 커뮤니티 활동을 지

원하여 사용자들이 다른 사용자들과 교류하고 소통할 수 있도록 돕는 것이 좋다. 커뮤니티 활동을 통해 사용자들은 메타버스 내에서 더욱 적극적으로 활동할 가능성이 높아진다.

- 상호 작용성 강화: 메타버스에서 사용자들이 아바타와 상호 작용할 수 있는 기능을 강화하는 것이 좋다. 예를 들어, 다른 아바타와 대화를 나누거나, 게임을 함께 즐길 수 있는 기능 등을 제공하여 사용자들이 더욱 적극적으로 아바타를 활용할 수 있도록 유도할 수 있다.

- 편의성 개선: 메타버스 내에서 아바타를 활용하는 데 있어서 편의성을 개선하는 것이 중요하다. 예를 들어, 사용자가 아바타를 조작하는 인터페이스를 개선하거나, 메타버스 내에서 쉽게 이동할 수 있는 방법을 제공하는 것 등이다.

- 이벤트 및 캠페인 진행: 메타버스 내에서 이벤트나 캠페인을 진행하여 사용자들의 참여를 유도하는 것인데, 예를 들어, 선착순 이벤트나 할인 쿠폰 제공 등의 방법으로 사용자들의 활동을 유도할 수 있다.

2) 메타버스 연결 기기

메타버스 연결 장비는 다양한 종류와 모델과 종류가 있다. 대표적인 메타버스 연결 장비는 다음과 같다.

- VR Headset: 일부 메타버스에서는 VR Headset을 이용하여 가상현실 체험을 할 수 있다. 대표적인 VR Headset으로는

Oculus, HTC Vive, Sony PlayStation VR 등이 있다.

- AR Glasses: 일부 메타버스에서는 AR Glasses를 이용하여 증강현실 체험을 할 수 있다. 대표적인 AR Glasses로는 Microsoft HoloLens, Magic Leap One 등이 있다.
- XR Glasses: 최근에는 위의 VR과 AR을 합친 더 고도화된 기능으로 발전하고 있다.
- 스마트폰: 일부 메타버스는 모바일 앱으로 이용할 수 있으며, 스마트폰에서도 이용할 수 있다. 대표적인 메타버스 앱으로는 LINE AR, Snapchat 등이 있다.
- 게임 콘솔: 일부 메타버스는 게임 콘솔에서도 이용할 수 있다. 대표적인 게임 콘솔로는 PlayStation, Xbox 등이 있다.

위와 같은 다양한 메타버스 연결 장비를 이용하여 사용자는 메타버스를 즐길 수 있다. 다만 아직 초기 단계이기 때문에 종류도 많지 않고 가격도 매우 높은 편이다. 시기에 따라 각 연결 장비의 성능과 기능을 고려하여 적절한 장비를 선택하고, 관련 발전 장비를 수시로 알아보는 것이 좋다.

4. 향후 메타버스 비즈니스 발전을 위한 과제

1) 실패의 유용성

오늘날 인공지능 시대를 맞으며 창조 경영의 중요성이 점차 강조되고 있다. 특히 초일류로 성장하기 위해선 개인, 사회, 국가 할 것 없이 과감한 도전이 필요하다. 그러나 결과만을 중요시하는 경영 전략은 실패를 통한 학습 문화가 일반화되기 어렵게 하고 있다. 에이브러험 링컨도 이렇게 말했다고 한다. "경쟁자보다 더 빨리 실수를 범하지 않고 있다면, 그것은 위험을 두려워하고 있다는 것이다." 결국 실수하지 않고는 목표도 제대로 이루지 못한다는 결론에 이르게 된다. 그러므로 장기적으로 승리하기 위해서는 경쟁자보다 더 빨리 실수를 저지르는 것이 더 현명하다는 결론에 이르게 된다.

그래서 놀랍게도 '경제의 가장 밝은 지표는 '실패의 증가'라고 한다. 바꾸어 말하면 '우리가 국민 총 실패율을 높일 수 없다면 우리는 매우 어려운 상태에 있다고 말하는 것이 옳다'라는 얘기가 된다. 실패의 중요성을 강조한 급진적 경영 사상가 톰 피터스 주장과 링컨의 견해가 일치한다. 메타버스 비즈니스를 성공시키고 싶다면 저돌적으로 행동하고 실패의 경험을 배워야 한다는 것은 우리에게 주어진 하나의 과제이다.

2) 메타버스 윤리 문제와 해결할 글로벌 협의체

메타버스 사업은 새로운 기술과 경제 활동을 제공한다. 가상 세계에서의 경제 활동이나 인간관계 등은 실제 세계와 유사하지만, 메타버스는 다양한 사람들이 모여 새로운 경험을 공유하는 공간이기 때문에 이에 따른 윤리적 문제들이 발생할 수 있다. 가상 세계의 특징과 제약 조건이 있기 때문에 적절한 윤리적 고민이 필요하다. 이를 위해서는 아래의 내용을 사용자와 사업자가 함께 논의하고, 적절한 규제와 제한을 설정하는 것이 필요하다.

- 개인정보 보호: 메타버스에서는 많은 개인정보가 생성된다. 이에 대한 보호와 관리가 필요하다.
- 경제 활동의 공정성: 메타버스에서의 경제 활동은 실제 세계와 유사하게 이루어지지만, 가상 경제의 특성상 불공정한 경제 활동이 발생할 수 있다. 이에 대한 제한과 규제가 필요하다.
- 가상 세계의 법적 구조: 메타버스에서의 활동은 법적 구조가 미약하기 때문에 이에 대한 적절한 법적 구조와 규제가 필요하다.
- 다양성과 포용성: 메타버스는 다양한 사람들이 모여 새로운 경험을 공유하는 공간이다. 이에 대한 포용성과 다양성이 필요하다.
- 가상 세계의 영향력: 메타버스에서의 활동은 실제 세계에 영향을 미칠 수 있다. 이에 대한 책임과 윤리적 고민이 필요하다.

이러한 문제를 해결하기 위해서는 글로벌 협의체가 필요하다. 아래와 같은 글로벌 협의체들이 메타버스의 윤리 문제에 대해 협의하고, 적절한 규제와 제한을 설정하는 것이 필요하다. 또한, 사용자와 사업자들도 함께 논의하고, 윤리적인 활동을 지속적으로 추진해야 한다. 현재로서는 산업 발전에 따른 기업 이익 추구의 틀에 묶여 있는 세계 경제가 스스로 이러한 어려운 문제를 해결할 기미가 보이지 않는다.

3) 토큰 경제와 메타 경제를 위해 정부가 할 일

아날로그와 중공업 중심의 2~3차 산업 시대에는 정부의 민간 산업 통제 능력이 앞서갔지만, 디지털 기술 발전과 소프트파워 중심의 4차 산업혁명기에 접어들면서 민간 산업 발전 속도가 정부 통제 능력을 앞서고 있다. 특히 토큰 경제(Tokenomics)가 난개발로 번지면서 국가와 사회 공동체 이익과 충돌되는 불합리한 복잡계가 형성되고 있다.

지금 글로벌 디지털 금융의 핫 이슈 현황과 전망을 보면 암호화폐가 그 중심에 있다. 2009년부터 시작된 비트코인 등 1세대 암호화폐의 금융 경제 규모가 주식시장을 상회하고 있다. 특히 기대심리와 착시 효과로 2030 청년 세대에게 글로벌 차원의 매력적인 투자처가 되어 가고 있다. 그러나 각국의 법과 제도가 미비하여 통제권 밖에서 난개발로 크게 발전하고 있는 상황이다. 이는 신기술 산업 발전 과정에 따른 일반적인 이행기적 현상이라고 할 수 있지만 현명한 대처가 필요하다. 한국은 2024년경 규제 제도가 완비되면 1세대 암호화폐의 제도권 진입이 가능할 것으로 예상된다. 그럼 그 방법은 무엇일까? 한국블록체인기업진흥협회에서 발표한 내용을 참고해 보면 다음과 같다.

- 정부는 미래 대한민국의 성장 동력과 국가 경쟁력 확보를 위해 한국판 뉴딜 정책을 강력히 추진하고 있다. 우리는 이 정

책이 미래 대한민국의 성장 동력 확보와 관련 산업 발전에 꼭 필요한 국가 정책이라는 데 동의하며 이에 적극적으로 참여하고 있다.

• 그러나 현재 추진 중인 한국판 뉴딜 정책은 '블록체인 혁명'이라는 시대의 큰 흐름이 제대로 반영되지 못하고 있다. 정부 스스로 블록체인을 '제2의 인터넷'이라 생각한다면 제2의 인터넷 진흥 정책, 즉 블록체인 진흥 정책을 과감하게 추진해야 한다. 지난 '인터넷 정보혁명' 시대에서 경험했던 우리의 실패 사례와 성공 사례를 거울삼아 부족한 정책은 수정, 보완하여 추진하여야 할 것이다.

• 정부는 우리나라가 인터넷 진흥 정책을 통해 세계에서 가장 빠른 인터넷과 스마트폰 보급률 1위를 자랑하는 IT 강국이라 이야기한다. 그러나 엄밀히 분석해 보면 대한민국은 IT 강국이 아닌 IT 인프라 강국이다. IT 강국이란 IT 인프라뿐만 아니라 IT 인프라를 기반으로 한 관련 산업 생태계도 세계 최고의 수준이어야 한다. 그러나 현재 세계 최고의 IT 관련 기업인 페이스북, 구글, 아마존과 같은 그룹들이 우리나라 기업인가? 한번 자문해 봤으면 한다. 세계 최고 IT 인프라 실현은 성공 사례로 평가받지만, IT 관련 산업 생태계 육성은 제대로 하지 못한 실패 사례로 봐야 한다.

• 과거 실패한 정책을 반면교사로 삼아 제2의 인터넷인 블록체인 산업 진흥 정책을 강력히 추진해야 한다. 이를 위해 정부는 기반 기술인 블록체인 육성뿐만 아니라, 블록체인 관련 산

업생태계 활성화를 추진해야 하며, 그 중심에 가상 자산 암호화폐 활성화가 있음을 깊이 인식해야 할 것이다.

- 블록체인 뉴딜 정책은 한국판 뉴딜 정책에 블록체인 및 암호화폐와의 융합을 의미하는 것으로 블록체인 및 암호화폐 기반 한국판 뉴딜 정책을 말하는 것이다. 우리는 정부가 추진하고 있는 한국판 뉴딜 정책에 블록체인 산업을 포함하는 정책을 추진해야 한다고 주장한다. 한국판 뉴딜 정책의 핵심이 데이터와 AI 경제라면, 블록체인 뉴딜 정책은 데이터와 AI 경제를 넘어, 데이터와 AI 경제에 토큰 생태계를 융합해야 한다.

- 이에 국내 블록체인 관련 단체 및 학계 등이 중지를 모아 정부에 다음과 같은 의견을 전달하며 정책 개선을 촉구한다.

- 블록체인과 가상 자산 암호화폐는 분리할 수 없음을 인식해주길 강력히 촉구한다.

- 블록체인 육성 정책에 암호화폐 육성 정책을 포함하는 정책으로 전환해 줄 것을 강력히 촉구한다.

- 블록체인과 암호화폐 육성을 전담하는 정책 지원 기관으로 가칭 '블록체인진흥원'의 조속한 설립을 강력히 촉구한다.

- 암호화폐 및 블록체인 활성화를 위한 법/제도 등 기반 조성을 조속히 마련해 줄 것을 강력히 촉구한다.

- 정치권은 암호화폐 진흥과 규제의 균형 잡힌 제도 마련과 입법추진을 강력히 요구한다.

- 한국판 뉴딜 정책에 블록체인 뉴딜 정책을 융합해 줄 것을 강력히 촉구한다.

4) 한국을 디지털 금융의 중심지로

　김형중 호서벤처대학원 특임교수는 '한국을 디지털 월스트리트의 중심에'라는 기고에서 우리나라가 세계적인 금융 허브로 자리 잡을 수 있도록 하자고 말하면서 우리의 공동 목표를 다음과 같이 제시하고 있다.

　17세기 금융의 중심지는 암스테르담이었고, 18세기에는 런던, 20세기에는 뉴욕, 그중에서도 맨해튼의 월스트리트였다. 여기까지는 지폐를 기반으로 하는 아날로그 금융의 역사였다. 21세기는 디지털 화폐를 근간으로 하는 디지털 금융의 시대가 될 것인데, 그 중심이 어디가 될지는 아직 아무도 모른다. 한국이 그 중심에 설 수도 있다. 한국의 정책과 입법은 미래 디지털 월스트리트의 중심이 한국이 되도록 재편되어야 한다.

　미국은 달러 패권을 기반으로 20세기 금융의 중심에 우뚝 섰다. 미국은 달러의 금 태환 제도를 포기하고 신용 화폐 체제를 확립했다. 비트코인이 출현하면서 디지털 화폐의 시대가 열렸고 달러 패권이 흔들릴 수 있다는 조짐이 보이기 시작했다.

　중국이 디지털 위안이라 불리는 CBDC(중앙은행이 발행하는 디지털 화폐)를 발행해서 실용화 시험을 마쳤는데, 이것을 2022년 베이징 동계올림픽을 계기로 확산시키고 있어 달러의 위상에도 타격을 줄 수 있다. 금융 환경이 재편될 수 있음에 우리 모두 주목해야 한다. 그렇다. 이제 한국인들은 미래의 목표를 설정하고 새로운 도전을 하여야 한다. 이것이 이 시대가 한국에게 주는 최고의 '종합세트 선물'이다.

5) 블록체인 3강 체계 활용 전략

한국이 글로벌 디지털 메타버스 경제와 물리적 지구 경제를 연계하여 메타버스 새 세계를 주도하는 지도국으로 부상할 수 있다고 필자는 믿는다. 이와 함께 글로벌 차원의 ESG 경영, 그리고 에너지와 환경 문제를 수소 경제로 이룩할 수 있다면 G3 국가 진입도 가능할 것이다. 이러한 미래 목표를 세우고 그 가능성을 이야기해 보자. 2022년~2030년경까지 한국 정부의 미래 디지털 화폐 중심의 코인 금융 경제 경영은 어떻게 설계해야 할까?

여기서 우리나라 국민이 얼마나 가상 자산을 접하고 있는지 살펴보자. 금융정보분석원(FIU)에서 〈2022년 하반기 가상 자산 사업자 실태 조사 결과〉를 발표했다. 우리나라의 가상 자산 시장 이용자 수는 약 627만 명이다. 2023년 6월 말 행정안전부 주민등록 인구통계 기준으로 대한민국의 총인구수는 약 5,100만 명이니까 인구 대비 약 12% 정도 된다. 이것을 좀 더 실질적인 데이터로 접근해 보자. 2018년 3월 기준, 대한민국의 경제 활동 인구는 약 2,735만 명이니까 실제 경제 활동하는 인구 대비 약 23% 정도에 해당된다. 즉 경제 활동 인구 4명 중 1명 정도가 암호화폐를 보유하거나 거래 활동을 한다고 볼 수 있다.

그러면 이번에는 우리나라 23%의 결과를 글로벌 차원에서 비교해 보자. 암호화폐 거래소 제미니는 〈20개국 고소득 인구 암호화폐자산 보유 비율 현황〉 연구 결과를 발표하였다. 이 조사 대상이 20개국의 고소득 인구층이니 우리나라 경제 활동 인구와 비슷하다고 보면 큰 무리가 없을 것으로 생각된다.

　20개국 고소득 인구 암호화폐 자산 보유 비율은 1위가 41%의 인도네시아, 2위가 41%의 브라질, 3위는 35%의 아랍에미레이트, 4위는 30%의 싱가포르 등이다. 이어 5위 28% 이스라엘, 6위 26% 나이지리아, 7위 25% 남아프리카, 8위 24% 홍콩, 9위 22% 맥시코, 10위 20% 미국 등이다. 그 뒤로는 인도, 노르웨이, 영국, 아이슬랜드, 오스트렐리아, 독일, 프랑스, 콜롬비아, 케냐, 덴마크 등이다. 한국은 조사 결과에 나와 있지 않다. 우리나라는 7위의 홍콩 수준이라 할 수 있다. 어떻게 보면 글로벌 혁신 지수 6위의 체면은 유지했다고 볼 수 있다.

　특히 우리나라의 23% 참여자들은 그동안 한국 정부가 편하게 해왔던 '산업을 억압하고 피해자 보호' 일변도의 억압 정책에도 불구하고 암호화폐의 가치를 접지 않고 버텨 주었다는 측면에서 환호할 일이다. 이 23%의 암호화폐 참여자들은 암호화폐 투자가 재정적 손실을 가져올 수 있다는 두려움과 정부의 무지한 정책이 사업자를 시장에서 보호해 주지 않는다는 공포심을 갖고도 꿋꿋하게 인내했음은 크게 상을 주고 격려해야 마땅하다. 이들은 암호화폐가 미래 금융이라는 개념과 디지털 자산이 미래 인플레이션에 대한 유일한 보호 수단이라고 믿고 여러 가지를 개발해 오면서 우리나라 미래 금융 경제를 견인하고 키워온 애국자들이다. 코인 경제를 미래 메타버스 경제로 이어줄 대견한 사람들인 것이다.

2020년경부터 활성화되기 시작한 NFT, 메타버스가 1세대 암호화폐와 함께 블록체인 3강 체계를 이루고 디지털 산업 시장의 시너지를 이루며 발전을 시작하고 있다. 이 또한 신기술 산업 특성에 따른 규제가 산업 발전의 속도를 따라가지 못하는 이행기적 징후를 보이고 있다. 앞으로 다가올 2세대 암호화폐 CBDC는 국가가 통제할 수 있는 암호화폐다. CBDC는 각국 정부가 발행하는 암호화폐로 이미 활성화된 비트코인 등의 1세대 암호화폐를 흡수 통합하거나 하위 화폐로 관리할 수는 없겠지만, 국내 규제 정책을 통해 큰 영향력을 발휘하게 될 것이라 생각된다. 중국 정부는 이미 2022년 북경 하계올림픽 이후 CBDC 실용화에 들어갔다. 반면에 미국은 종이돈 달러 패권 유지에 따른 이익 충돌로 늑장 대응하다가 2022년 3월 9일 바이든 대통령의 긴급 명령으로 대응책에 부심하고 있는 상황이다. 중국이 자국 CBDC를 세계 기축통화화하려는 노력이 미국을 앞서면서 2023년에서 2025년경까지 CBDC 패권 전쟁이 본격화될 것이 확실시되고 있다. 2025년 이후 글로벌 기축 CBDC가 결정된다면 중·미 양진영으로 세계 국가들이 양분된 경제 그룹으로 편성될 것이다. 나아가 양대 패권국을 중심으로 메타버스 가상 세계 경제와 실물 지구 경제가 연동되는 세계 경제 질서 재편이 확실시되고 있다. 미·중 패권으로 불안한 세계 지정학적 환경을 G3 국가를 달성한 한국이 평화로운 지구촌 유지에 기여할 수 있을 것이다.

6) 한국 정부의 CBDC 대처 시나리오

우선 암호화폐를 금융 산업으로 편입시켜 육성해야 한다. 한국정부는 미국 CBDC가 디지털 금융 경제의 기축통화가 될 것을 염두에 두고, 2030년경까지의 '디지털 금융 경제 글로벌 전략 로드맵'설계가 필요하다. 현재 한국 내 암호화 산업을 미래 글로벌 CBDC와 연동되도록 육성해야 혼란과 국민 경제 손실, 나아가 투자자들의 피해를 최소화할 수 있을 것이다. 나아가 메타버스 경제를 육성하는 진흥 정책도 필요하다. 현재 발흥하는 메타버스 민간 경제 역시 향후 글로벌 CBDC 통화에 맞도록 육성하여야 할 것이다. 즉 한국 정부가 민간 메타버스 산업계를 선도할 수 있는 정책과 로드맵이 필요하다. 이를 위한 실현 방안은 우선 미래 전략을 실천하는 선진화된 도전정신으로 무장된 정부 기구 설립이 필요하다. 그런데 현재의 엘리트 공직자 중심의 정부 금융 정책은 담당 공직자 그룹의 안위와 이익 추구에 맞춰져 있기 때문에 이에 대한 새로운 각도의 추진이 필요하다. 이는 2009년 이후 내내 디지털 화폐 관련 미래 금융 정책이 왜곡되거나 시행착오가 많이 발생되어 왔던 객관적 결과를 보면 명확히 알 수 있다. 이제는 미래 도전과 위험을 감당하지 못하는 엘리트 공직자들의 생태적 한계를 극복할 수 있는 방안으로 대통령 직속의 민·관 연합조직이 필요하다. 이 조직은 집단 지성의 의사 결정 구조 위에서 의사가 결정되도록 하면 민·관 양 조직의 장점을 취할 수 있을 것이다. 또한, 미국 CBDC를 글로벌 기축통화화하기 위한 연대 활동이 필요하다. 왜냐하면 미국과 중국 양대 글로벌 권력의 재편이 진행되고 있기 때문이다.

홍익희 교수는 한 인터넷 방송에서 미국과 중국, 양대 글로벌 권력이 에너지와 군사 활동을 중심으로 재편되는 데 대해 다음과 같은 논리를 전개하였는데, 아래 그 내용을 소개한다.

미국에서 세일 가스를 개발하여 그 경제적 가치를 확인한 것은 미국의 국제적 지위에 큰 변화를 가져왔다. 세일 가스로 미국이 석유 수입의 속박에서 자유로워지자 세계 평화유지군이란 명분으로 과거에는 석유 자원 본거지인 중동의 석유를 지키기 위해 군대를 파견하고 해상에 항공모함을 배치해 해상 수송로를 지켜왔던 부담을 줄이게 되었다. 이는 그동안의 석유 외교 관계를 근본적으로 변화시키는 결과를 가져왔다. 즉 석유가 풍부한 중동이지만, 이제는 그 가치가 낮아졌기 때문에 중동국들과의 관계도 소홀해진 것이다. 이러한 미국의 태도 변화를 보면서 사우디아라비아로서는 미국에 대한 신뢰를 거둘 수밖에 없게 되었다. 이러한 국제 관계의 변화는 중국에게 유리하게 작용하였다.

사우디의 석유회사가 중국의 석유 기업들과 큰 계약들을 체결하면서 경제적으로 중국이 가장 중요한 파트너가 되었다. 나아가 미군이 떠나버린 자리를 군사적으로도 중국이 보호해 주게 되는 관계로 발전한 것이다.

그래서 월스트리트는 다음과 같이 경고하였다. 사우디가 "이 기회에 중국에 수출하는 석유에 대해서는 위안화를 받겠다"고 공식 선언한다면, 그것은 미국 달러화 경제에 심각한 도전이 될 수 있고, 나아가 달러 체제 붕괴에 큰 변수로 작용할 것이라는 것이다. 미국의 오만과 경제, 군사적 실수로 귀결되는 대목이다. 결국은 미국 중심의 경제적 국제 그룹이 축소될뿐더러, 그동안 미국을 믿어 왔던 유럽이나 우방들에게도 상당 부분의 신뢰를 의심받게 된 것이다. 그리고 약 2년여에 걸친 러시아와 우크라이나 전쟁은 유럽과 미국의 신뢰 관계의 시금석이 되는 양상이다. 이 전쟁의 결과에 따라 미국과 러시아 그리고 중국을 중심으로 한 글로벌 블록화 경제의 재편이 예상된다. 이러한 지구촌 권력의 재편에 대해 우리나라도 적극적으로 대처해야 할 것이다.

나아가 한국을 중심으로 구성될 가칭 '디지털경제연합 국제기구'가 연합하여 활동하겠다는 국제 신뢰 자본력을 피력하면 양국의 이익에 부합되기 때문에 충분히 가능성이 있을 것이다. 이를 지속적으로 추진하기 위해서 '디지털경제연합 국제기구'와 같은 것을 조직하여 운영하는 방안이 강구될 수 있다. 즉 케이팝, 한류를 중심으로 친한국 국가 중심의 국가 연합 기구가 가능할 것이다. 이러한 과정을 통해 한국은 K-Culture 문화와 국제 신뢰를 자본으로 G3 국가를 달성할 수 있는 좋은 기회가 될 수 있을 것이다.

이러한 절호의 기회를 통해서 지난 자본주의 100년의 역사에서 발생했던 산업화에 따른 자본 축적과 경쟁 심화, 그리고 전 세계 차원으로 확대된 금융자본주의의 경제 양극화 문제를 어느 정도 해결할 것으로 기대된다. 즉 자본주의 100년 역사에서 디지털 전환의 효과를 얻을 수 있는 유일한 기회가 될 것이므로 한국이 추구해야 할 당면 과제이다.

챗GPT, 메타버스와
NFT(Non Fungible Token)

이창형(미래방송연구회 회장)

CHAPTER
06

챗GPT, 메타버스와
NFT(Non Fungible Token)

　2023년 CES 2023에서 핵심 키워드 중의 하나가 메타버스(Metaverse)로 선정되었다. 본 행사에서 VR, AR, MR과 메타버스가 융합된 다양한 형태의 기술들이 발표되었으며, 홀로그램과 챗봇을 융합시킨 기술들도 발표되었다. 이와 같이 메타버스와 챗봇은 현재 가장 많은 관심을 받고 있는 기술이다. 특히 대화형 인공지능 챗봇인 챗GPT(Chat Generative Pretrained Transformer)는 메타버스와 함께 우리의 생활 전체를 크게 변화시키는 새로운 시대를 맞이하게 되었다. 챗GPT는 메타버스 내에서 챗봇 기능과 음성 도우미를 사용하여 현실 세계와 가상 환경에서 더욱 긴밀한 상호 작용할 수 있게 되었다. 또한, NFT(Non Fungible Token)는 구매, 판매 및 소유할 수 있는 고유한 디지털 자산이다. NFT는 음악, 미술, 예술작품 및 디지털 콘텐츠를 수집할 수 있는 방법이 되었다. 최근 챗GPT를 사용하여 NFT를 발행하는 방법이 발표되었다. 이와같이 챗GPT. NFT 및 메타버스는 가상 세계에서 상호작용하고 비즈니스를 수행할 수 있는 혁신적인 기술로 발전하고 있다. 먼저 메타버스에 대하여 살펴보면, 메타버스라는 개념이 관심을 받게 된 것은 코로나19로 팬데믹(pandemic) 현상이 지속되면서 비대면 회의와 미팅 등 사회적 소통 공간인 가상 세계에 대한 활동이 활발해졌기 때문이다.

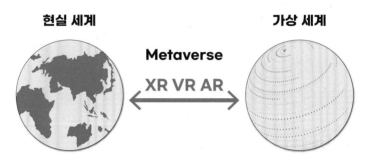

[그림 1] 메타버스 개념

특히 모바일 인터넷 기술의 발전과 MZ세대의 다양한 SNS 활동으로 메타버스가 더욱 열풍을 일으키게 되었다. 2021년에는 SNS의 대표적인 플랫폼인 페이스북(Facebook)이 회사 이름을 메타(Meta)로 바꾸면서 메타버스에 대하여 더욱 관심은 높아지고 있다. 메타버스는 가상현실을 통해 가상 세계에서 다양한 콘텐츠와 활동을 즐길 수 있다. 특히 가상 세계와 소통하기 위한 디바이스와 네트워크 기술들이 발전하면서 현실과 가상의 세계의 경계를 쉽게 넘나들면서 게임, 교육, 쇼핑 및 엔터테이먼트 등을 즐길 수 있는 시대로 발전하고 있다. 가상 세계에 대한 관심이 높았던 것은 2009년에 세계적으로 크게 흥행했던 〈아바타〉 영화에서 가상의 세계를 경험할 수 있었고, 2016년에 현실 세계 위치 정보와 네트워크를 연결한 증강현실(Augmented Reality, AR) 기술이 적용된 포켓몬 고(Pokémon GO) 게임으로 체험할 수 있었다. 최근에는 가상 공간에서 AR과 가상현실(Virtual Rreality, VR) 기술을 적용하여 현실 세계를 초월한 가상의 세계를 경험할 수 있는 기술들이 발전하고 있다. 현재 2억 명 이상이 가입되어 있는 제페토(Zepeto)와 로블록스(Roblox) 등이 메타버스의 대표적인 플랫폼들이다. 메타버스 플랫폼 속에서 자신의 아바타가 물건을 팔기도 하고 구매도 할 수 있으며, 입학식, 게임, 관광, 결혼식, 컨퍼런스, 회의 및 콘서트 등에 참여하기도 한다. 문화예술 분야에도 메타버스가 적용되고 있다. 방탄소년단(BTS)은 포트나이트(Fortnite) 게임에서 파티로열이라는 기능을 통해서 신곡 '다이너마이트'를 뮤직비디오로 발표하기도 했다. 또한, 2020년 4월에 포트나이트의 제작사 에픽게임즈는 미국의 가수 트래비스 스콧(Travis Scott)도 자신의 아바타를 등장시켜 메타버스에서 공연했는데, 온라인 동시 접속자수는 1,230만 명이었고 공연 수익으로 200억 원에 이르렀다. 이와 같이 메타버스는 수익을 내는 플랫폼으로 인식하게 되었다. 2021년 8월에는 미국의 아리아나 그란데의 공연도 포트나이트에서 열었다.

[그림 2] 트래비스 스콧

[그림 3] 아리아나 그란데(에픽게임즈)

또한, 미국 46대 대통령 선거 때 조 바이든은 Nintendo Switch 비디오 게임인 '동물의 숲(Animal Crossing)' 가상 영역 안에서 잠재적 유권자들에게 다가가기 위한 새로운 선거 캠페인을 했다. 최근 국내 금융권에서도 메타버스를 통한 서비스를 시작했다. 신한은행은 웹과 애플리케이션 형태의 메타버스 플랫폼 '시나몬'을 구축하여 금융, 유통 및 생활을 결합한 서비스하고 있다. 시나몬은 퍼블릭 클라우드 기반의 서비스로 별도 프로그램 설치 없이 웹(Web)을 통해 접속하는 방식이다. 이용자들이 시나몬 속에서 편의점 등을 이용할 수 있으며 다양한 금융 서비스를 이용할 수 있다. KB국민은행도 메타버스 플랫폼인 로블록스와 금융 서비스를 접목한 현실적인 내용의 게임을 선보였으며, 하나은행은 금융 교육 콘텐츠 방송을 메타버스 속에서 진행하였다. 메타버스와 함께 NFT(Non – Fungible Token, 대체 불가능 토큰)가 다양한 분야에서 많은 사람의 관심을 받고 있다. NFT는 디지털 자산의 일종으로 소유권 등을 블록체인상에 저장하여 복제 및 변조가 불가능한 자산이다.

[표 1] 금융권 메타버스 도입 현황

은행	메타버스 활용
신한은행	자체 플랫폼 '신한 쏠버스' 게더타운 활용 금융 교육
KB국민은행	게더타운 활용 KB금융타운 오픈 제페토 활용 E스포츠 응원 공간 오픈
하나은행	메타버스 전담 조직인 디지털 혁신 T/F 신설 이프랜드 활용 경영진 회의 제페토 활용 하나카드, 하나글로벌캠퍼스 구현

우리은행	메타버스 얼라이언스 가입 제페토 활용 행장 MZ 직원 친목 도모
NH농협은행	자체 플랫폼 독도 버스 금융, 게임 융합 자체 플랫폼 오픈 예정 이프랜드 활용 임직원 대회 실시
IBK기업은행	싸이월드제트 영업점 도토리은행 개설
OK저축은행	메타버스 얼라이언스 가입
웰컴저축은행	자체 플랫폼 '웰컴아일랜드'
DGB대구은행	제페토 활용 공모전 시상식 생중계 DGB 전용 맵으로 경영회의, 사내 모임

출처: NSP통신/재가공

　　블록체인은 블록에 정보가 담겨 있고 해당 정보는 해시(Hash)라고 불리는 암호화된 코드로 블록에 저장돼 있다. 한마디로 디지털 자산의 등기부 등본이라 할 수 있다. 특히 예술품에 대한 NFT 적용은 저작물의 복제를 방지할 수 있어 예술 영역에서 활발하게 확대되고 있다. 이렇게 많은 사람의 관심이 집중되고 있는 메타버스와 NFT에 대한 내용에 대하여 살펴보고자 한다.

1. 챗GPT, 메타버스(Metaverse)

1) 메타버스(Metaverse) 개념

　　메타버스(Metaverse)는 그리스어로 초월을 의미하는 메타(Meta)와 세계 또는 우주를 의미하는 유니버스(Universe)의 합성어로 가상의 세계를 뜻한다. 메타버스라는 용어가 등장한 지 얼마 되지 않아

정의하는 내용들은 다양하다. 메타버스라는 용어는 1992년 발표된 미국의 닐 스티븐슨의 소설인 《스노크래시(Snow Crash)》에서 처음 등장하였다. 소설 속의 주인공 피자 배달원이 고글 형태의 안경을 쓰고 양쪽 눈에 서로 다른 이미지를 보여 줌으로써 현실 세계와 3차원 가상 세계를 오가면서 메타버스라는 용어를 사용하게 되었는데, 현재 가상현실과 유사한 개념으로 묘사하고 있다.

본격적으로 사람들이 메타버스라는 세계에 관심을 보이기 시작한 것은 스티븐 스필버그(Steven Spielberg) 감독의 영화 〈레디 플레이어 원(2018)〉이 흥행에 성공한 후부터였다. Gartner 보고서에 따르면, 기업들이 메타버스에 많은 투자를 함에 따라 2026년까지 25%의 사람들이 하루 1시간 이상 메타버스에서 일하고, 쇼핑하고, 학교에 다니고, 교제하고, 엔터테인먼트를 소비할 것이라고 했다. 메타버스에 대한 정의는 다양하게 설명하고 있다. 《옥스포드 사전》에 나와 있는 메타버스는 사용자가 컴퓨터 생성 환경 및 다른 사용자와 상호작용할 수 있는 가상현실 영역으로 설명하고 있다. 또한, 미래가속화 연구재단(ASF, 2007)은 가상적으로 향상된 물리적 현실과 물리적으로 영구적인 가상 공간의 융합이라고 했으며, 미국전기전자학회(IEEE, 2013)는 가상으로 정의된 시간에 존재하는 객체, 거주자 및 관계를 포함하는 가상 공간 환경이라 하였다. 국내의 《두산백과》는 현실 세계와 가상 세계가 융복합된 세계로 확장 가상 세계로 설명하고 있으며, 《메타버스》의 저자 김상균(2020)은 아날로그 세상에서 채우기 부족한 욕구를 채우기 위해 현실이 디지털 세계로 이동 및 확장되는 모든 현상이라 설명했고, 정보통신기획평가원(2022) ICT 동향 분석 보고서에는 가상과 현실이 상호작용하며 그 속에서 사회, 경제, 문화적 활동을 하며 가치 창출이 가능한 확장된 디지털 세계라고 하였다.

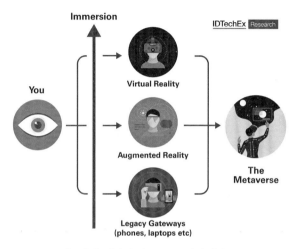

[그림 4] 메타버스(Metaverse)의 개념도
출처: idtechex.com/ko/research-article/making-the-metaverse

또한, 황경호(2021)는 메타버스가 가장 많이 활용될 것으로 전망되는 미디어 산업에서의 메타버스 전환 전략을 모색하여 메타버스형 콘텐츠 제작, 디지털 자산화, 가상 인물을 통한 수익 창출 등을 주장했으며, 안진경 외(2021)는 게임 기반 메타버스 플랫폼 사용자들의 텍스트를 토픽 모델링을 통해 분석하여 메타버스의 흥미 요인을 조사하였고, 성장과 확인 가능한 지표, 다양한 층위의 상호작용, 자기표현과 자유도, 현실 세계와의 연결이 중요한 요인이라 하였다. 이처럼 메타버스에 대한 개념과 정의가 정립이 되지는 않았지만, 다양한 정의를 요약해 보면, 메타버스는 가상 세계에서 사람과 사물이 상호작용하며 경제, 사회 및 문화적 가치를 창출하는 플랫폼으로 볼 수 있다. 메타버스는 적용되는 기술은 확장현실(Extended Reality, XR), 인공지능(AI), NG 네트워크, 클라우드(Cloud), 5G/6G, 사물인터넷(IoT) 및 블록체인 등 다양한 기술이 상호 유기적 연동을 통해 구현된다. 특히 XR은 가상현실(VR)과 증강현실(AR)을 아우르는 혼합현실(MR) 기술을 망라하는 초실감형 기술로 메타버스의 핵심적인 기술이다. 이러한 기술들은 게임에 적용한 기술인데 메타버스라는 플랫폼에 적용하여 현실과 가상 세계를 소통하고 정보를 공유하는 기술로 발전되었다. 특히 "게임 산업을 중심으로 형성된 시장이 비대면 환경으로의 급격한 변화와 5세대(5G) 이동통신 기술과 빅데이터 축적, 관련 디바이스의 성능 향상 및 컴퓨팅 파워의 발전 등 사회적·기술적 인프라의 변화로 인해 메타버스라는 새로운 전환기를 맞고 있다." 메타버스가 등장하는 과정에서 핵심은 확장현실(XR) 기술이다. 메타버스는 가상현실(VR), 증강현실(AR) 및 뇌-컴퓨터 인터페이스(BCI)가 포함되며, 이들은 함께 차세대 컴퓨팅 플랫폼으로 자리매김하면서 메타버스의 등장을 가속화시켰다. 사실, 2019년 이전까지는 메타버스에 대한 관심이 지금과 같이 폭발적이지 않으나 2020년 전후, 코로나19의 팬데믹으로 인해 비대면 형식의 활동들이 빠르게 발전하면서 다양한 기술들이 사회 활동, 경제 활동 및 문화적 요인들이 복합적으로 결합하며 메타버스의 가능성에 대해 재발견이 되는 계기가 된다(최승훈, 2021).

2) 메타버스의 주요 특성

메타버스는 현실과 가상 세계가 상호 소통하는 차세대 인터넷이라 할 수 있다. 메타버스는 가상 공간에 특화된 형태로 증강현실과 가상현실의 모든 공간을 활용한다. 또한, 메타버스는 관계 형성이 매우 중요하다. 즉 기존의 현실 세계 인터넷과 가상 공간의 인터넷이 상호 관계를 형성하면서 우리 사회의 경제, 사회 및 문화적 가치를 새롭게 창출하는 플랫폼이라 할 수 있다. 메타버스는 소셜 미디어 콘텐츠 활동과 같이 가상 공간에서의 활동이라 할 수 있다. 메타버스의 특성에 대하여 전 페이스북 CEO 마크 저커버그(Mark Zuckerberg)는 실재감(Presence), 아바타(Avatars), 개인 공간(Home Space), 순간 이동(Teleporting), 상호 운용성(Interoperability), 프라이버시/안전(Privacy & Safety), 가상 재화(Virtual Goods), 자연스러운 조작 환경(Natural Interface) 등으로 메타버스의 특징을 설명하고 있다. 또한 로블록스 CEO인 데이비드 바주스키(David Baszucki)는 메타버스의 특징을 정체성(Identity), 친구(Friends), 몰입감(Immersive), 손쉬운 경험(Low Friction), 다양성(Variety), 모든 장소(Anywhere), 경제(Economy), 시민성(Civility)등으로 설명하고 있다. 인도의 메타버스 전문가인 쿨딥 싱(Kuldeep Singh)의 메타버스에 대한 설명을 살펴보면, 첫째 메타버스는 개방적이고 독립적이다. 메타버스를 사용하기 위해 개방되어야 하고, 그 위에 구축하기 위해 개방되어야 하며, 누구에 의해 통제되어서도 안 된다. 둘째 메타버스는 상호 운용이 가능하다. 소프트웨어와 하드웨어 전반에서 상호 운

용 가능하고 통합 가능하다. 셋째, 메타버스는 모두를 위한 것이
며 자급자족 가능하다. 메타버스는 모든 사람이 이용할 수 있어
야 하며, 사람들이 물건을 사고팔 수 있고 그곳에서 생존하기 위
해 돈을 벌 수 있는 자급자족이 가능하다고 설명하고 있다. 이처
럼 메타버스에 대한 평가와 분석이 다양하다.

[표 2] 마크 저커버그(Mark Zuckerberg, 전 페이스북 CEO)

실재감(Presence)	실제 현장에 있는 듯한 느낌
아바타(Avatars)	메타버스에서 자신을 표현하는 수단
개인 공간(Home Space)	사진, 영상, 디지털 상품을 보관하는 개인 공간
순간 이동(Teleporting)	언제든 원할 때 다양한 가상 세계로 이동 가능
상호 운용성 (Interoperability)	자신의 아바타와 디지털 아이템을 다양한 앱과 경험에 적용 가능
프라이버시/안전 (Privacy & Safety)	개인정보 보호와 안전은 첫 단계부터 메타버스에 내재
가상 재화(Virtual Goods)	사진, 영상, 예술, 음악, 영화, 책, 게임 등 가상 상품
자연스러운 조작 환경 (Natural Interface)	자연스럽게 디바이스와 상호작용하는 익숙한 사용 환경

출처: 과학기술정보통신부, 2022

2. 메타버스의 핵심 기술과 로드맵

1) 메타버스의 핵심 기술

세계 최초 메타버스 플랫폼 설립자 Matthew Ball(매튜 볼)은 메

타버스의.핵심 메타버스 구성 요소를 8개 분류하고 있다. 하드웨어(Hardware), 컴퓨팅(Compute), 네트워킹(Networking), 가상 플랫폼(Virtual Platform), 상호작용 및 표준(Interchange Tools & Standards), 지불 시스템(Payment), 콘텐츠 및 디지털 자산(Metaverse Content, Services, and Assets) 및 사용자 행동(User Behaviors)으로 총 8개의 핵심 구성 요소가 있다.

(1) 하드웨어(Hardware)

메타버스 서비스에 접근하고 플랫폼과 상호작용하여 사용하는 물리적 장치에 해당하며 AR 및 VR와 같은 기기와 기업용 AR 환경을 포함하고 있다. (예: VR 헤드셋, 휴대전화, 햅틱 장갑, 카메라, 프로젝션 및 추적 시스템, 스캐닝 센서)

(2) 컴퓨팅(Compute)

물리적 계산, 렌더링, 데이터 조정, 실시간 화면 처리 및 동기화 등 다양하고 까다로운 연산 기능을 지원할 수 있는 컴퓨팅 능력에 해당한다.

(3) 네트워킹(Networking)

대용량 데이터의 실시간 전송, 라우팅 하는 서비스, 끊김과 지연이 없는 연결성을 제공하는 메타버스의 분산 통신 환경에 해당하며 5G/6G 및 근거리 통신 모두 포함된다.

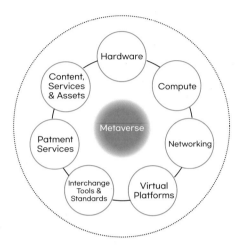

[그림 5] 메타버스 구성 요소 8가지(출처: Matthew Ball, 2021)
출처: www.matthewball.vc/all/forwardtothemetaverseprimer

(4) 가상 플랫폼(Virtual Platform)

기존의 소비형 온라인 플랫폼에서 사용자가 직접 디지털 환경을 제작 및 구축하거나 참여하여 몰입 경험을 할 수 있는 플랫폼에 해당된다.

(5) 교환 도구 및 표준(Interchange Tools & Standards)

메타버스 서비스 및 플랫폼 간 상호 운용성을 지원하는 기술과 규약에 대한 표준에 해당된다.

(6) 지불(Payments)

NFT 및 블록체인 기술과 같이 사용자의 디지털 과금과 관련된 기술 지원에 해당된다.

(7) 메타버스 콘텐츠 서비스 및 자산(Metaverse Content, Services, and Assets)

메타버스의 디지털 자산 및 콘텐츠에 대한 제작, 가공, 저장 및 보호 등과 같은 서비스에 해당된다.

(8) 사용자 행동(User Behaviors)

메타버스와 직접적으로 관련되거나 메타버스를 가능하게 하거나 그 원칙과 철학을 반영하는 소비자 및 비즈니스 행동에 해당된다. 메타버스는 증강현실(AR)과 가상현실(VR) 기술뿐만 아니라 다양한 기술들의 조합으로 구동된다. 인도의 리웨이츠(LeewayHertz)사 CEO인 아카시 택야르(Akash Takyar)는 메타버스를 구동하는 핵심 기술은 AR, VR, 블록체인, 인공지능, 3D 및 IoT 등의 상호작용하는 플랫폼이라 주장하였다. 앞에서 언급된 메타버스 핵심 기술을 요약해 보면, 가상현실(VR), 증강현실(AR), 확장현실(XR), 인공지능(AI), 블록체인, 사물인터넷(IoT), 컴퓨터 인터페이스, 3D 기술 및 네트워크 5G 기술 등의 융합 기술이라 할 수 있다.

2) 메타버스의 로드맵

메타버스에 대한 분류 또는 로드맵을 설명할 경우 대부분 미국의 미래 가속화 연구재단인 ASF(Acceleration Studies Foundation)의 보고서 내용이 언급된다. 그러나 보고서 발행이 2006년으로 그 당시의 관련 기술은 낙후된 상태였다. 아이폰이 2007년에 출시되었기 때문에 스마트폰을 이용한 메타버스의 개념을 설명하기 어려운 시기였다. 그러나 현재까지 ASF의 보고서를 교과서처럼 사용하고 있어 간략하게 언급하고자 한다. ASF의 보고서에서 언급된 메타버스 로드맵(Metaverse Roadmap, MVR)은 가상현실(virtual worlds), 증강현실(augmented reality), 라이프로깅(Lifelogging) 및 거울 세계(mirror worlds) 등 4개 유형으로 분류했다.

(1) 가상현실(Virtual Worlds)

가상현실은 실제 세상과는 다른 디지털 공간에서 다양한 분야로 확장하고, 차별화하여 게임 등을 할 수 있는 가상의 세계이다. HMD(Head Mounted Display)를 사용하는 가상현실과 사용하지 않는 가상현실로 분류할 수 있다. HMD을 쓰고 교육, 게임 및 훈련 등 실제로 행동하는 것처럼 느낄 수 있다. 마이크로소프트의 메쉬, 페이스북의 호라이존도 가상현실의 사례이다. HMD 없이 가상현실 기술은 로블록스, 마인크래프트, 제페토, 심즈 및 동물의 숲 등 대부분 게임에서 적용되고 있다.

(2) 증강현실(Augmented Reality)

증강현실은 실제 세계의 위치 정보와 네트워크 정보를 혼합하여 인터랙티브한 작용을 보여 주는 기술이다. 2016년에 선풍적인 인기를 끌었던 포켓몬 고(Pokemon Go) 게임이나 마이크로소프트의 홀로렌즈도 증강현실의 사례이다. 최근에는 스마트폰으로 식당이나 커피숍을 찾는 방법이나 교육용 스카이 가이드(별자리엡)

및 함께 달려 주는 고스트 페이서엡 등 생활형 증강현실 들이 다양하게 시도되고 있다.

(3) 라이프로깅(Lifelogging)

라이프로깅은 자신의 생활에 대한 다양한 경험과 정보를 기록, 저장 및 공유하는 활동으로 내가 원하는 형식으로 꾸밀 수 있는 세계이다. 즉 사물과 사람에 대한 일상적인 경험과 정보를 페이스북, 트위터, 인스타그램 및 틱톡에 저장하고 묘사하는 기술이다.

(4) 거울 세계(mirror worlds)

거울 세계는 실제 세상과 똑같은 세상이 온라인상에 복제되는 것이다. 내비게이션, 구글어스(Google Earth) 등이 해당된다.

또한, 미국 온라인 출판 플랫폼 미디엄(Medium)에서 메타버스에 관한 칼럼을 기고한 존 라도프(Jon Radoff)는 유명 블로그이며 기업가로 메타버스 가치 사슬을 7개 핵심 계층으로 설명했다. 7개 핵심 계층을 살펴보면, 경험, 발견, 크리에이터 경제, 공간 컴퓨팅, 탈중앙화, 휴먼 인터페이스 및 인프라 등으로 구성하였다. 이 모델이 폭넓게 수용되고 있지만, 계속해서 진화하고 있어 또 다른 정의가 나올 수도 있다.

① 경험(Experience)

스포츠, 이벤트, 음악 콘서트, 쇼핑, 몰입형 극장 및 e스포츠와 같이 초현실적 경험이다. 이용자는 게임을 통해 참여, 도달 및 확장을 촉진하고 개인화를 추진하기 위해 메타버스로 이동한다. 여기에는 포트나이트(Fortnite), 로블록스(Roblox) 등이 있다.

② 발견(Discovery)

메타버스 공간에서 광고 네트워크, 소셜, 큐레이션 서비스, 등급, 평가 및 에이전트 등과 같이 더 많은 사람이 메타버스를 경험할 수 있으며 여기에 디지털 마케팅이 채택된다. 여기에는 경험, 콘텐츠, 디지털 자산, 브랜드 및 NFT가 포함된다.

③ 크리에이터 경제(Creator Economy)

메타버스 경험은 더울 몰입감 있어지고 2~3명의 플레이어로 제한되지 않고 기하급수적으로 증가할 수 있다. 다양한 디자인 툴 및 가상 시장 및 새로운 산업을 창출할 수 있다.

④ 공간 컴퓨팅(Spatial Computing)

공간 컴퓨팅은 공간과 움직임을 구현하는 디바이스 및 하드웨어 산업을 포함하는 분야이다. 공간 컴퓨팅을 이용하여 3D 공간에 들어가 더 많은 정보와 경험으로 현실 세계를 증강할 수 있다.

⑤ 탈중앙화(Decentralization)

탈중앙화는 권한을 분산한다. 블록체인 기술은 Web3.0으로 인터넷과 함께 메타버스의 탈중앙화 계층의 큰 부분이다.

⑥ 휴먼 인터페이스(Human interface)

휴먼 인터페이스는 사용자와 더욱 가까워질 수 있도록 하는 것은 인터페이스 기술이다. 인터페이스 계층의 개발을 주도하는 핵심 요소 중 하나는 고급 컴퓨팅 기능의 통합을 목격하고 있는 스마트폰의 진화이다.

⑦ 인프라(Infra)

인프라 계층는 5/6G 네트워크, Cloud 및 GPU 등 기술을 상호 연결하는 기술이다. 특히 슈퍼컴퓨터로 다양한 언어와 새로운 증강현실 도구로 더 나은 AI 모델을 지원함으로써 메타버스 발전을 가속화할 수 있다.

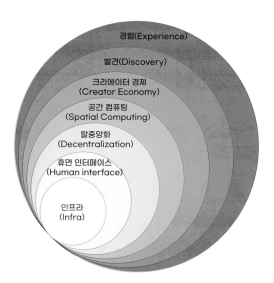

[그림 6] 메타버스 7계층

출처: community.nasscom.in/communities/analytics/how-artificial-intelligence-shaping-metaverse

3. 메타버스 플랫폼의 유형과 서비스

1) 메타버스 플랫폼의 유형

메타버스 플랫폼은 서비스 목적에 따라 게임형, 거래형 및 산업 연계형 등으로 구분하고 있다. (과학기술정보통신부, 2022) 게임형은 게임놀이, 미팅 및 만남 등을 통해 여가 활동 및 사회 관계 형성을 목적으로 하는 플랫폼이다. 거래형은 가상 세계에서 가상 건물, 가상 상품과 같은 디지털 자산의 거래를 목적으로 하는 플랫폼이다. 또한, 산업 연계형은 현실 세계와 가상 세계를 소통하면서 업무 지원을 목표로 하는 플랫폼으로 구분하고 있다.

2) 메타버스 플랫폼 서비스

(1) 제페토(Zepeto)

네이버제트는 2018년 8월 제페토 서비스를 출시하여 전 세계 200여 국가에서 2억 명 이상의 이용자가 온라인상에서 소통하고 있다. 제페토는 3D 아바타를 기반으로 한 가상 세계 플랫폼으로 증강현실(AR) 기술로 실제 사진이나 가상 배경에 자연스럽게 합성해 아바타가 이용자들과 소통하거나 가상현실 경험을 할 수 있는 서비스를 제공하고 있다. 이벤트 행사도 진행하는데, 걸그룹 블랙핑크가 팬 사인회를 가졌으며, 현대자동차가 다양한 프로모션을 진행하고 있다.

(2) 로블록스(ROBLOX)

메타버스 속에서 게임을 할 수 있는 대표적인 플랫폼이다. 게임 이용자는 로블록스의 화폐인 로벅스로 게임을 할 수 있다. 전용 게임 제작 도구로 이용자가 콘텐츠를 제작하고 수익 창출한다. 또한, 로벅스로 물건을 구매할 수 있으며 경제 활동도 가능하다. 로블록스는 오천만 개가 넘는 게임이 제작되었다.

(3) 이프랜드(ifland)

SKT는 2021년 가상 공간에서 아바타를 통해 이용자의 다양한 문화 콘텐츠를 편리하게 제공하고 있다. 각종 소모임이나 학술회의, 강연, 가족 모임, 또는 컨퍼런스와 미팅도 가능하며 파일을 주고받거나 PT를 같이 볼수 있는 플랫폼이다. 게더타운보다 다양한 3D 이미지를 구현할 수 있으며, 한 공간에 동시에 131명까지 초대할 수 있다.

[그림 7] 회의 스냅샷
출처: (KBS 기술본부회의, 2021)

(4) 포트나이트

미국 에픽게임즈가 개발한 게임 플랫폼으로 아바타가 상대와 싸우는 배틀로얄 슈팅 게임으로 가상 세계에서 여러 플러에어들과 대결하는 방식이다. 게임뿐만 아니라 파티에 참여하거나 아바타들과 미팅도 하는 등 다양한 소통 방식을 개발하여 소셜 네트워킹 기능이 추가되었다.

(5) 마인 크래프트(Mine craft)

2009년 스웨덴의 마르쿠스 페르손이 만든 게임으로 2012년에 M/S가 인수하면서 메타버스 플랫폼으로 성장하고 있다. 전쟁에 뛰어든 것이다. 미국 펜실베이니아대는 전통 육상 경기를 마인 크래프트에서 디지털 경기로 대신하기도 했다.

(6) 디센트라랜드(Decentraland)

이더리움 블록체인을 기반으로 가상 토지 및 건물 건축 거래가 이루어지는 메타버스 플랫폼이다. 사용자는 가상의 콘텐츠를 만들 수 있다. 사용자는 MANA 화폐를 이용하여 토지 등 물건을 구매하거나 팔 수 있다. 아바타를 통해 공간 체험, 광고, 쇼핑, 커뮤니티 생성 가능하다. 이더리움 코인과 메타버스가 결합한 플랫폼으로 많은 관심을 받고 있다.

(7) 어스2(Earth 2)

2020년 호주의 세인 아이작이 위성지도 서비스인 구글어스

(Google Earth)를 기반한 가상 부동산 거래 서비스이다. 특징은 현실의 지구를 그대로 메타버스에 적용하여 실제 뉴욕, 런던 및 홍콩 등 비싼 땅을 직접 살 수 있다. 특히 지난 2022년 3월 더퓨처컴퍼니는 실제 지도 기반의 새로운 메타버스2를 개발하여 현실과 가상의 공간에서 장소와 시간의 제한 없이 가상의 건물을 구축하고 도시를 운영하는 플랫폼을 선보였다.

(8) 게더타운(Gather Town)

원격 회의 형태의 플랫폼이다. 게더타운을 실행하면 나의 아바타가 회의에 참여하여 참가자와 대화하거나 채팅도 할 수 있다. 또한, 가상 공간에 배치된 오브젝트에 이미지, 영상, 웹사이트를 연결할 수 있으며 가상 공간을 내 마음대로 디자인할 수 있다. 게더타운은 Zoom이나 Microsoft Teams와 같은 회의 플랫폼을 사용하면 직접 얼굴을 보면서 회의하는 것에 부담감이 있지만 아바타가 참여하게 되면 사용자에게 부담감을 덜어 준다. 무료로는 한 공간에 동시에 25명까지 초대할 수 있다. SKT의 이프랜드(ifland)와 유사한 기능이다.

(9) 페이스북 호라이즌(Facebook Horizon)

페이스북의 호라이즌 워크룸(Horizon Workrooms)은 가상 회의 메타버스 서비스이다. 애니메이션 아바타가 자신처럼 행동하고 말하고 표현하도록 할 수 있다. VR 헤드셋을 쓰고 회의 커뮤니케이션, 세미나 및 교육 등 가상 회의와 업무를 할 수 있다.

(10) 젭(ZEP)

2D 환경에서 원격 협업을 지원하는 플랫폼이다. PC를 활용해 온라인 기반 협업 공간을 제공하고 영상 공유 및 게임 기능을 지원한다.

(11) 엔비디아 옴니버스 엔터프라이즈(NVIDIA Omniverse Enterprise)

엔비디아(NVIDIA)가 만든 플랫폼으로 3D 그래픽과 인공지능 기술로 구현된 서비스이다. 기업이나 전문가들을 위한 협업 도구로 사용될 수 있으며, 실시간으로 3D 모델링이나 시뮬레이션을 할 수 있다.

(12) 도깨비(DokeV)

도깨비는 검은 사막 등의 게임을 제작한 펄 어비스 자체 엔진을 기반으로 가상 세계를 구현하고 그 안에서 체험하고 경제 활동 등 현실과 가상 세계를 넘나드는 게임 플랫폼이다. 캐릭터의 디자인의 독특하고 그래픽의 해상도가 높다.

4. 메타버스 플랫폼에서 챗GPT의 역할

메타버스 내에서 챗GPT 기술을 사용하여 메타버스 활동이 좀 더 구체화되고 상호작용이 용이해지면서 가상 세계에 대한 다양한 사회 활동이 증가하게 된다. 특히 가상 세계에서 챗GPT를 사용하여 다양한 언어로 소통할 수 있으며, 인간과 유사한 텍스트로 상호작용할 수 있기 때문에 메타버스의 잠재 고객을 크게 확장할 것이다. 챗GPT 사용자가 메타버스 내의 특정 정보를 검색하거나 환경을 구축하는 데 유용하게 사용할 수 있다. 챗GPT로 다양한 인공지능 작품을 만들어 메타버스 플랫폼에서 전시도하고 판매도 할 수 있는 시대가 도래한 것이다. 또한, 메타버스에서 챗GPT 기술을 사용하면 가상현실 교육 및 훈련, 가상 치료 세션, 가상 관광과 같은 새롭고 혁신적인 애플리케이션의 개발로 이어질 수 있다. 이처럼 가능성은 무한하며 챗GPT 기술과 메타버스가 계속 발전함에 따라 앞으로 훨씬 더 새로운 사회로 발전을 기대할 수 있다.

오하이오주립대에 게시된 챗GPT가 메타버스 가상현실의 속도를 높이는 방법을 살펴보면, 디지털 어시스턴트의 역할로 가상 비서의 기능을 수행할 수 있다. 또한, 챗GPT는 사용자 입력에 대한 응답을 기록하고 생성하는 데 사용될 수 있으므로 가상 게임, 이벤트 또는 영화에 대한 사용자를 관리할 수 있다. 특히 챗GPT를 사용하여 각 사용자에 대해 고유한 응답과 위험을 생성할 수 있다. 메타버스 환경에서 챗GPT를 사용하면 여러 가지 이점이 있다. 첫째, 챗GPT는 다양한 언어로 텍스트와 콘텐츠를 생성하는 데 사용할 수 있으므로 다양한 언어의 사용자가 보다 쉽게 메타버스에 액세스하고 즐길 수 있다. 둘째, 챗GPT의 기능을 활용하여 현실적이고 사실적인 가상 캐릭터 또는 아바타와 몰입형 경험을 만들 수 있으므로 보다 생생하고 새로운 메타버스 기술을 만들 수 있다. 셋째, 챗GPT는 사용자의 관심사와 우선순위에 맞는 콘텐츠를 생성할 수 있다. 이는 개인화된 메타버스 전문 지식에 사용될 수 있으며, 이상적인 경험을 원하는 소비자에게 특히 매력적일 수 있다. 넷째, 챗GPT를 활용하면 모든 작업을 수행할 수 있는 접근성이 향상된다. 챗GPT는 VA 및 대화형 캐릭터를 생성하므로 초보 소비자와 같은 리소스가 없는 사용자가 더 쉽게 액세스할 수 있는 메타버스를 만날 수 있다.

NFThorizon의 Irem B는 챗GPT가 메타버스에 미치는 영향에 대해 설명한 내용을 살펴보면, 챗GPT가 메타버스에 통합되면 참가자들은 보다 빠른 응답을 만들 수 있으므로 보다 몰입감 있는 가상 세계를 경험할 수 있다. 또한, 메타버스 사용자는 게임, 영화, 음악 축제와 같은 다양한 활동에 참여할 때 챗GPT의 도움으로 받을 수 있다. 챗GPT는 짧은 시간에 다양한 언어로 텍스트를 생성할 수 있어 원하는 언어로 원하는 콘텐츠를 쉽게 만들 수 있어 다양한 국가의 사람들과 접촉할 수 있다.

또한, 챗GPT에서 지원하는 가상 비서의 역할이 가능하다. 가상 비서는 메타버스 플랫폼에 대한 중요한 정보를 공유하고 플랫폼에 대한 질문에 답할 수 있다. 사실, 메타버스는 2021년 크게 관심을 받았지만, 갈수록 관심에서 멀어지고 있는 것은 사실이다. 메타버스에 대한 글로벌 검색률은 크게 감소하고 있다. 이처럼 챗GPT는 사용자의 기호에 따라 다양한 콘텐츠를 만들 수 있기 때문에 매우 유용하다. 이 이점으로 메타버스와 결합하면 보다 몰입감 있는 가상 세계에서 다양한 상호작용을 지원받을 수 있다.

미국의 IT 리서치 전문기관인 가트너는 2021년 말에 이머징 테크놀로지 하이프 사이클을 발표했는데 가장 주목해야 할 기술로 NFT(Non – Fungible Token)를 선정했다. NFT는 문자 그대로 대체 불가능한 디지털 자산을 말한다. 소유와 거래 기록을 블록체인 기반 기술에 저장하기 때문에 고유한 특성이 있어 다른 자산과 대처할 수 없다. 블록체인 기반 기술은 디지털 자산의 고유성을 보장할 수 있어 예술, 게임 및 스포츠 등 다양한 분야에서 활용되고 있다. 블록체인은 정보를 기록하고 저장하기 위한 분산 데이터베이스 형태이다. 이 데이터베이스는 디지털 원장이라고도 하며, 분산 네트워크는 데이터가 해킹되거나 조작되지 않도록 한다.

NFT에 대한 정의는 전문가마다 다양하게 설명하고 있다. 성소라(2021)는 NFT에 대하여 3단계로 정의하고 있다. 첫 번째는, NFT는 특정 자산에 대한 고유한 소유권이다. 두 번째 정의는, NFT는 우리가 소유하고 거래하는 생활 패턴을 근본적으로 바꿈으로써 각종 산업에 큰 변화를 가져다 줄 암호화된 토큰으로 정리하고 있다. 최종적으로 정의한 내용은, NFT는 특정한 자산을 나타내는 블록체인상의 디지털 파일이고 각기 고유성을 지니고 있어 상호 대체가 불가능한 토큰으로 정의하고 있다. 즉 디지털 자산에 대한 소유권 또는 권리를 확인하는 데 사용할 수 있다.

NFT가 처음 사용된 것은 2014년 소프트웨어 기업가인 Anil Dash와 디지털 아티스트인 Kevin McCoy가 색상이 변하는 픽셀

화된 팔각형인 Quantum을 만들면서 시작되었다. NFT는 특정한 디지털 자산을 하나의 토큰으로 발급한 것이며, 디지털 자산을 구매했다는 영수증 역할을 하게 된다.

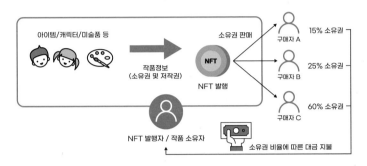

[그림 8] NFT 개념도
출처: 한국인터넷진흥원

대체 가능한 FT(Fungible Token)과 비교해서 설명해 보면, FT는 화폐나 주식과 같이 동등한 가치로 대체가 가능하다. 화폐의 경우 발생된 일련번호가 다르지만 동등한 가치의 화폐로 대체가 가능하다.

반면에 NFT는 블록체인 기술을 적용하여 부동산의 등기부 등본과 같이 디지털 자산 원본에 별도의 고유한 인식 값을 부여하고 있어 상호 교환이 불가능하다는 특징이 있다. 또한, NFT에는 생성자 정보와 소유권자, 거래 경로, 가격 등의 기록이 남기 때문에 위·변조가 불가능하며 고유한 특성을 보장한다. FT는 다른 동일한 항목으로 대체될 수 있다. 예를 들어, 통화와 같이 교환 가능하고 구별할 수 없다. FT는 화폐, 금, 주식 및 채권 등과 같이 대체가 가능하다. 반면에 NFT는 모든 항목 하나하나에 고유한 자산이므로 대체할 수가 없다. NFT는 소유권과 희소성을 나타내기 때문에 예술이나 스포츠 산업에서 자체적으로 콘텐츠를 보호하기 위한 수단으로 사용된다.

최근에는 미술품, 게임 아이템, 음악, 비디오, GIF, 트윗 및 명품 인증 등 다양한 산업 분야에서 활용되고 있으며 그 영향력이 점차적으로 높아지고 있다. 특히 NFT는 자산 소유권을 명확히 함으로써 게임·예술품·부동산 등의 기존 자산을 디지털 토큰화하는 수단이 된다. 대부분의 NFT는 한 번에 한 명의 소유자만 있을 수 있다. 디지털 자산에 대한 소유권은 다른 토큰으로 복제할 수 없는 고유 ID 및 메타 데이터를 통해 관리된다. 최근에는 부분 NFT도 가능하게 되었는데, 부분 NFT는 전체 NFT를 더 작은 부분으로 나누어 다른 수의 사람들이 동일한 NFT 조각의 소유권을 주장할 수 있다. 또한, 메타버스 플랫폼 내에서 물건을 사고파는 구매 활동도 가능하다. NFT 기반의 대표적인 플랫폼으로 더 샌드박스와 디센트럴랜드이다.

6. NFT의 특성과 장점

1) NFT의 특성

NFT(Non Fungible Token)는 블록체인 기반으로 대체가 불가능한 특성이 있어 여러 가지 기능을 가지고 있다. 특히 NFT는 분권형 블록체인 기반 인터넷인 웹 3.0(Web 3.0)의 빌딩 블록 중 하나로 디지털 자산의 생성, 수익 창출, 소유권 기록 및 이전 및 새로운 투자 자산 생성을 지원하는 등 다양한 방식으로 사용될 수 있는 기술이다. 웹 3.0은 탈중앙화와 개인의 콘텐츠 소유가 주요 특징으로 하는 차세대 인터넷이다. 컴퓨터가 시맨틱 웹 기술을 이용하여 웹페이지에 담긴 내용을 이해하고 개인 맞춤형 정보를 제공할 수 있는 지능형 웹 기술을 말한다. 지능화, 개인화된 맞춤형 웹이다. (위키백과)

웹 3.0의 장점은 데이터 접근성, 제한 없음 및 모든 서비스에 대한 하나의 프로필로 모든 플랫폼과 상호 연결되어 사용할 수 있으며, 사용자는 모든 개인 데이터를 완전히 제어할 수 있다. 웹 3.0은 인간과 기계가 상호작용하여 규모와 범위를 확장할 수 있으며, 지불에서 풍부한 정보 흐름과 신뢰할 수 있는 데이터 전송에 이르기까지 처리 범위가 크게 증가할 것이다. 또한, 웹 3.0은 이용자들이 생산한 콘텐츠의 가치를 높여 주고 인공지능과 빅데이터를 활용하여 메타버스에서 구현되는 가상 경제 체계까지 포괄하는 차세대 인터넷이다. 인터넷 기술은 1990년 웹 1.0에서 시작하여 웹 2.0을 걸쳐 웹 3.0으로 발전해 왔다. NFT의 기능에 대하여 다양한 주장들이 있다. 성소라(2021)는 《NFT 레볼루션》 저서에서 NFT의 기능을 10가지로 정리했다.

[표 5] NFT의 기능

기능	내용
기록	사진, 미디어 등의 콘텐츠의 내용과 거래 내역이 블록체인에 공개적으로 기록되어 활용될 수 있다.
증명	고윳값을 지닌 토큰이 증명서 역할을 하므로 신원 증명이나 디지털 소유권 등의 증명이 가능하다.

수집	NFT의 대체 불가능한 특성으로 희소성을 입증해 수집의 가치가 있다.
게임	게임 내 소장, 수집에 가치가 있어 유일성, 희소성을 부여할 만한 아이템을 NFT로 발행해 P2E(Play to Earn)이 가능하다.
거래	글로벌 마켓플레이스를 통해 손쉬운 거래가 가능하며 공급량, 판매 방법, 결제 방법까지 결정할 수 있다.
데이터	디지털 저작물은 무한히 복제되지만, 그에 대한 정보를 담은 데이터로서의 NFT는 진품성을 부여할 수 있다.
금융	NFT 담보대출, 자산의 디지털 유동화, NFT 거래소 구축, 디지털 자산 정보 등 다양한 금융 서비스를 제공할 수 있다.

출처: 신지민(2022), 〈메타버스 유형에 따른 NFT 활용 사례 및 특성 연구〉, KISD

① 쉽게 추적된다. ② 소유권 증명이 용이하다. ③ 희소성을 입증할 수 있다. ④ 표준화되어 있다. ⑤ 쉽게 거래할 수 있다. ⑥ 프로그래밍이 가능하다. ⑦ 상호 운용적이다. ⑧ 쉽게 분할할 수 있다. ⑨ 현금 유동성이 있다. ⑩ 사용자에 대한 보상이 용이하다. 또한, Ayush Singh Rawat(2022)는 NFT의 기능을 고유성, 디지털적으로 희소성 있는 자원, 분할 불가, 소유권 및 위조 방지 등으로 설명하고 있다.

① 고유성으로 각 NFT에는 고윳값을 가진 토큰 정보가 기록되는 증명서와 같은 속성이 있다. NFT는 고유한 성격을 가지고 있으며 두 개의 동일한 NFT가 존재할 수 없다. ② 디지털적으로 희소성 있는 자원으로 NFT를 블록체인 네트워크에 보관되는 곳이다. 소유권 인증서는 다른 네트워크에서 사용할 수 있고 디지털 자산의 소유자를 증명할 수 있다. ③ 대부분의 NFT를 더 작은 단위로 나눌 수 없으며, 일부를 구매하거나 양도할 수 없다. ④ 소

유권의 기능으로 전송된 자산의 소유권은 NFT에 의해 보장된다. ⑤ 위조 방지 기능으로 사기 등에 영향을 받지 않는다. 또한, 헥슬란트 리서치(Hexlant Research)의 내용을 정리한 내용을 신지민(2022)이 정리한 내용을 NFT 기능을 살펴보면 기능, 증명, 수집, 게임, 거래, 데이터 및 금융 기능 등으로 구분하였다.

2) NFT의 장점

대체 불가능한 토큰은 의심할 여지 없이 인터넷 상거래에서 가장 중요한 발전 중 하나이다. 또한, 대체 불가하다는 이점은 다양한 소비자에게 매력적인 판매 요소가 되고 있다. KB경영연구소의 자료를 보면, 위조하기 어려움, 추적하기 쉬움, 부분에 대한 소유권을 인정 및 순환 증가 등의 장점을 설명하고 있다.

[표 6] NFT 4가지 장점

위조하기 어려움	추적하기 쉬움
복제가 어렵기 때문에 희소성을 더 잘 보장할 수 있고 위조품으로 인해 가치가 무너지지 않도록 보장	블록체인 데이터는 공개적이고 투명하며 누구나 NFT의 출처, 발행 시간/횟수, 소유자 내역 및 기타 정보를 볼 수 있음
부분에 대한 소유권을 인정	순환 증가
부분에 대한 소유권을 인정해, 토큰을 1/N과 같은 형태로 나눠서 구매(거래)할 수 있음	게임을 예로 들면, 아이템이 NFT로 만들어지면 플레이어는 아이템이 진정한 소유권을 얻게 되고 NFT 경매시장에서 자유롭게 거래 가능

출처: medum.com, KB경영연구소 재구성

NFT는 위변조가 어려워 소유권을 잘 보장받을 수 있고, 블록체인의 데이터는 공개적이기 때문에 거래 과정을 추적하기가 용이하다. 또한, 디지털 자산에 대한 부분에 대한 소유권을 인정되고 자산을 경매시장에서 자유롭게 거래할 수 있는 장점이 있다. 특히 소유권, 확실성 및 양도성 등은 소유권을 지키는 데 큰 장점이 되고 있다. 첫째, 소유권(Ownership)은 대체 불가능한 토큰의 주요 이점은 소유권을 증명할 수 있다는 것이다. NFT는 블록체인 네트워크에 있기 때문에 소유권을 단일 계정에 연결하는 데 도움이 될 수 있다. 또한, 위변조의 위험으로부터 소비자를 보호해 준다. 둘째, 확실성(Authenticity)은 고유성에 달려 있다. NFT는 블록체인에서 생성되므로 고유한 데이터와 연결된다. 블록체인 기반 NFT의 변경, 제거 또는 교체의 영향을 받지 않도록 한다. 결과적으로 NFT는 자산의 고유성을 쉽게 홍보할 수 있다. 셋째, 양도성(Transferability)은 게임 내 상품으로 많은 게임에서 사용할 수 있으며, 플레이어는 게임 경험을 향상시키기 위해 구매할 수 있다. NFT는 스마트 계약을 기반으로 진행되기 때문에 소유권 이전이 간단하다.

7. NFT의 구성과 가치

1) NFT의 구성

NFT의 구성 요소에 대한 다양한 의견들이 있다. NFT 전문가 세 사람의 의견을 알아본다. 디지털 자산을 NFT 토큰으로 만드는 것을 화폐를 제조한다는 뜻인 민팅(Minting)이라 표현하는데,

Qin Wang(2021)은 민팅하는 구성 요소를 블록체인, 스마트 컨트랙트, 주소와 트랜잭션, 데이터 인코딩 등으로 분류하고 있다. NFT는 블록체인 기술을 기반으로 위변조가 불가능하고 신뢰성 있는 증명이 가능하다. 또한, 블록체인 이더리움(Ethereum) 기반의 표준을 따름으로써 대체 불가능한 토큰을 구현하고 컨트랙트 간의 상호 운용성을 확보하여 쉽게 거래할 수 있다. 거래 관계를 투명하게 공개하고, 소유권 증명에 용이하다. 데이터를 16진수 값으로 숫자화하여 NFT의 고유성을 입증하게 할 수 있다. NFT를 프로토콜을 설정하려면 네트워크에서 거래를 위한 교환 가능한 거래와 함께 기록을 위한 기본 분산 원장이 필요하다. 특히 분산 원장은 기본적인 보안 일관성, 완전성 및 가용성 특성을 가지고 있어야 한다.

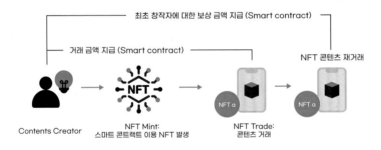

[그림 9] NFT 발행(mint)과 보상(자료: 한국인터넷진흥원)
출처: KISA(2021), 디지털 자산거래와 메타버스 생태계, 2021.7,KISA,REPORT,Volume 7,7p.

또한, 성소라(2021)는 NFT 구성 요소를 스마트 계약, 메타데이터, 디지털 콘텐츠로 구성하고 있다. NFT를 의미적 측면에서 표현하자면 NFT는 스마트 계약(Smart Contract)이라고 할 수 있다(성소라 외, 2021). 스마트 계약은 블록체인에서 실행되는 프로그램 코드로 특정 조건이 만족됐을 때 자동으로 계약 및 검증의 과정을 이행하는 스크립트를 말한다. 디지털 콘텐츠는 텍스트, 이미지, 오디오 및 비디오 등이며, 메타데이터는 디지털 콘텐츠의 속성에 대해 설명하며 작품 내역, 계약 조건 등을 말한다. NFT의 최초 거래 이후의 재거래에 대해서도 기존의 미술품 거래에 적용되는 바와 같이 원작자에게 로열티가 지급된다. 다음으로 홍기훈(2022)은 NFT 구성 요소를 블록체인, 스마트 계약, 데이터 인코딩 등으로 분류하고 있다.

이처럼 NFT의 구성에서 중요하게 생각하는 부분들이 조금씩 차이가 있지만, 블록체인 기반 기술과 스마트 계약이 핵심적인 요소라 할 수 있다.

2) NFT의 발행

디지털 자산의 NFT화를 민팅(Minting)한다. 민팅은 이미지, 비디오, 오디오 및 기타 디지털 파일을 블록체인에서 암호화 자산으로 바꾸는 것을 말한다. NFT는 블록체인 기반 기술로 생성되기 때문에 조작 및 변조가 어렵다. NFT의 고유한 데이터를 통해 진위 여부와 소유권을 쉽게 확인할 수 있다. 개인이 소장하고 있는 자산도 민팅 서비스 업체를 통해 NFT로 전환할 수 있다. NFT가 생성되면 소유자/제작자는 NFT의 메타데이터에 서명을 포함하여 작품에 서명하는 것과 같은 특정 정보를 내부에 저장할 수도 있다. 민팅 방법은 자신의 디지털 자산(예술품, 게임파일 등)을 올려서 민팅을 진행한다. 민팅이 완료 후에는 민팅 비용을 지급하면 OpenSea에서 자신의 Wallet으로 고윳값이 부여된 NFT의 주솟값을 전송한다. 민팅 업체는 대표적인 디지털 자산 거래소인 OpenSea를 비롯하여, Rarible(라리블), MakersPlace(메이커스플레이스), Binance(바이낸스) 등이 있다. 한국에도 엔버월드(NvirWorld) 등이 있다. KBS 자회사 미디어텍은 2022년 3월에 한국의 대표 뮤지컬 잭 더 리퍼(Jack the Ripper)의 IP(지식재산권)를 이용한 VIP 티켓, 주연 배우 의상, 뮤직컬 대본 및 악보 등을 NFT 디자인 작업에 참여했고, 이는 아로아나(Arowana) NFT 마켓에서 판매되고 있다. 아로아나는 창작자와 구매자를 연결하는 탈중앙화된 중개 플랫폼이다.

3) NFT의 가치

NFT는 고유한 디지털 자산을 토큰으로 발행하여 소유할 수 있으며, 판매할 수도 있다. 하나뿐인 고유한 가치를 가진 예술품, 건물 또는 영상물을 토큰 형태로 인터넷이나 메타버스 플랫폼에 게시하여 판매할 수 있다. 판매된 토큰의 거래 내역을 토큰에 저장되기 때문에 거래 과정에 대한 추적이 용이하다. 또한, 토큰을 블록체인의 Private Key, Public Key 암호화 방식을 사용하여 위조, 변조가 불가능한 형태로 만들어 지며 실제 파일의 경로 등을 메타데이터로 관리한다.

다양한 디지털 자산을 NFT 토큰화하여 고윳값을 부여받아 거래소에서 유통할 수 있다. NFT 토큰화를 통하여 디지털 자산의 가치가 재평가되고 투자 자산으로서 가치를 가질 수 있게 된다. Twitter의 공동 창업자 잭 도시(Jack Dorsey)가 15년 전에 작성한 "지금 막 내 트위터 계정을 설정했다."라는 첫 번째 게시물에 대한 소유권을 NFT로 전환하여 직접 설정한 자선 경매에서 한 투자자에게 290만 달러(한화 35억 원)에 팔리기도 했다.

이와 같이 NFT로 고유한 자산을 소유하려는 욕구가 증가하면서 티지털 자산들이 고가에 판매하는 사례들은 발표되고 있다. 디지털 아티스트 비플(Beeple)이 5,000일이라는 작품을 NFT로 전환하여 6,934만 달러(약 785억 원)에 낙찰되었다. 경매장에 따르면 이번 경매로 그는 '가장 가치 있는 살아있는 예술가 3명 중'에 이름을 올렸다. 이러한 고액의 판매가 기록되면서 논쟁거리도 발생한다. 지난 2021년 10월에는 크립토 커뮤니티와 NFT 시장에서 가장 뜨거운 논쟁거리가 있었는데, 크립토펑크 #9998이 5.3억 달러(한화 약 62억 원)에 팔렸다고 한다. 그러나 논란이 된 까닭은 크립토펑크의 판매자와 구매자는 동일인이었기 때문이다. 국내에서도 21년 11월 무한도전 무야호 장면을 NFT화하여 950만 원에 낙찰되었다. 또한, 2021년 4월 지루한 원숭이들의 요트 클럽 BAYC(Board Apes Yacht Club)는 NFT 프로젝트로 최초에 0.08 이더리움에 10,000개가 발행되어 발행 12시간 만에 모두 판매되었다. 0.08 이더리움은 당시 가격으로 220달러였고, 최고로 판매된 가격은 1개에 43만 4,000달러였다.

4) NFT의 유형

메타버스와 함께 NFT는 가상 자산에 대한 관심이 높아지면서 다양한 분야로 확대되고 있다. 주요한 NFT 사용 사례로는 예술 NFT, 수집 가능한 NFT, 음악 NFT, 비디오 NFT, 아바타 NFT, 게임 NFT 등이 있다.

① 예술 NFT는 예술인들 자신의 작품을 NFT 전환하여 디지털 자산으로 거래할 수 있다. 디지털 자산은 진위를 확인하는 기능과 특정 디지털 자산의 소유권을 증명하는 두 가지 주요 요소에서 가치를 얻을 수 있다.

AR(증강현실)을 통해 NFT 아티스트는 사운드, 시각 및 기타 가상 효과를 사용하여 보다 사실적이고 상황에 맞는 작품을 만들 수 있다. 또한, 예술품 수집가는 NFT 스마트 장치를 통해 언제 어디서나 예술 작품을 완전히 경험할 수 있다.

② 수집 가능한 NFT는 한정판이나 골동품등을 수집하거나 거래할 수 있는 NFT이다.

③ 음악 NFT 음악 또는 오디오를 첨부하여 생성한다. 이미지 파일 또는 비디오와 유사하게 매매할 수 있는 고유한 소유권 증명서가 될 수 있다.

④ 비디오 NFT는 동영상 형태의 디지털 자산으로 고유한 비디오를 NFT 전환하여 디지털 자산으로 거래할 수 있다.

⑤ 아바타 NFT는 디지털 프로필 사진 형식의 캐릭터 이미지 등 개별적으로 고유하며 다른 특성을 가진 NFT 전환한다.

⑥ 게임 NFT는 희귀 게임 스킨을 NFT로 제공할 수 있으며, 먼저 잠금을 해제한 플레이어가 소유권을 갖게 된다. 흥미 있는 게임으로 플레이어에게 보상을 주는 것 외에도 P2E(Play-to-earn) 게임을 통해 플레이어는 실제 생활에 가져올 수 있는 자산을 얻을 수 있다. 또한, AR 및 VR NFT는 더욱 몰입감 있는 게임 내 경험을 제공하여 게임의 내러티브를 더욱 매력적으로 만들어 준다.

⑦ 트레이딩 카드 NFT는 실제 트레이딩 카드의 가상 표현으로 사용할 수 있다.

⑧ 전자상거래는 온라인 구매를 결정하기 전에 집에서 신발이나 티셔츠를 가상으로 입어 볼 수 있다. 가상적인 체험으로 더 많은 브랜드를 고객에게 소개할 수 있다.

메타버스와 함께 NFT는 가상과 실제를 연결하여 두 영역 모두에 참여할 수 있는 공간을 만드는 데 도움이 될 수 있다. NFT와 결합된 AR, VR, Web 3.0 간의 격차를 해소할 수 있는 도구가 되기도 한다.

8. 메타버스와 NFT 상호작용

메타버스와 NFT는 서로 상호작용하면서 새로운 비즈니스 모델을 창출하고 있다. 에를 들면 메타버스 내에서 가상 부동산과 명품 캐릭터를 구매하거나 판매할 수 있으며 또한 NFT로 표현된 영상, 음악 및 패션 아이템 등의 작품을 감상할 수 있다.

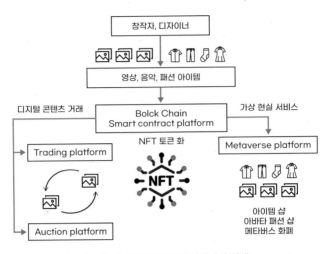

[그림 10] 메타버스에서 NFT 가상자산 거래

출처: KISA

현재 메타버스 플랫폼은 로브록스(Roblox)와 제페토(Zepeto)가 대표적인 서비스를 하고 있다. 메타버스 내에서 구매와 다양한 활동이 가능해지고, 안전한 거래가 요구되면서 블록체인 기반의 NFT의 필요성이 증가하고 있다. NFT로 민팅된 디지털 저작물은 언제 어디서 제작되었고 어떤 과정으로 거래되고 있는가에 대한 내역들이 저장되어 있다. 이러한 기록들은 블록체인 기반 기술을 통해 보호되기 때문에 복제되거나 위변조가 어렵다. 그렇기 때문에 NFT는 디지털 자산에 대한 인정 증명서와 같은 특성이 있어 안전하게 믿고 신뢰성 있는 거래가 가능하다. 이제 메타버스와 NFT는 상호 연결되어 가상 자산에 대한 소유권 증명서로서 역할을 하게 된다.

특히 블록체인 기반 기술을 적용하여 위변조 없이 안전하게 사고팔 수 있게 되었다. 가상 세계 메타버스 내에서 NFT를 활용하는 사례를 들어 보면, 디센트럴랜드는 NFT 기능을 활용하여 암호화폐인 마나(MANA)로 주로 게임을 거래하지만, 웹 VR 방식의 3차원 가상 세계를 싱가포르의 6배 정도 규모로 설계하여 토지도 거래한다. 구매한 토지는 블록체인 기술에 의해 토지 소유권을 기록하고 NFT에 의해 소유권을 보장받고, 토지 위에 건축물을 세워 디자인할 수 있다. 또한, 구축한 건물 내에 NFT 작품을 전시하거나 상점, 건물 임대 등 다양한 경제 활동이 가능하다.

더 샌드박스는 암호화폐 샌드(SAND)로 게임을 거래하고, 3D 콘텐츠, 애니메이션 등을 제작하고, 이를 NFT로 변환해 판매한다. UGC(User Generated Contents) 중심의 플랫폼으로 파티장, 콘서트장과 같은 공간을 만들 수 있다. 또한, 포트나이트는 명품 브랜드 발렌시아가와 협업해 NFT 형식의 게임 속 아이템과 실제 옷을 발매한다. 로고가 함께 적힌 실제 의류도 발매해 디지털 자산의 소유를 현실 세계에서도 증명이 가능하다.

증강현실 메타버스의 NFT 활용 사례를 살펴보면, 글로벌 기업 나이키가 VR, AR 형식의 의류·신발을 제작하여 이더리움 기반의 NFT로 메타버스 내에서 운동화를 거래한다. 현실 세계의 실물 운동화가 아닌 가상 세계의 디지털 운동화를 소유하는 일종의 수집 상품이다.

거울 세계의 메타버스에서 NFT 활용 사례를 살펴보면, 현실 세계와 가상 세계를 상호 연결하기 기능이다. 아디다스는 메타버스에서 이더리움 기반의 NFT 콜렉션을 공개하였으며, 가상 세계에서 아디다스 NFT 티셔츠를 구매하면 현실 세계의 실제 브랜드 티셔츠도 획득할 수 있는 권리를 받을 수 있다. 라이프로깅 메타버스에서 대표적인 NFT 활용 사례를 살펴보면, 트위터 창업자인 잭 도시가 자신의 첫 번째 트위터를 NFT로 발행하여 판매한 것이다. 이처럼 페이스북이나 인스타그램의 게시물을 NFT로 발행해 판매하는 기능이다.

메타버스에서 NFT는 가상현실 또는 증강현실에서의 게임, 부동산 거래 및 디지털 항목 거래와 같은 투자 및 전자상거래 등 현실에서 적용하는 경제 활동을 가상 세계에서도 시장 경제의 역할을 할 수 있다. 메타버스에서 NFT를 구현하는 가장 중요한 목적은 신원 및 진위 증명, 상호 운용성, UGC(User－Generated Content) 인프라 구축, DeFi(탈중앙화 금융) 및 GameFi(게임 파이낸스) 등이다. 진정성 및 신원 증명으로서의 메타버스 NFT는 신뢰와 안전한 거래를 기반으로 하는 메타버스를 구축하는 주요 과제는 진정성, 소유권 및 신원을 증명하는 것이다. 상호 운용성은 메타버스에서 NFT를 채택할 수 있는 것은 서로 다른 가상 세계 간에 개체를 원활하게 전송할 수 있다는 것이다. Nike는 VR 및 NFT 마켓플레이스가 산업 전반에 걸쳐 수많은 회사에 어필할 수 있는 방법을 보여 주었다. 나이키와 로블록스의 파트너십을 맺어 아바타용 Nike 의류와 액세서리를 구매할 수 있는 메타버스 컨셉 스토어인 Nikeland가 탄생한 것도 상호 운용성의 대표적인 목적이다.

[표 6] 메타버스 유형별 NFT의 기능

메타버스 유형	NFT 공통 기능
증강현실(Augmented Reality)	수집
가상 세계(Virtual Worlds)	게임
거울 세계(Mirror Worlds)	증명
라이프로깅(Lifelogging)	기록

UGC는 대체할 수 없는 토큰의 유일한 응용 프로그램은 아니지만, 여전히 최고의 가치 제품 중 하나이다. 메타버스 내에서 명품 및 패션 산업이 활발하게 진행되고 있다. 특히 패션(Fashion) NFT는 가상 세계에 적합한 의상, 액세서리, 직물 및 기타 웨어러블을 토큰화한 것이다. 메타버스에서 우리 자신을 표현할 수 있는 방법이 되기도 한다. 메타버스 생태계 개발자 그룹인 에브리렐름(Everyrealm)은 2022년 2월 New York Fashion Week 2022에 맞춰 Metaverse Fashion Week를 개최하기도 했다.

신지민(2022)은 메타버스 내에서 NFT의 주된 기능을 다음과 같이 분류하였다. 가상 세계에서는 게임이 NFT의 주된 기능이고, 증강현실에서는 현실과 중첩해 보이는 자료들을 수집하기 위해 NFT의 기능이 주로 활용된다. 거울 세계는 각종 증명의 기능으로 쓰이고 라이프로깅은 가상 세계와 현실 세계의 기록을 목적으로 NFT를 활용하는 것으로 분류하였다. 사실, NFT는 2021년 크게 관심을 받았지만, 글로벌 검색률을 보면 조금씩 감소하고 있다. 메타버스에서 NFT를 구현하는 또 하나의 목적은 탈중앙화 금융이다. 사용자가 구매한 NFT를 사용하여 임대료, 배당금, 로열티 또는 기타 수동적 수익원을 징수하는 것이다.

마지막으로 게임 경제의 기반은 강력한 기술이 될 수 있기 때문에 소유권을 보장받을 수 있는 메타버스에서 구현하는 목적이라 볼 수 있다. 메타버스에서 NFT를 구현하는 사업들이 관심을 받고 있지만, 아직 해결해야 할 문제점들도 존재하고 있다. 메타버스와 NFT의 법적 지위와 규제 방안, 보안과 개인정보 문제, 환경 영향과 에너지 소모 문제들이 과제로 남아 있다. 챗GPT와 NFT는 각각 응용 프로그램이 다르지만 최근 상당한 관심을 받고 있다. 이 두 기술이 관심을 받게된 6가지 요소(유용성, 사용 편의성, 접근성, 마케팅 및 판촉, 호환성 및 혁신)를 살펴보면,

· 유용성: NFT는 주로 디지털 아트나 수집품과 같은 고유한 디지털 자산의 소유권을 나타내고 거래하는 데 사용된다. 따라서 예술가 및 수집가와 같은 특정 그룹의 사람들에게 유용하지만 더 근본적인 문제를 해결하거나 보다 기본적인 요구 사항을 충족하는 기술에 비해 유용성이 더 제한적일 수 있다. 반면 챗GPT는 언어 번역, 질문 답변 및 텍스트 생성과 같은 광범위한 자연어 처리 작업에 사용할 수 있는 기계학습 모델로 광범위한 응용 프로그램에 유용하므로 대중에게 도달할 가능성이 높아질 수 있다.

· 사용 편의성: NFT는 필요한 인프라가 구축되면 비교적 사용하기 쉬울 수 있지만 일부 사용자에게는 NFT를 생성, 구매 및 판매하는 프로세스가 여전히 복잡할 수 있다. 반면에 챗GPT의 기

계학습 모델은 구축하기가 복잡할 수 있으며, 전문 지식과 리소스가 필요하므로 일부 사용자가 액세스하기 어려울 수 있다.

• 접근성: NFT는 블록체인 기술을 기반으로 하며, 사용하려면 일정 수준의 기술 지식과 리소스가 필요하다. 반면 챗GPT는 전문 지식과 고성능 컴퓨팅 하드웨어 및 대규모 데이터 세트와 같은 전문 리소스에 액세스할 수 있는 사람들이 더 쉽게 액세스할 수 있다.

• 마케팅 및 홍보: NFT는 상당한 언론의 관심을 받았으며 아티스트, 수집가 및 기타 이해관계자에 의해 널리 홍보되었다. 반면 챗GPT 모델은 소비자 대면 제품이 아닌 기본 기술로 자주 사용되기 때문에 다른 기술만큼 많은 관심이나 홍보를 받지 못할 수 있다.

• 호환성: NFT는 블록체인 기술을 지원하는 다양한 장치 및 플랫폼과 호환될 수 있지만, 전문 인프라가 필요하지 않은 기술만큼 광범위하게 호환되지 않을 수 있다. 반면에 챗GPT 모델은 필요한 하드웨어 및 소프트웨어 요구 사항이 있는 한 다양한 장치 및 플랫폼과 호환될 수 있다.

• 혁신: NFT는 디지털 자산의 소유권을 표현하고 거래하는 새로운 방법이며 전통적인 소유권 및 가치 모델을 방해할 가능성이 있다. 반면에 챗GPT는 인공 지능의 상당한 발전을 나타내며 많은 분야에 혁명을 일으킬 잠재력이 있는 혁신적인 기술이다.

이처럼 전반적으로 NFT와 챗GPT는 모두 대중에게 다가갈 수 있는 잠재력을 가진 혁신적인 기술이다. 챗GPT는 사용자가 요구하는 입력에 대한 응답으로 인간과 유사한 텍스트를 생성하여 대화형 애플리케이션을 만들 수 있다. NFT에서 챗GPT 기술을 사용하면, 자연어 처리 기능을 통합하여 보다 인터랙티브하게 사용자 입력에 응답하고 특별하게 개인화된 경험을 제공할 수 있다. 또한, NFT 내에서 질문에 답하고 NFT에 대한 정보를 제공하는 가상 비서로 사용할 수 있다. 자연어를 이해하고 응답하는 챗GPT의 기능은 NFT 기반 게임에 대화형 요소를 추가하는 데 사용할 수 있다. 그 외에 가상 투어 제공, 트레이딩 카드 추가, 가상 수집품, NFT 경매, NFT 마켓플레이스 및 NFT 기반 학습 등 강력한 자연어 처리 기능으로 NFT 공간의 혁신 상호작용을 가져올 수 있다. 챗GPT는 대화형 AI 애플리케이션을 만들기 위한 강력한 도구이며, 인간과 유사한 텍스트를 생성하는 기능은 우리가 기술과 상호작용하는 방식을 변화시킬 가능성이 있다.

9. 챗GPT 시대의 메타버스와 NFT의 미래

[그림 11] 챗GPT 그림
출처: M/S bing

챗GPT는 인공지능 기술을 적용하여 대화형 애플리케이션으로 인간과 유사한 텍스트를 생성하고, 그림도 그리고 코딩도 할 수 있는 기술로 우리 사회에서 문제를 해결하는 강력한 도구로 인식되고 있어 메타버스와 NFT에서도 융합되어 더욱 활발한 상호작용이 이루어질 것으로 기대된다. 메타버스는 현실과는 다른 디지털 세계에서 시간적, 공간적인 개념을 넘어서 탈물리적으로 사실상 한계가 존재하지 않는 가상 세계이다. 가상 세계에서 활발한 경제 활동이 이루어지기 위해서는 메타버스와 관련한 기술과 산업들이 좀 더 첨단화되고 고도화되어야 한다. 물리적인 기기인 컴퓨터, 스마트폰, AR 안경, 디스플레이 등 관련 디바이스에 대한 기술 발전이 이루어져야 한다. 메타버스와 NFT는 문화의 미래와 가상 경제를 구현하는 신기술이다. 디지털 가상 세계에서 부동산을 사고팔고, 가게를 열고, 좋아하는 만화 캐릭터를 구매도 가능한 공간이다. 이와 같이 현실 세계와 가상의 세계가 상호작용하며 함께 진화하는 생태계인 메타버스에서 사회, 경제 및 문화 활동이 증가하면서 이를 역이용하거나 악용하는 문제들이 발생할 수 있다. 이러한 역기능을 막아 줄 수 있는 것이 NFT이다. 블록체인 기반의 NFT가 메타버스 공간에서 다양한 거래에 신뢰성을 주는 길을 열어 주고 있다. 가상 공간 안에서 디지털 자산을 거래하는데 소유권을 보호하기 위해 NFT가 경제의 기반으로 등장하였다. 이제 NFT는 가상 공간 메타버스에서 상호작용하면서 전통적인 거래 형태에 많은 영향을 주게 될 것이다.

[그림 12] NFT, ChatGPT, Metaverse 기술 동향(Tech world in 2023 자료)
출처: https://twitter.com/vponamariov/status/1629442810070941697

또한, 메타버스에서 우리가 사람들과 소통하는 방식, 시스템과 소통하는 방식은 매우 빠른 피드백과 불규칙한 보상 구조로 설계되어 있다. 블록체인 기반 기술이 적용된 NFT로 거래를 하지만 한계점이 있다. 흔히 블록체인은 보안이 강화된 시스템이라고 인식되고 있지만, 블록체인은 여러 보안 기능 중 원장 정보에 대한 무결성과 비가역성을 제공하는데 집중되었으며, 다른 보안 기능이 부족한 경우가 많다. 문제는 플랫폼 간의 호환성이 지원되기 어렵다는 것이다. 어느 플랫폼에서 구매한 자산을 다른 플랫폼으로 이동시 호환성이 지원되어야 거래가 가능하다. 메타버스 내에서의 비디오 게임은 NFT에 소유권이 인정받고 거래도 할 수 있다. 메타버스 내에서 제공하는 가상 콘서트 관람, 여행, 쇼핑, 거래, 영화 관람, 옷 입어 보기, 일하는 방식 바꾸기 등 다양하게 적용할 수 있다. 메타버스를 통해 제작자는 디지털 형태의 예술 및 자산을 전시할 수 있고, NFT는 소유권 증명과 함께 해당 콘텐츠의 가격을 책정할 수 있다.

NFT, 메타버스, 블록체인의 결합은 가상 공간에서 새로운 전환점이며 미래를 변화시킬 잠재력이 있다. 디지털 세계, 실제 자산과 가상 자산, 그리고 그것들이 경제와 사회적 경험에 부여하는 새로운 의미의 결합은 우리 상호작용의 미래의 열쇠가 될 것이다. 또한, 메타버스 내에서 NFT에 의해 구동되는 새로운 모델을 통해 더 많은 실제 자산에 개방될 수 있을 것이다. 블록체인 기술은 거래에서 공정하고 개방된 경제 활동을 뒷받침해 주기 때문에 투명한 경제 행위가 될 것이다. 또한, NFT는 메타버스 사용자에게 완전한 소유권을 얻을 수 있는 기회를 제공해 줄 것이다. 또한, 마케팅 도구로써 새로운 제품을 출시할 때 사전 홍보에도 적용할 수 있다. NFT는 디지털 자산에 고유성 부여, 소유권 확인을 기술적으로 가능하게 하면서 콘텐츠, 게임, 가상 공간의 경제를 가능케 해 줄 것이다. 앞에서 언급한 메타버스에 대하여 구분한 ASF의 4가지 로드맵인 증강현실, 거울 세계, 라이프로깅 및 가상현실이 상호 융합되어 발전하게 될 것이다. NFT와 메타버스의 결합은 디지털 시대의 탈중앙화된 소유와 거래에 기술적인 안정성을 제공하면서 새로운 사이버 경제의 지평을 열게 될 것이다. 특히 메타버스 내에서 블록체인 기반 NFT를 활용할 경제 활동이 크게 증가할 것으로 보인다. 그러나 아직 기술적인 발전이 필요한 부분도 있고 법과 제도적인 미비점들이 존재한다.

또한, 메타버스 가상 세계 플랫폼을 주로 MZ세대가 사용하고 있어 앞으로 세대를 넘어 대중화가 이루어지고 가상 세계에서 수익한 가상 화폐를 현실 세계에서 어떤 형태로 사용할 것인가 등에 대한 보안이 필요하다. 앞으로 이러한 문제들이 해소된다면 많은 비즈니스 분야에서 현실 세계와 가상 세계가 상호작용하고 공존하는 플랫폼이 될 것이다.

챗GPT, Metaverse 및 NFT의 차이점을 이해하는 데 있어 UX는 필수적인 고려 사항이다. 제품의 성공은 가치를 제공하고 최종 사용자가 이해하고 사용할 수 있는 능력에 크게 좌우된다. 메타버스는 VR 기술을 기초하여 개념적이고 제한적이다. NFT는 토큰, 지갑, 스마트 계약 등 난해한 용어가 있으며, 소셜 미디어 플랫폼에서 공유되는 기존 이미지나 비디오와 차이가 없다. 반면에 챗GPT는 LLM 또는 확산의 기본 메커니즘을 이해하지 않고도 사용할 수 있어서 원활한 경험을 사용자에게 제공하고, 사용자는 결과를 보고 직접 경험할 수 있다. 최근 챗GPT가 선풍적인 관심을 받으면서 메타버스와 NFT는 죽었다는 SNS에서 관심을 받고 있는 사진이다. 챗GPT가 떠올라있고, 메타버스는 허우적대고, NFT는 밑바닥인 신세이다. 그렇지만 메타버스와 NFT는 여전히 진화하고 있으며 미래에 우리 삶을 크게 변화시킬 많은 잠재력을 가지고 있다. 챗GPT, NFT 및 메타버스와 같은 기술들이 더욱 밀접하게 융합된다면 우리 사회가 보다 다양해지고 가상 세계의 경제 활동에 큰 활력을 불어넣어 줄 것으로 기대한다.

챗GPT, 메타버스와 교육 미디어

박성환(EBS 수석연구위원)

챗GPT, 메타버스와 교육 미디어

1990년대 중반 월드와이드웹(www, w3)이라 불리는 웹(Web)이 상용화된 이후, 2000년대는 웹 기반 인터넷 세상이라는 새로운 기회가 열렸다. 이른바 웹 1.0으로 분류하는 인터넷 혁명기이다. 다음은 2007년 등장한 아이폰을 시작으로 2010년대 스마트폰 중심의 모바일 혁명기를 웹 2.0 시기로 부른다. 모바일 시대는 콘텐츠 소비와 쇼핑, 광고, 교육 서비스 등의 미디어 지형을 바꾸어 놓았다. 2020년대는 가상 융합 공간 서비스가 가능한 웹 3.0 시기로 메타버스 중심의 더 크고 강력한 3단계 변혁이 시작됐다. 그래서 메타버스를 차세대 인터넷이라고 부르기도 한다.

인터넷 혁명과 모바일 혁명이 융합되면서 일어났던 정보 검색, 쇼핑, 교육, 의료 등 산업계 전반의 대전환이 가상 공간까지 이어진다. 지금까지 경험하지 못한 혁신적인 미래 비즈니스 모델이 등장하고, 사회 변화는 속도와 방향을 가늠하기 어려울 정도로 확장된다. 메타버스 플랫폼에서는 미디어 콘텐츠의 생산자와 소비자 사이, 유통 체계도 온·오프라인 구분 없이 자유롭게 연결되면서 새로운 서비스 구현이 가능하다. (박성환, 2021)

[그림 1] 시대별 ICT 패러다임 변화
출처: 관계부처 합동, 메타버스 신산업 선도전략, 2022.1.20.

산업의 관점에서 2020년대는 4차 산업혁명 시대의 도래를 의미한다. 핵심 기술로는 인공지능(AI), 빅데이터(Big Data), 사물인터넷(IoT), 로봇 기술 등이 있다. 4차 산업혁명 기술은 제조업 혁신 공장을 중심으로 현장에 적용되고 있다. 미디어 관점에서는 가상현실(VR), 증강현실(AR), 혼합현실(MR), 확장현실(XR) 기술의 접목이 가능하다. 미디어 핵심 기술이 현실과 가상을 연결하면서 '메타버스 세상'을 앞당기고 있다. 본 장에서는 먼저 기술 발전에 따른 패러다임 변화가 교육 플랫폼을 바꾸는 변천 과정을 살펴본다. 이어서 메타버스 기술을 교육 서비스에 접목하는 국내외 주요 동향을 다룬다. 그리고 GPT-4가 주도하는 생성형 인공지능 서비스를 향후 교육 미디어에 접목하는 방향성을 예측해 본다.

OpenAI사는 2022년 11월 30일 챗GPT를 처음 내놓았을 때보다 8배 이상의 성능을 자랑하는 GPT-4를 2023년 3월 14일 발표하였다. (안종배, 2023) 사실 OpenAI가 사용하는 트랜스포머 기술의 원조는 구글이다. 구글은 2021년에 이미 트랜스포머 알고리즘을 사용해서 대화형 AI인 '람다(LaMDA)'를 개발하였지만, 광고 기반 비즈니스 모델을 고려하여 공개하지 않은 것으로 알려졌다. 하지만 챗GPT-4가 공개된 이후 구글은 서둘러서 2023년 2월 6일 '바드(Bard)'를 공개했다. 바드는 구글의 대화형 언어 모델 '람다(LaMDA)'를 기반으로 운용하는 새로운 생성형 인공지능 서비스를 말한다. (박성환, 2023)

GPT-4의 등장으로 교육 미디어에도 변화를 가져올 것은 분명하다. GPT-4는 데이터의 확률적 상관관계를 언어 처리에 접목하여 성공적인 결과를 도출하고 있다.

여기서 더 나아가 챗GPT는 OpenAI가 만든 기존 GPT 알고리즘에 강화학습을 사용했다는 특징이 있다. 강화학습이란, 인간의 질문에 GPT가 내놓은 답을 보고 사람이 개입해서 자연스럽지 않은 부분을 판단하고, 매끄러운 문장으로 수정하고 보완하는 학습법을 말한다. (박성환, 2023) 인간의 피드백을 받아서 보완하는 강화학습으로 사람이 개입하면서 교육 자료, 참고 문헌에 대한 오류를 수정하는 것을 포함하여 어색한 부분, 비인간적인 응답을 바로잡는 절차는 향후 성능 향상에 크게 기여할 것이다. 챗GPT는 큰 범주로는 생성형 인공지능(Generative AI)이지만, 기계학습의 한계를 뛰어넘은 딥러닝(심층학습)에 만족하지 않고, 강화학습을 통해서 인간 중심의 교육적인 내용을 반영하는 연구가 지속될 것이다. 이러한 최신 기술 동향의 방향성을 바탕으로 향후 교육 미디어 플랫폼 발전에 영향을 미칠 내용을 담아 챗GPT와 메타버스 기술 서비스의 응용 방향에 대해서 예측해 본다.

1. 온·오프라인 교육 패러다임 변화

1) 온라인 교육의 부상

교육 현장에서 이용하는 하드웨어 시스템의 변화는 컴퓨터 기반 기술 사이클과 밀접한 관계가 있다. 1960년대의 메인 프레임 기반 컴퓨터, 1970년대의 미니 컴퓨팅 시대에는 교육 현장에서 직접 컴퓨터를 활용하기는 어려웠다. 주로 대학교를 중심으로 해외 자료에 접근하는 제한적 이용이었다.

1980년대에 퍼스널 컴퓨팅 시대가 열리기 시작하면서 교육 현장에도 컴퓨터의 활용 및 학교 교육 연계도 가시화되었다. 1990년대에 이르러 인터넷의 상용화와 더불어 데스크톱 컴퓨터의 개인화가 가속화되면서, 정보의 수집 및 활용 등 다양한 형태로 활용되기 시작한다. 하지만 1990년대까지 교육을 위한 매체로는 지상파 방송, 위성 방송, 케이블 방송과 같은 방송 미디어의 역할이 주류를 이루었다. 2000년대에 이르러 모바일 컴퓨팅의 등장은 공교육, 사교육 구분 없이 본격적인 온라인 학습 시장의 성장을 이끌었다. 이후 2010년대에 등장한 온라인 공개강좌(MOOC, Massive Open Online Course)는 온라인 교육의 전환점뿐만 아니라, 교육 서비스 전체에 획기적인 이정표가 되었다.

원격 대학의 시초인 영국의 오픈 유니버시티(The Open University, 개방대학) 이후, 무크(MOOC)의 세계적인 확산으로 온라인 원격 교육은 교육 방법의 혁신 요인이 되었다. 외국에서는 온라인 교육으로 박사 학위까지 취득 가능하면서, 원격 대학의 원격 교육 시스템은 온라인 세상까지 편리하게 교육 서비스를 확장하는 한 축이 되었다.

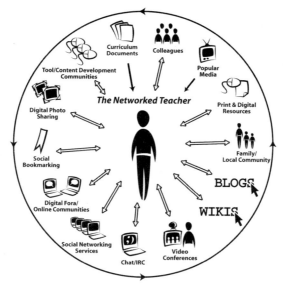

[그림 2] The Networked Teacher
출처: http:// www.slideshare.net/courosa/social-learning

온라인 공개강좌라는 교육 서비스 확장의 큰 축은 스탠포드 대학 출신 교수들이 만든 코세라(Coursera), 하버드대학과 MIT가 합작해 만든 플랫폼인 에드엑스(edX)와 같은 모델이 유명하다. 안방에서 외국 유명 대학의 수업을 들을 수 있도록 오프라인 교육 기관의 개념을 확장한 선구자이기 때문이다. 이후 구글·AT&T·페이스북 등 기업체가 참여한 유다시티(Udacity) 등도 산업 현장의 실무적인 교육을 제공하는 온라인 공개강좌 1세대로 유명하다.

국내의 온라인 원격 교육 발전도 눈에 띤다. 2023년 현재 한국형 온라인 공개강좌(K-MOOC)에서는 160개의 대학이 참여하고 있으며 1,300여 개 이상의 강좌가 진행 중이다. 인공지능(AI), 4차 산업혁명 등의 미래 전략 분야 강좌도 수강할 수 있을 정도로 시스템과 콘텐츠의 발전이 괄목할 만하다.

이 같은 온라인 교육의 개념 변화를 네트워크에 존재하는 선생님(The Networked Teacher)으로 표현하기도 한다. 이는 "2030년이면 지구촌 대학 절반이 사라질 것이다."라고 말한 미래학자 토마스 프레이의 예언처럼 대학 교육 시스템의 변화를 의미한다.

2) 온라인 교육의 성장과 가상 교육 플랫폼의 등장

2020년 코로나19 확산으로 온라인 교육은 새로운 국면을 맞이했다. 예상하지 못한 감염병 사태가 오히려 온라인 교육의 획기적인 성장을 견인하는 기회가 되었다. 이른바 비대면 '언택트 사회(untact society)'로 초등학교에서 대학교에 이르는 정규 학교 교육과정에서도 온라인 교육이 일상화된 것이다. 이 시기에 대표적인 공교육 모델의 대안으로 EBS 온라인 클래스 서비스가 활용되었다. 기존의 방송 시스템을 사용한 '방송 교육'도 확장되었지만, 주류는 인터넷 기반의 온라인 방송이었다. 교사와 학생 간의 양방향 대화형 수업이 가능하다는 장점 때문이다. 대학교와 민간 기업에서도 화상 회의에 편리함 줌, 기타 통신사의 화상 회의 시스템을 사용하면서 온라인 업무, 재택근무라는 새로운 문화가 생겨났다. 컴퓨터와 인터넷, 스마트폰 같은 기본 인프라에 애플리케이션을 통한 비즈니스적 네트워크의 확장이 일상화된 것이다. 이처럼 감염병 예방을 위한 비대면 원격 교육 시스템은 해를 거듭하면서, 소셜 네트워크 플랫폼과 연계한 가상현실, 증강현실 기술 등을 활용하면서 활용도 높은 온라인 교육 플랫폼으로 발전하고 있다.

3) 콘텐츠 생성형 AI 서비스 등장

인공지능(AI, Artificial Intelligence)이라는 개념의 등장은 인간의 힘으로 수행하던 각종 작업을 기계나 컴퓨터가 대신해 주는 것이다. 그래서 기계학습을 기반으로 한 머신러닝 연구라는 과정을 거쳤다. 데이터를 기반으로 학습하면서 인간의 언어 학습처럼 문법 체계를 근간으로 패턴을 찾는 방법이다. 이 시기의 발전은 매우 느렸다. 이후 2010년대에 등장한 인공지능 연구는 딥러닝(심층학습) 시대이다. 인간의 뇌 신경망을 참조하여 학습용 빅데이터를 병렬 처리하는 기술이 발전하게 된다. 2020년대에는 구글 브레인의 바스 바니가 제안한 트랜스포머 알고리즘이 등장하면서 발전 속도를 크게 향상시켰다. 일반 병렬 처리보다 수천 배 이상 높은, 수천억 단위로 데이터를 학습할 수 있는 능력을 보여 주기 때문이다. (박성환, 2023) 이때부터 자연어 처리에 새로운 길이 열렸다. 데이터의 확률적 상관관계를 언어 처리에 접목하면서 지금의 챗GPT가 등장하게 된 것이다. 이용자가 요구하는 질문(텍스트형 명령어)에 합당한 결과를 보여 주는 것이 가능하다.

정보 검색의 측면에서도 2020년대의 웹 3.0 시대를 선도하는 새로운 중심이 될 가능성이 예측된다. 구글이나 네이버가 주도하는 웹 데이터 기반의 검색 엔진 중심에서, 대화형 검색을 접목하는 형태이다. 물론 기존 검색용 데이터의 가치 활용 측면에서 생성형 AI가 만들어 낸 데이터까지 검색의 원천 소스가 되는 것도 가능하다. 이러한 시대를 앞당기기 위해서는 인간의 도움을 받는 강화학습이 중요한 요소가 될 것이다. 물론 챗GPT 3.5 발표 이후 불과 4개월여라는 짧은 기간에 약 500배 더 큰 모델 크기를 가진 GPT-4가 등장한 것(양지훈 외, 2023)처럼 발전 속도는 가늠하기 어렵다.

이미 텍스트 기반 대화 이외에도 생성형 AI를 이용해 이미지를 만드는 서비스인 플레이그라운드 AI도 있다. 그리고 저작권 걱정 없이 인공지능으로 음악을 생성할 수 있는 서비스인 Soundraw를 사용하면 음악의 장르, 분위기, 길이 및 템포나 악기 등을 자유자재로 선택해서 음악을 만들 수 있다. 영상 콘텐츠 제작용으로는 텍스트 스크립트를 준비하면, 배경 음악을 포함하여 동영상을 만들어 주는 InVideo AI 서비스도 있다. 이처럼 챗GPT를 활용한 그림 그리기 등 다양한 형태로 발전 가능하다. 대화형 인공지능이 산업 전반에 영향을 미치는 가운데 교육과 엔터테인먼트 산업에는 더 빠른 변화를 가져올 것이다. 그래서 현실과 가상 세계를 연결하는 공간 확장형 메타버스 기술에, 생성형 AI 기술을 접목하면 상상을 초월하는 융합형 콘텐츠 생산이 가능한 시대를 앞당긴다. AI가 바꾸는 미래 세상을 준비하기 위해서는 진실이라는 가치를 부여한 인간 중심의 콘텐츠 생산 정신에 대한 연구도 병행되어야 한다는 점을 잊어서는 안 된다.

[그림 3] AnVideo-Online Video Maker
출처: https://invideo.io

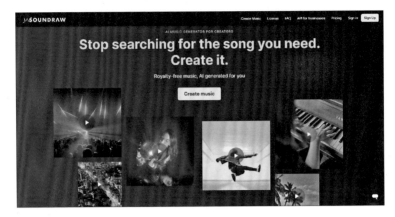

[그림 4] AI Music Generator, Soundraw
출처: https://soundraw.io

2. 챗GPT, 메타버스와 교육 플랫폼

1) 메타버스 현황과 기술 단계

교육 분야의 메타버스 응용과 관련해서는 최근 국내의 메타버스 개념 확장을 살펴볼 필요가 있다. 첫 번째는 '가상과 현실이 상호작용하며 공진화하고 그 속에서 사회·경제·문화 활동이 이루어지면서 가치를 창출하는 세상'으로 정의(이승환 외, 2020)하는 경우와, 가상·증강현실(VR·AR)과 같은 가상 융합 기술(XR;eXtended Reality)의 활용을 강조하여 '확장 가상 세계'로 정의(과학기술정보통신부, 2021)하는 기술 중심적 접근이 있다. 이러한 접근은 메타버스 서비스를 위한 기술적 시스템을 준비하는 측면과 기술보다는 서비스 및 콘텐츠 측면에서 바라보는 시선에 따른 것이라 하겠다.

상용화를 앞당기기 위해서는 두 가지 축이 조화롭게 발전해야만 한다. 기술이 산업 변화의 선구자 역할을 한다는 측면에서는 미국의 컨설팅 그룹 가트너(Gartner)에서 발표한 기술의 변화 단계를 보여 주는, 하이프 사이클(Hype Cycle)을 살펴보는 것도 의미 있는 일이다.

2022년 기준으로 메타버스의 위치는 하이프 사이클 모델의 5단계 그래프 중에서 발생기(Innovation Trigger) 단계의 중반으로 치닫고 있다. 기술이 관심을 받기 시작했고, 초기 콘셉트에 대한 증명 과정을 거치면서 미디어의 관심으로 대중화되는 단계이다. 아직은 기술적 관심을 받는 초기이므로 상용화를 증명해 내지는 못했지만, 메타버스에 열광하는 거품기를 향한 힘찬 움직임이 있다. (박성환, 2023)

국내에서는 과학기술정보통신부를 주축으로 다양한 연구 과제를 통한 지원이 이루어지고 있다. 일반적으로 기존의 게임에 접목하여 발전하는 추이를 보이고 있지만, 새로운 시도로 기존 게임의 한계를 넘어서는 서비스가 등장했다. 그래서 1세대 메타버스 플랫폼이라고 할 수 있는 이프랜드, 제페토 등에서 보이는 일반 게임과 메타버스 응용 플랫폼의 차이는 순수 게임에 추가하여, 사전에 프로그래밍된 상황에 따른 진행이 아니라 참여 캐릭터 간의 결정에 따라서 자연스럽게 진행하는 개방형 구조를 가진다. 그리고 참여자인 내가 가상 공간에서 빠져나오더라도 진행 중인 커뮤니티는 지속된다는 점이 획기적이다. 그리고 가상 세계이지만, 현실 세계와 유사하여 게임처럼 처음으로 리셋하여 다시 실행할 수는 없다는 회귀 불가성으로 현실과 가상공간의 연결성을 가지게 한다.

2) 교육 현장의 주요 연구 사례

메타버스 플랫폼을 교육 서비스에 접목하는 연구 사례를 살펴보면 국내·외에서 마인크래프트, 코스페이시스 에듀, 오픈 시뮬레이터, 세컨드 라이프, 게더타운 등이 많이 사용되고 있다. 이 중에서 마인크래프트를 이용한 연구가 가장 많고, 코스페이시스 에듀를 적용한 연구가 뒤를 이었다. (박인선 외, 2022) 마인크래프트와 코스페이시스는 교육 환경 적용을 고려한 교육용 버전을 제공하기 때문이다. 이들 버전의 특징은 플랫폼 내에서 학급 개설, 주제별 학습 도구, 교사가 학생의 학습 활동을 멈추고 관리할 수 있는 기능 등을 제공한다. 교육 활동 내용으로는 퀴즈 및 문제 해결, 협동 학습과 토론, 공간과 건물 설계, 가상 세계 탐험, 작품 창작과 전시, 게임, 발표와 공유 등 다양한 범주에서 효율적인 학습의 장을 제공한다. 가장 활발한 메타버스 활동으로는 협동 학습과 토론 활동으로 나타나고 있다.

교육 현장에서 연구한 몇 가지 긍정적인 사례를 소개한다. 가상현실 기술을 이용한 대화형 게임 형태의 전래동화 콘텐츠가 학습자의 학습 몰입 향상에 긍정적인 효과를 나타낸다는 연구 결과가 있다. (정기성, 2016) 이는 VR 기기 등을 이용한 학습 활동이 학습자의 능동적인 정보 인지 활동을 가능하게 한다는 것을 알 수 있다. (전재천, 2021)

세컨드라이프(Second life) 플랫폼을 활용해 고등학생을 대상으로 온라인 협력 학습을 실시한 연구도 있다. 가상현실에서도 학습자 리더를 선정하여 학습자 상호 간의 상호작용을 강화하면 이를 통해 학습자의 학업 성취도와 만족도에 긍정적인 효과를 기대할 수 있다고 하였다. (김미화, 2017)

대학 교육과정에서의 연구로는 대학의 온라인 교육을 위한 디지털 콘텐츠 활용 수업으로 가상 박물관을 제안한 경우이다. 학습자에게 구글 아트 & 컬처 기반의 가상현실 콘텐츠를 제공하였으며, 가상 박물관을 통해 학습자 대부분의 학습 동기 및 흥미가 향상되었음을 강조하였다. (이현민, 2020)

큰 틀에서 메타버스가 교육 현장을 바꾸기 위한 플랫폼의 발전 방향성은 ① 메타버스 내에서 공간을 포함한 가상 환경 구축 및 학습자 상호작용에 역할 놀이의 적용이 가능하다. 이러한 온라인 수업의 경험을 원격 학습 도구로 확장하는 방안이 필요하다. ② 가상현실 공간에서 개별 시뮬레이션을 통해 체험형으로 문제를 해결하는 것처럼, 몰입형 학습에 적용하여 과제 수행 참여도를 높이는 심층적인 학습 도구로 자리 잡는 실험 ③ 학생 개인의 수준과 학습 경험을 고려한 목표 기반 시나리오 개발을 통하여 개인별 학습 난이도에 맞는 참여형 맞춤형 학습 모델로 개발하기 ④ 위험한 일, 원격 격오지에 적용하는 산업 분야의 응용을 직업 교육으로 연계하기 등과 같이 교수 설계를 고려해야 한다. 또한, 향후 메타버스 플랫폼을 교육에 활용하는 것은 이러한 방향성에 인공지능(AI), 빅데이터 활용 같은 핵심 기술과 연계하여 확장 가능성은 무한히 열려 있다고 하겠다.

3) 국내·외 메타버스 교육 관련 정책과 동향

먼저 해외 주요국의 정책 동향을 살펴보면 미국의 메타버스 정책은 메타, 로블록스, 오큘러스 등의 민간 기업을 중심으로 메타버스 산업 생태계가 이미 구축되어 발전 중이다. 메타버스 기술이 시장 및 공공 서비스를 강화하고 사회·경제적인 기회를 확충하는 방향으로 발전 중인 가운데, 메타버스 관련 기업의 데이터 윤리 관련 정책 논의가 활발하다. 교육 분야에서는 XR 기술의 활용을 촉진하는 정책이 1990년대부터 활발하게 진행되어 왔으며, 점진적 발전 양상을 보이고 있다.

미국 교육부는 중장기 교육 기술 정책 계획인 '국가교육기술계획(The National Education Technology Plan) 2017'의 학습 부문에서 학생의 참여도와 자율성을 제고하기 위한 탐구형 학습에 확장현실(XR) 기술의 활용을 권장했고, 코로나19 팬데믹 이후 가상현실(VR) 기반의 교육 체계 구성까지 강화하고 있다.

유럽 각국에서도 차세대 교육 체계 구성을 위한 디지털 전환의 일환으로 XR 기술의 교육 분야 활용을 위한 정책적 지원이 두드러진다. 독일에서는 학교를 위한 디지털 협약(2019년), 영국은 메타버스 플랫폼의 교육 활용(2019년) 같은 정책 투자가 그것이다. 교육 정책에 맞추어 차근차근 발전하는 양상이다.

중국의 정책 방향은 산업 육성에 우선하는 정책을 추진 중이다. 그래서 인공지능, 통신, 반도체 등 신기술 굴기(崛起)를 강조하는 정책 기조에 XR 기술 혁신과 산업 육성 정책이 포함되어 있다. 2022년 1월에 중국 메타버스 산업의 발전을 보장하고 대중 과학 수준 향상을 위한《2022 메타버스 산업 백서》를 발간한 바 있다.

일본의 정책 방향은 지난 2016년 발표한 '소사이어티 5.0'이라는 중장기 정책 방향을 실천하는 형태이다. 4차 산업혁명 시대의 초(超) 스마트 사회 준비로 2030년을 기준으로 신기술 확립 방안 구체화에 관한 내용에 근거한다. 2022년 발표한 '통합 혁신 전략'에서는 XR 기술 고도화는 물론 세계적 문화 콘텐츠와 연계한 관광 산업 육성 및 공공 행정 서비스 개발 등으로 XR 시장을 적극적으로 개척한다는 방향을 읽을 수 있다. (노희용 외, 2022)

주요국의 교육 분야 메타버스 활용 현황을 살펴보면, 미국에서는 미국 국립과학재단(NSF)을 중심으로 VR, AR 기술 등의 연구 개발을 전폭 지원하고 있다. 또한, 연방교육부 차원에서 현직 교사들이 첨단 기술을 교육에 활용할 수 있도록 전문성 개발을 강화하고 있다.

사례로는 VR, AR 기술의 교육적 활용을 위한 다양한 보조금의 지원으로 특수 교육 대상 학생을 위한 실감형 프로그램의 제작과 전 세계의 학생을 대상으로 하는 중·고등학교 교육과정을 온라인에 제공하는 국제 VR 고등학교 활성화 정책 등이 있다.

독일에서는 학교의 디지털화 지원 정책으로 약 50억 유로를 제공하였고, 전체 교육과정 지원을 위한 국가 교육 플랫폼 개발에도 착수하였다. 현장 적용 사례로는 가상 인턴십을 포함하여 직업 교육에 VR 콘텐츠 제작, 야생 세계 체험과 같은 생물 수업용 VR 콘텐츠 제작 등이 있다. 바로 실감형 교육 콘텐츠 개발에 적극적인 모습이다.

중국의 경우에는 2021년부터 가상 강의실 시범 건설 사업을 전개한 것으로 파악된다. 또한, 기업과 학교 간 협력 체계를 구축하여 정부 주도로 기업들의 적극적인 참여를 이끌어내고 있다. 현장 활용 사례로는 중앙전화교육관(국립교육기술센터) 주축으로 68개 학교에서 가상 실험 시범 수업을 진행하고 있고, 6,000여 개 초·중·고교에서 가상 실험센터 콘텐츠를 제작한 것으로 파악된다. 이외에도 고등학교 수학 교육에 입체적 3D 수업 도입, 유아·초등·중등 교과에서 수업에 VR 콘텐츠를 결합하는 노력 등이 있다. (교육부 누리집, 2023)

국내에서는 2016년부터 가상·증강현실(VR·AR) 기술에 혼합현실(MR), 가상 융합 기술(XR;eXtended Reality)를 확장하는 정부 주도 연구 개발 지원과 융합 콘텐츠 제작 지원, 인재 양성 계획을 추진하는 정책을 펼쳐 왔다. 메타버스 산업 진흥과 관련된 9개의 국가 전략, 디지털 콘텐츠 플래그십 프로젝트, 선도형 실감 콘텐츠 활성화 전략, VR·AR 규제 혁신 로드맵, 가상 융합 경제 발전 전략, 디지털 콘텐츠 산업 육성 지원 사업, 디지털 뉴딜 정책, 메타버스 작업반, 메타버스 얼라이언스 등 다양한 정책이 이어졌다. (이승희, 2022) 이러한 정책적 지원에 힘입어 국내 메타버스 관련 특허 출원 수는 최근 10년간 (2012년~2021년) 연평균 24%로 증가하였으며, 2021년에는 1,828건 출원되어 전년 대비 약 2배가 증가하였다. (이승희, 2022) 이는 메타버스 운영 체제, 콘텐츠, 디스플레이 등이 포함된 수치이다.

4) 메타버스 요소 기술과 유형 및 서비스 플랫폼

메타버스 요소 기술은 VR과 AR 기술의 융합 또는 기존 VR 기술들에 추가적인 경험을 접목시키는 기술이라고 판단하고 있다. (남현우, 2023) 핵심 기술로는 몰입형 디스플레이 기술, 사용자의 오감에 의한 동작을 인식하는 하드웨어와 소프트웨어로 구성된 상호작용을 위한 인터랙션 기술, 실사와 합성 영상을 활용한 콘텐츠 제작 기술, 물리적 공간과 증강 콘텐츠의 상호작용이 가능한 시스템 기술, 사람의 양안 시차를 이용하여 생성한 3D 영상에 대해 불일치와 눈의 피로감을 덜어 주는 것을 포함하는 모션 플랫폼 기술, 동작 인식과 데이터 처리 등의 상호작용을 지원하는 네트워크 기술 등이 메타버스 콘텐츠 제작 관련 표준화 고려 사항으로 조사되고 있다.

메타버스 분류 유형에서 가장 전통적인 분류는 미국 연구단체 ASF(Acceleration Studies Foundation)에서 정의한 전통적인 분류 유형이다. 이 분류의 핵심은 실제 현실 환경 위에 새로운 정보를 보여주는 증강현실과 가상의 환경 위에 상호작용이 가능한 시뮬레이션으로 구성하는 하나의 축과 현실 세계의 정보와 통제력을 제공하는 외재성과 개인의 정체성과 행위성 정보를 나타내는 내재성의 두 축으로 구성된다. (나해찬 외, 2022) 이 두 가지 축을 교차하여 크게 증강현실, 라이프로깅, 거울 세계, 가상 세계로 분류한다.

현재의 메타버스 플랫폼 서비스를 구분하는 방법은 분류자 시각에 따라서 다양한 갈래로 나눈다. 경제성 측면에서의 분류한 경우에는 게임형 서비스로 로블록스, 포트나이트, 마인크래프트, 더 샌드박스, 디센트럴랜드를 소셜 미디어 서비스 유형으로 제페토, 이프랜드 그리고 부동산 관련 메타버스 서비스로는 메타버스 서비스2, 트윈코리아, 어스2 등이 있다. (박병렬 외, 2022) 마이크로소프트사는 소셜 미디어 유형의 메타버스 서비스인 알트스페이스를 최근 종료하였다.

일반론으로는 로블록스, 포트나이트, 마인크래프트 등을 게임기반 메타버스로 그리고 소통형으로 이프랜드, 제페토 등을 참여형으로, 업무형 협업 중심 유형으로는 게더타운, 메쉬 등을 분

류하기도 한다. (메타버스 신산업 선도 전략, 2022)

[표 1] 목적에 따른 메타버스 서비스 유형

유형	목적	사례
게임 기반 메타버스	게임	마인크래프트, 로블록스
소셜 미디어 기반 메타버스	소통	제페토, 알트스페이스
산업 기반 메타버스	교육, 훈련, 시뮬레이션	Foretell Reality, Virbela

출처: 초등 온라인 교육 환경에서의 메타버스 활용에 대한 교사의 인식 및 요구도 분석, 2022), 재가공

　본고에서는 정부에서 관계 부처 합동으로 발표한 메타버스 신산업 선도 전략에서 분류한 메타버스 서비스 플랫폼 사례를 기준으로 한다. 정부 정책 발표에서 분류한 3가지 유형은 SNS·게임에 집단놀이, 문화 활동 등에 접목하는 사회 관계 형성 유형과 가상 부동산이나 가상 상품 등을 직거래 가능한 디지털 자산 거래 유형, 그리고 원격 의사소통 및 다중 협업을 지원하는 원격 협업형으로 나눈다. (관계부처 합동, 2022)

[표 2] 메타버스 서비스 플랫폼 사례

[사회관계 형성 및 집단 활동]		"놀이, 모임 등을 통해 여가활동 및 사회관계 형성"
로블록스 ROBLOX		· 메타버스의 대명사, 게임을 하나의 '사회'로 인식 - 로블록스 스튜디오(제작 도구) 이용자가 콘텐츠를 제작하고 수익 창출
제페토 ZEPETO		· 아바타와 놀이 중심의 사회관계 형성 - 자신의 아바타를 꾸미고 가상 공간에서 다른 이용자와 함께 놀이 등 사회관계 활동에 참여
마인크래프트 MINECRAFT		· 자유롭게 세상을 창조, 다른 이용자와 함께 활동 - 이용자가 흙/돌/나무 등을 배치하고 건물/물건을 제작하여 공간 구성

포트나이트 FORTNITE		· 플레이어 간 소통을 위해 제공된 게임 내 가상공간 · 가상공간 '파티로얄'에서 휴식 · 소통하며, 단체 문화 활동, 공연 관람 등 활성화
[디지털 자산 및 상품 거래]		**"가상공간이나 가상건물, 가상상품 등을 거래"**
디센트럴랜드 Decentraland		· 블록체인 기반 가상토지 및 건물 건축·거래 · 아바타를 통해 공간 체험, 가상 광고판을 통한 광고, 가상 쇼핑몰 내 쇼핑, 커뮤니티 생성 가능
어스2 E2 EARTH2		· 디지털 트윈 지구에서 가상 부동산 거래 · 주요 명소를 포함한 현실 세계를 재현하여 경제적 가치 창출 욕구를 반영한 투자 활동
더샌드박스 SANDBOX		· 이용자가 소유한 가상 부동산과 창작 상품 거래 · 손쉽게 3D 아이템을 창작하는 복스에딧, 아이템을 거래하는 마켓플레이스, 게임메이커 제공
[원격협업 및 소통 지원]		**"현실을 가상화하여 원격 의사소통 및 업무 지원"**
메시 Microsoft		· 혼합현실 환경에서 원격 협업 지원 · 홀로렌즈2를 활용해 혼합현실에서 협업 공간을 제공하고 3D 콘텐츠 시각화, 상호작용 등 지원
옴니버스 nVIDIA		· 산업 분야 실시간 원격 협업 및 시뮬레이션 지원 · 다중 사용자 디자인 협업, 물리적으로 정확한 실시간 시뮬레이션, 산업 디지털 트윈 구축 지원

출처: 메타버스 신산업 선도 전략, 관계부처 합동, 2022.1.20.

　　미국 ASF의 메타버스 로드맵에서 분류한 메타버스의 4가지 유형 모델을 기준으로 교육 관련 서비스를 분류해 보고, 이어서 실질적으로 교육 현장에서 융합형으로 실험 중인 서비스 사례를 소개한다. 메타버스 유형을 나누는 핵심은 증강(Augmentation)과 시뮬레이션(Simulation)이라는 세로축과 내부(Intimate)[1]와 외부(External)로 구분한 가로축이다.

---

1) Intimate의 사전적으로 친밀한, 친숙한, 사적인 의미에 해당하는 형용사이지만 여기서는 물리적으로 External '외부의' 반대 개념으로 Internal의 의미인 '내부의'로 해석한다. 메타버스의 교육적 활용 :가능성과 한계를 발표한 계보영 연구자의 의견에 따른다.

(1) 증강현실 영역

증강 기술은 현실의 물리적 환경 위에 2D 혹은 3D로 물체를 겹쳐 보이게 하면서 실시간 상호 작용이 상호작용이 가능하게 하는 것이다. 잘 알려진 사례로는 포켓몬 고, 스노우, 게임앱 등이 있다. 교육적으로는 디지털 교과서의 링크를 클릭하면 필요한 객체가 증강해서 등장하는 형태가 있다. 이 기술을 위치 기반 기술과 결합하면 다양한 응용이 가능하다. 예를 들어, 경주의 석굴암 앞에 가면 역사적인 배경에 당대의 생활상 등이 증강되면서, 시간을 초월하여 신라 시대의 상황에 있는 듯 효과를 느끼는 것도 가능하다. 현실 세계의 증강을 위한 방법으로는 GPS 위치 기반 이외에도, QR 코드나 특정 마커를 비추면 증강되는 기술, 투시형 기반 증강 기술 등이 이미 상용화되어 있다. 그리고 마이크로소프트사의 홀로렌즈2 기기는 산업 현장에서 다양하게 응용되고 있다. 기계 장치의 조립, 위험한 산업 현장 시스템의 정비를 위한 사전 교육 등에도 매우 유용하다. 이를 직업 교육에 접목하면 원격 수술 교육에도 동일하게 적용 가능하다.

① VR 교육 콘텐츠 개발 연구

모바일 스마트 기기의 활용에 친숙한 미취학 아동의 교육에 VR, AR 기기를 적용하는 연구가 활발하다. 미취학 아동의 독서 교육을 돕는 VR 스토리북 제작 연구(정주연, 2022)에서는 인터렉션을 강화하는 설계로 독서의 몰입도 증대 연구가 활발하다. 이 연구 사례에서는 상용화된 오큘러스 퀘스트2 디바이스를 활용하여 접근성을 고려했다. 아동의 집중 가능 시간을 고려하여 콘텐츠 길이는 10분 이내로 하고, 단순 동영상 이상의 체험형 실감 미디어로서 VR 기술을 활용하면, 메타버스 환경의 가상 공간으로 확장이 가능하다는 점을 강조한다. (정주연 외, 2022)

② 초·중등 디지털 교과서에 적용한 실감형 콘텐츠(VR, AR) 활용 사례

초등학교 3~6학년, 중학교 1~3학년 사회, 과학 교과에 제공하고 있는 실감형 콘텐츠 사례는 아래와 같다.

[표 3] 디지털 교과서에 적용한 가상·증강·360 영상

가상현실(VR)	증강현실(AR)	360° 사진/영상
현실 공간과 차단된 가상 공간에서 현실 세계에서 경험하기 어렵거나 위험한 상황을 간접 체험	현실 세계(실물, 장소)에 가상 정보를 융합하여 3차원으로 간접 체험	공간을 360°로 촬영한 사진/영상으로 실제 모습 그대로 관찰 및 체험
중학교 과학 3 화성 탈출	중학교 과학 1 판의 이동과 주민 생활	초등학교 사회 4-1 우리 고장의 인물-장영실
화성 탐사 로봇들을 관찰하고, 화성의 환경을 분석하여 인간이 살기 적합한 환경인지 알아봄	지각판과 해양판의 마커를 조립해 보며 판의 이동을 실험한 뒤 각 환경에서의 주민 생활을 관찰함	장영실 공원의 모습을 360로 살펴보고 장영실의 발명품들을 관찰함 https://youtube.com/watch?v=d3YT8j0yYl0&si=EnSIkaIECMiOmarE

출처: 에듀넷·티클리어 디지털 교과서 활용 안내

국내 디지털 교과서에는 이미 웹 실감형 콘텐츠 및 AR 마커 다운로드를 통한 활용 등이 적용되어 있다. 산업 현장에서는 AR 시뮬레이션 유형으로 홀로렌즈를 착용한 사용자가 전문가의 원격 지원을 받으며, 손쉽게 정비를 하는 용도로 적용 중이다.

[그림 5] 홀로렌즈2를 이용한 원격 정비 지원
출처: https://youtube.com/watch?v=d3YT8j0yYl0&si=EnSIkaIECMiOmarE

(2) 라이프로깅 영역

라이프로깅 영역은 자신의 일상을 디지털로 기록한다는 의미이다. 최근에는 페이스북, 인스타그램, 트위터와 같은 소셜 미디어 플랫폼을 통해 개인의 일상, 경험이나 생활을 공유하는 활동 영역을 포함한다. 또한, 스마트워치 등을 사용한 활동 기록과 헬스케어 등도 포함 가능하다. SNS(Social Network Service)의 교육적 활용에 대한 초기 연구에서는 학습자의 경험과 지식 활동을 지인이나 온라인 독자들과 소통을 위한 사회적 활동으로 접근한 사레가 있다. 리딩 그룹의 지도를 온라인에서 따라 하면서 동시에 참여하는 형태이다. 가장 쉬운 적용 사례는 운동 활동에 대한 라이프로깅이 될 것이다.

교육 현장에 상용화되어 있는 사례는 아직 기초 단계라고 할 수 있다. 자신의 일상을 찍는 브이로그 영상을 유튜브에 공유하는 형태로 학습 과정에 참여하는 모델 정도이다. 서비스 적용 사례로는 교육계의 카카오톡이라고 불리는 '하이클래스' 서비스를 예로 들 수 있다. 학생의 학습 활동 내용과 관련 사진, 영상의 공유와 같은 기록을 교사, 학부모가 무료 앱 내에서 확인하고 소통할 수 있도록 하는 방식이다. 즉 교육 영역에서 라이프로깅 영역의 핵심은 타인의 피드백을 받을 수 있고, 사생활 노출 없이 자유롭게 참여할 수 있게 한 것이다. 라이프로깅 영역은 증강 기술과 결합하여 서비스를 개발하는 경향을 보인다.

(3) 거울 세계 영역

거울 세계는 외부 세계를 시뮬레이션하는 형태로 실제 세계를 비추는 거울처럼, 가상 세계에 실제 세계를 구축하는 형태를 의미한다. 하지만 실제 적용에서는 현실 세계의 복제라기보다는 효율적 확장이라는 표현이 더 적절하다.(김상균, 2020) 거울 세계를 가능하게 하는 것은 현실과 가상의 공간을 연결하는 정교한 맵핑, 모델링 도구, 지리 공간, 기타 센서 위치, 위치 인식 및 다른 라이프로깅 기술들이다. (ASF, 2006) 거울 세계의 대표 서비스로는 위치 정보를 활용하는 구글 어스, 실시간 배달 앱 등을 들 수 있다. 구글이 제공하는 3차원 위성 촬영 사진 서비스를 활용하여 지도 기반 지리 교육 서비스가 가능하다. 줌(ZOOM), 웨벡스(Webex)와 같은 가상 회의 시스템도 거울 세계 유형이다. 또한, 마인크래프트 교육용 에디션에서는 교사들을 위한 도구를 제공하여 역사 수업에 활용하는 사례를 공개하기도 하였다.

(4) 가상 세계 영역

가상 세계는 컴퓨터를 활용하여 만들어 낸 정교한 3차원 그래픽, 가상현실 기술을 적용하여 사용자가 가상의 세계에 존재하는 것과 같은 활동이다. 증강현실과 함께 혼합현실(MR)을 구현할 수도 있다. 생활형 가상 세계 모델이라 불리는 제페토, 마인크래프트, 세컨드라이프, 로블록스 등이 여기에 속한다.

[그림 6] 세컨드라이프 내에서 콘텐츠 이용

출처: https://marketplace.secondlife.com

메타에서는 프로젝트 캠브리아(Project Cambria)를 통해서 새로운 혼합 현실 헤드셋 활용 영상을 공개했다. 신비한 작업 공간 장치를 사용하여 The World Beyond라는 독창적인 혼합현실 경험에 보여 준다. 메타의 프레즌스 플랫폼을 사용하여 제작된 이 게임은 캠브리아의 온보드 카메라와 컬러 패스스루 기술을 사용하여 현실 세계와 가상을 혼합하여 기술적으로 진보된 경험을 제공한다. 이는 기기 정비 등의 실무와 직업 교육으로 확장이 쉬운 사례이다. 가상 공간에서의 안전 교육에도 적용하기 적합한 모델이다.

[그림 7] 메타의 혼합현실(MR) 플랫폼
출처: https://youtube.com/watch?v=tgJ7m0Phd64&si=EnSIkaIECMiOmarE

5) 교육 현장 연구와 메타버스 교육 플랫폼

(1) EBS의 교육 전문 메타버스 플랫폼

체계적인 교과 학습 과정 설계를 반영하고, 통합 교육을 지향하는 상용 서비스 메타버스 플랫폼으로는 EBS의 교육 전문 메타버스 플랫폼인 위캔버스(We Can Verse)가 있다. EBS와 한화시스템이 공동으로 개발하였다. 위캔버스 플랫폼에는 교육의 3요소를 반영하기 위하여 현직 교사가 참여하여 서비스를 기획하였다. 교사와 교사 자문단이 메타버스 플랫폼에 최적화된 교수설계와 학습 과정을 개발하여 학생의 자발적 참여가 가능한 시스템으로 구현하였다.

학습 흥미를 자극하고, 학교 수업과 연계 가능하며, 체험적 자기주도 학습이 가능한 6개의 가상 공간을 제공한다.

6개 구성 요소는 ① 일반 오프라인 교육과의 자연스러운 연계 학습 환경 제공, 몰입형 및 실감형 콘텐츠를 제공하는 디지털트윈 스쿨 ② 페스티벌, 이벤트 등 진행할 수 있는 개방형 교육 공간인 아고라 광장 ③ 범교과 학습을 지원하는 공간 중심 활용의 메타빌리지 ④ 사용자 개인을 위한 공간인 마이홈 ⑤ 학습자의 자유로운 콘텐츠 창작 공산인 메이커스 스페이스 ⑥ 소프트웨어와 수학 학습에 특화된 게임 콘텐츠로 구성된 플레이 그라운드 등이다.

메타버스 내 이미지			실증 진행 시 현황 사진

[산착장에서 사전학습 진행]   [독도 강치에 대한 퀴즈 학습]   [독도의 생물에 대한 학습 진행 현황]

[독도 상공 촬영 미션]   [망원경으로 지리 정보 확인]   [독도지형에 대한 탐험 현황]

[그림 8] 디지털 트윈을 통한 독도 학습(역사, 지리, 교육 통합)
출처: EBS 위캔버스 요약 소개 자료

    교육 전문 위캔버스 메타버스 플랫폼의 특장점 중 하나는 다양한 외부 연계를 통해서 풍부한 자료를 제공할 수 있다는 것이다. 아래 자료에서는 직업능력연구원에서 제공한 지로 관련 게임 콘텐츠와 농수산식품 문화정보원 제공의 농촌 식물 기르기 콘텐츠 사례이다. 이외에도 EBS에서 자체 제작한 교육 과정 유형에 맞춘 8만여 개의 클립화된 클립뱅크를 통해서 수준 높은 학습 지원이 가능하다.

EBS 클립뱅크(8만 개)	EBS 360도 영상	[직능연] 진로/게임 콘텐츠
[EBS Math 게임]	[EBS Math 만화]	[농정원] 농촌 식물 기르기 컨텐츠 · 직능연: 직업능력연구원 · 농정원: 농수산식품교육문화정보원

[그림 9] 외부 연계 학습 콘텐츠 제공

(출처: EBS 위캔버스 요약 소개 자료)

(2) 교육 현장 적용 사례 연구

초등학교 현장에서의 온라인 교육에 메타버스의 활용은 좋은 교육 방안 중 하나이다. 특히 학습자의 안전을 고려하면서 체험 이나 활동이 이루어질 수 있는 접근 중 하나로서 온라인 교육 환경에서의 메타버스 활용을 고려해 볼 수 있다. (한형종 외, 2022) 메타 버스 교육 환경 내에서 교수자와 학습자 및 학습자 상호 간 그리고 객체들과도 상호작용이 가능하며 능동적인 학습이 가능하다는 연구 결과가 있다. 참고한 사례 연구에서는 메타버스 활용 수업이 효과성, 흥미도, 참여도 등에서 긍정적인 인식이 높았다. 우려 사항은 주의 집중의 분산에 대한 것이었다. 그리고 초등 교육과정에서 메타버스 활용이 아직은 창의적인 사고, 문제 해결 능력 배양, 의사소통 등에 미흡하다는 지적이 있다. 교육 현장의 메타버스 활용은 다양한 연구가 필요한 상황이다.

6) 생성형 AI 플랫폼

(1) GPT 등장과 검색

챗GPT는 2022년 11월 30일 처음 등장한 이후 2023년 3월 14일 GPT-4를 발표하면서 모든 산업에 연관된 기술로 주목받고 있다. 구글의 검색 기반 비즈니스의 변화에 대한 우려도 있지만, OpenAI가 사용하는 원초 기술은 구글의 트랜스포머 알고리즘이라는 점을 간과해서는 안 된다. 하지만 어떤 형태로든 검색 시장은 진화할 수밖에 없다. 그래서 챗GPT가 구글의 검색 엔진 다음의 대화형 검색 시장을 어떻게 바꿀 것인가에 관심이 모인다. 마치 사람이 대화하듯 문장형 질문에 문서로 답하는 능력의 차별성 때문이다.

오픈AI에 100억 달러(약 13조 원)를 투자한 마이크로소프트는 MS의 검색 엔진인 '빙(Bing)'에 GPT-4 기반 검색을 지원한다. 더구나 PC와 모바일에서 무료로 제공하고 있다. 빙 검색 엔진의 사용이 늘어나면서 검색 시장의 재편은 불가피하다. 이는 구글 중심의 검색 시장의 점유율 변화를 포함하여 대화형 검색 시장이 열릴 것이라는 것을 의미한다. PC 기반의 운영 체계에서 강점을 가진 MS는 윈도11 운영 체계에 AI 비서 '코파일럿'을 탑재하고 변화를 예고한다. 코파일럿은 MS가 GPT4를 기반으로 개발한 클라우드 기반 인공지능 서비스이다. 이는 정보 검색의 단계를 넘어 창작 작업, 계획 수립 등도 지원한다.

(2) 챗GPT가 바꾸는 산업과 교육 미디어

GPT-4는 산업 전반에 새로운 플랫폼으로 영향을 확장하고 있다. 텍스트, 이미지, 영상, 오디오 등에 적용 가능하면 기존 콘텐츠를 새로운 창작에 응용하기도 쉽다. 즉 엔터테인먼트 시장에서 콘텐츠 생산 크리에이터가 되는 것이다. AI를 활용한 기술적인 도움 이상으로 인공지능이 만들어 낸 배우, DJ의 등장은 인간과 기계의 본격 협력 시대를 예고한다. 이를 온라인 스트리밍 시장에 접목한다면 그 변화의 방향과 속도는 가늠하기 어렵다. 이용자는 손쉽게 스트리밍 콘텐츠의 줄거리, 추천 등을 이용하면서 콘텐츠 편식 현상은 심화될 것이다. 그래서 영상 콘텐츠 이용 플랫폼의 편중 현상도 심화될 가능성이 크다. 이러한 현상은 개인별 이용 콘텐츠의 편향을 초래하고, 미디어 전반으로 편향성이 확대된다면 사회 문제를 야기할 우려도 있다. 이에 대한 분석과 콘텐츠 검색과 이용 시간, 콘텐츠 이용의 다양성에 대한 연구가 필요하다.

생성형 AI의 교육 분야의 접목에서는 더 신중한 접근이 필요하다. 이미 미국의 의사면허 시험을 통과하는 능력을 보여 준 것처럼 데이터 기억형 학습보다는 인간 윤리에 근간을 둔 창의적인 교육 플랫폼으로 개발해야만 하는 숙제가 있다. 교육은 결과물이전에 사람의 생각과 판단에 대한 논리적이고 합리적인 접근이 중요하기 때문이다.

생성형 AI의 등장으로 메타버스 시장은 침체되고, 인공지능 시장이 열릴 것으로 생각하는 경우가 많다. 하지만 오히려 생성형 AI를 활용하면 메타버스를 활용한 비즈니스의 성장을 돕는 것이 가능하다. 메타버스는 가상의 세계를 말한다. 여기서 가상의 공간은 3D 환경만을 의미하는 것이 아니다. 증강현실(AR), 가상현실(VR)을 기본으로 대체 불가능 토큰(NFT) 기술에 인공지능 기술이 만나면 몰입형 교육 공간의 구성뿐 아니라 상호작용이 가능한 콘텐츠 개발은 더 쉬워진다. 현실과 가상을 연결하는 콘텐츠 창작 아이디어 구상에 생성형 AI을 통한 크리에이터 기능을 접목하는 것이 필요하다. 생성형 AI는 인간이 상상할 수 없는 가상 공간 융합형 자원을 제공하거나 융합형 결과물을 내놓을 수 있다.

예를 들면, 실제 물리적 공간의 시스템을 가상공간으로 구현하는 디지털 트윈의 경우, AI의 활용은 최적화 시뮬레이션 설계에 큰 도움이 된다. 특히 빌딩, 공장 등의 거대한 실물이나 위험한 공간에서의 교육 시스템 설계에도 응용 분야는 다양할 것으로 예상된다. 디지털 휴먼을 통해서 안전을 확보하면서도 흥미 있는 콘텐츠 개발도 가능하다. 이처럼 새로운 기술의 등장은 디지털 연결을 통해서 발전적인 대안을 만드는 좋은 기회로 활용 가능하다는 점을 강조하고 싶다. 메타버스는 챗GPT를 만나서 새로운 빅뱅을 만들 수 있는 플랫폼이다. (중앙일보, 2023)

3. 메타버스 활용과 교육 미디어 발전 방향

코로나19라는 특수한 상황이 온라인 중심의 세상, 현실과 가상 세계의 연결에 대한 거부감을 줄이는 역할을 했다. 하지만 코로나19 팬데믹 이후의 발전 방향에서는 코로나19 시기를 과도기적 상황으로 표현하기도 한다. 특히 비즈니스의 방향성 측면에서 그렇다. 하지만 온·오프라인을 연계하는 미디어 기술의 발전 측면에서는 강력한 촉매 역할을 하며 활성화를 이끌어 냈음에 틀림없다. 모바일 중심 시대의 미디어 발전에서는 더욱 그렇다. 비대면을 일컫는 '언택트(Untact)' 시대에 온라인을 통해서 외부와의 '연결(On)'을 더한 개념인 온택트(On Tact) 시대를 열었다. 온택트는 온라인을 통해 대면하는 방식의 거부감을 없애 주면서 온·오프라인을 연결해 주는 기술과 서비스의 발전에 긍정적 영향을 주었다. 물론 엔데믹(감염병의 풍토병화) 시대로 전환되면서 다양한 분야에서 오프라인 중심으로 회귀 현상이 나타나기도 한다. 하지만 4차 산업혁명과 기술 발전 양상에서는 온·오프라인의 연계는 여전히 중요하다.

1) 팬데믹 시대의 메타버스 콘텐츠

팬데믹의 경험은 메타버스 콘텐츠 개발에 필요한 풍부한 경험을 제공하는 씨앗이 되었다. 다양한 콘텐츠 개발은 기술의 한계를 넘어서 다양한 메타버스 플랫폼 형태로 다음 세상을 앞당기는 역할이 가능하다는 의미이다. 이제 새로운 기술과 서비스의 등장이 기대된다. 펜트업(Pent_Up) 시대가 열렸기 때문이다. 이는 팬데믹 이후의 감염병의 일상화를 의미하는 엔데믹(Endemic) 시대의 주요 키워드이다. 펜트업은 '팬데믹으로 멈췄던 소비를 다시 일으키는 기술과 서비스'를 의미한다. (커넥팅랩, 2022) 가장 큰 특징은 디지털 경험에 기반한 서비스들이 발전하는 새로운 시대가 온다.

이런 점에서 팬데믹 시대에 메타버스 서비스의 방향성을 보여 준 콘텐츠를 살펴볼 필요가 있다. 주요 사례로 2021년 있었던 가수 아리아나 그란데의 콘서트인 '리프트 투어(Rift Tour)'가 포트나이트에서 3일간 진행되었다. 콘서트 공간에 미리 입장하면 놀이기구를 타고, 게임 콘텐츠를 즐기면서 기다릴 수 있다. 하나의 테마로 구성된 콘서트와 게임을 즐기는 형태로 콘텐츠 연계를 보여 준 좋은 사례이다. 또한, 포트나이트의 파티 로얄 기능은 가상 공간에서도 충분히 현실을 확장하는 역할이 가능하다는 것을 보여 준다. 사례로 2020년 미국의 가수 트래비스 스캇이 파티 로얄 공간에서 자신의 아바타로 열었던 온라인 공연에 2,770만 명의 관객이 참가하고, 굿즈 판매를 포함해 총 216억 원의 수익을 올렸던 일이 있다. 이는 2019년 미국 투어를 통한 수익인 18억 원의 약 12배에 달하는 금액이다. (이승희, 2022) 이처럼 게임에 참여하는 플레이어들은 소셜 공간에서 게임, 콘서트 관람, 숍을 방문하며 쇼핑, 휴식 등으로 체험형 여행자가 될 수 있다.

이러한 현상은 유명 명품 브랜드 메이커에서 포트나이트 생태계에 MZ세대들의 관심사를 접목하고자 하는 이유이기도 하다. 또래와의 놀이터요, 소통 공간의 의미를 가지면서 하이브리드 미디어의 역할을 하고 있다. 미디어 서비스는 문화적 감성을 반영한다. 그래서 메타버스를 활용한 교육 미디어 서비스에도 다음 세대들의 문화적 특징과 다양성을 반영하기 위한 연구 개발이 필요하다.

이외에도 샌드박스 액션 어드벤처 오픈월드 장르의 게임인 GTA 5(Grand Theft Auto 5) 사례도 있다. GTA 5는 누적 판매 1억 6,500만 장으로 세계에서 2번째로 가장 많이 팔린 게임으로 알려져 있다. (커넥팅랩, 2022) 이 게임은 다양한 플레이 패턴을 제공해서 게임 참가자의 자유도가 높다는 특징이다. 현실에서 충족하지 못한 욕구를 가상현실에서 이룰 수 있도록 제공한다. 고급 주택, 스포츠카 드라이브 등을 실제 도시를 옮겨 놓은 듯한 공간에서 즐기는 것이다. 이외에도 우주선을 타고 화성 가기처럼 상상 속의 일을 체험할 수도 있다. 이러한 게임 속 활동의 자유도는 교육 플랫폼에서 구현하고 있는 인공지능 기반 수준별 학습의 학습 관리 서비스와 연결해서 구상해 볼 수도 있다. 게임 접목 아이디어를 발굴해서 교육 서비스로 확장하는 실마리가 될 수 있다.

게임을 활용한 메타버스 플랫폼은 새로운 교육 콘텐츠 개발 기회를 제공하고, 교육 미디어 차원에서도 통합 교육을 구현하는 시스템으로 확장이 용이하다. 게임을 활용한 교육의 한계를 넘어서기 위해서는 통합 교과 데이터를 연계하는 사전 작업이 선행되어야 한다. 실감형 콘텐츠 제작 과정에서 유연한 설계를 위해서 GPT-4 기술을 연계하는 창작 활동의 도움을 받을 수도 있다. 교육과정 설계는 통합 교과를 이해하는 컴퓨팅 기술의 도움을 받고, 게임 연계 응용은 GPT-4 기술을, 수준별 창의 학습 커리큘럼 개발은 전문가가 참여하는 형태와 같이 상호 협력과 보완 모델을 생각할 수 있다.

참여형 온라인 게임에서는 나를 대신하는 아바타를 통해서 학습자의 자발적 참여를 끌어내기 쉽기 때문이다. 아바타를 매개로 서로 다른 사용자를 수준별로 연결하면 부담 없이 자율 학습 능력을 증대할 수 있고, 교수자는 최소한의 가이드로 학습 목표에 이르게 하는 게임형 학습 설계가 용이하다. 실제 콘텐츠 개발을 위해서는 저학년의 특정 교과, 특정 과목부터 시범 개발하는 방안이 현실적인 실행 방안이 될 수 있다.

그래서 교육 미디어의 발전 방향을 예측은 게임 속의 메타버스 세상처럼 '현실과 나를 대리하는 아바타를 통해 현실 세계의 경제적, 사회적 활동을 영위하는 3D 기반 가상 세계'로 보는 정의(Cathy Hackl, 2021)를 넘어서 현실 세계와 가상 세계가 융합되는 현상으로 보는 일반적인 정의(오연주, 2021)에 따르고자 한다.

가상 공간 서비스의 제약 없는 발전을 위해서는 클라우드 기술의 발전도 밀접한 관계가 있다. 클라우드 게임 서비스와 구독 서비스에서는 더욱 그렇다. 마이크로소프트, 아마존, 엔비디아 등의 빅테크 기업이 클라우드 게임 서비스에 투자를 하는 이유를 참고할 필요가 있다.

마이크로소프트는 게임 업계의 인수 합병을 통해서 메타버스 사업에 중점을 두고 있다. 2022년 1월 액티비전 블리자드를 687억 달러(약 82조 원)에 인수했다. 액티비전 블리자드는 스타크래프트, 워크래프트, 콜 오브 듀티 게임으로 잘 알려진 세계 1위 게임 업계이다.

메타버스 시장 예측을 살펴보면, 블룸버그 인텔리전스는 2024년까지 8,000억 달러(약 923조 원) 규모로 성장을 예측했고, 모건 스탠리는 8조 달러(약 9,000조 원)에 달할 것으로 예상하는 등 새로운 비즈니스 통로로 예상하고 있다. 국내 메타버스 시장 규모는 세계 12위로, 2026년까지 5위를 목표로 하고 있으며, 2019년 7,548억 원에서 2020년 8,569.1억 원으로 증가하였고, 2021년 예상치는 9,999억 원으로 조사되었다. (소프트웨어정책연구소, 2022)

2) 오감 기술과 소셜 미디어의 접목

메타버스가 주목받는 이유는 개별적인 가상현실(VR), 증강현실(AR) 기술을 뛰어넘는 확장현실(XR) 기술을 융합하여 현실과 가상을 연결해 주는 콘텐츠 제작이 가능하기 때문이다. 아직은 대부분 시각과 청각의 한계에 머물러 있다. 메타버스 기술이 교육 미디어와의 접목을 성공하기 위해서는 새로운 매개 기술의 접목이 필요하다. 바로 촉각과 미각, 후각이다. 즉 교육 미디어 측면에서는 어떤 미디어보다 오감 기술의 완성도가 필요하다.

공간의 확장과 더불어 실감형 기술에 부가해야 할 기술로는 촉감에 대한 확장이다. 이러한 아이디어는 메타 플랫폼 산하의 리얼리티 랩스에서 선보인 햅틱 글러브(Haptic Glove)에서 찾을 수 있다. 햅틱 글러브를 통해서 물체를 만지면 실제로 물건을 만지는 것과 같은 촉감이 전달된다. 휴대성과 착용감 문제를 해결하여 자연스럽게 오감 기술을 활용하기 위해서 나아갈 길은 아직 멀다. 하지만 기술 발전의 움직임은 매끄럽게 이어지고 있다.

결국 가시적인 메타버스 서비스의 발전을 위해서는 사회 전반을 연결하는 소셜 기능 역할의 일부가 되는 것이 중요하다. 대중이 사용 중인 페이스북, 인스타그램 등과 같은 소셜 미디어 플랫폼과의 접목은 빠른 발전의 초석이 될 것이다. 물론 ICT 기술을 활용하고, 오프라인 교육 미디어 서비스와 연결하여 응용해야 한다.

다양한 연계 시도에도 불구하고, 교육 미디어에서의 성공 요인은 대중의 마케팅, 소비 트렌드처럼 경제성을 근간으로 한 서비스보다는 발전 속도가 느릴 것으로 예상된다. 교육 서비스는 속도감보다는 안정을 우선시하는 서비스이기 때문이다. 속도는 느리지만 발전 방향성과 트렌드는 동일하다. 교육용 데이터와 소셜 미디어 플랫폼, 인공 지능 기술 등의 접목을 바탕으로 클라우드, 5G 통신 등 기반 인프라와 연결되면 발전은 가속화될 전망이다. 그리고 성장을 위해서는 정부 주도의 콘텐츠 개발에 대한 지원 정책이 수반되어야 한다.

디지털 교과서 사업이 장기간에 거쳐서 진행되어 온 것처럼, 교육 미디어에서 메타버스 플랫폼의 확장도 크게 다르지 않을 것으로 보인다. 빠른 현장 적용이 어렵더라도 완성도 높은 기술, 콘텐츠 개발 노하우를 확보하는 시간을 통해서 다음 세대의 미디어로 발전하는 일에 기여할 수 있기를 기대한다.

3) 디지털 휴먼과 연계한 새로운 콘텐츠 기획

디지털 휴먼(Digital Human)은 가상 공간에서도 실제로 존재하는 사람처럼 움직임을 재현하는 디지털 기술로 만든다. 사람의 신체 구조 및 움직임을 데이터화하여 사람과 동일한 모습, 표정 전달이 가능해지면서 가상 인간으로 자리 잡고 있다.

국내 가상 인간의 시초는 1998년 선보인 최초의 사이버 가수 '아담'에서 찾을 수 있다. 이후 디지털 휴먼의 본격 관심은 2021년 등장한 '로지'부터라고 해도 과언이 아니다. 유튜브, 인스타그램 등을 통해서 활동하고, 많은 광고의 모델이 되면서 화제가 되었다. 이처럼 가상 인간은 버추얼 인플루언서(Virtual Influencer)로 자리 잡고 있다. 루시, 나수아, 류이드, 와이티 등도 활동 중이다. 국제적으로는 가장 유명한 디지털 휴먼은 미국의 뮤직 아티스트인 릴 미켈라이다. 영국의 수퍼모델 슈두, 일본의 디지털 크리에이터 이마 등도 대표적 가상 인간이다.

인스타그램의 팔로워 83%가 24세 이하로 나타나서 Z세대(Gen-Z)의 셀럽이라고 불리는 릴미켈라(Lil Miquela)는 2016년 브러

드라는 디지털 캐릭터 제작 스타트업에서 탄생시켰다. 첫 싱글 음반은 세계 최대 음원 스트리밍 서비스인 '스포티파이(Spotify)' 8 위에 오르기도 했다. 2018년에는 타임(TIME)지가 선정한 '인터넷 에서 가장 영향력 있는 25인'에 선정되어 파란을 일으켰다. 이처 럼 가상 인간은 명품 브랜드의 모델, 광고 시장 등으로 활동 무 대가 넓어지고, 인기도 상승 중이다.

향후 버추얼 인플루언서의 성장은 현재 유행 중인 극 사실주 의로 풀이하는 '하이퍼 리얼리즘(Hyper Realism)'과 어떻게 자리매 김할지 주목된다. 유튜브 채널 숏박스, 틱톡을 통한 실생활 재연 콘텐츠의 인기 현상을 MZ세대가 주도하기 때문이다. 이는 가짜 를 밀어내는 엔터테인먼트 콘텐츠로 자리매김했다. 실생활에서 일어날 수 있는 다양한 상황 콘텐츠에 과도한 기획, 편견과 같은 부작용을 가미했다는 우려에도 불구하고, '하이퍼 리얼리즘 콘 텐츠'라고 불릴 정도로 인기리에 성장 중이다. 이러한 현상이 어 떤 형태로 현실과 가상을 연결하는 콘텐츠로 유행을 이어갈 것 인지 살펴볼 일이다.

4) 메타버스와 NFT 기술의 만남

디지털 자산의 희소성을 인정하는 기술로는 NFT(Non Fungible Token)가 있다. 복사하더라도 화질의 변화가 없이 똑같은 품질을 가지는 기술 특성이 있는데, 어떻게 그 가치를 매긴단 말인가? 하 지만 NFT 기술은 최초이거나 하나밖에 없는 대체 불가능한 유일한 것이라는 것을 인증할 수 있다. NFT 기술이 적용되어 거래되는 것에는 미술 작품, 유명인의 캐릭터, 특별한 가치가 부여된 영상 등 다양하다. 2021년 3월 크리스피 경매소에서는 6,936만 달러(약 785억 원)에 거래된 그림이 있다. 물론 실제 그림이 아니다. 지금까지 NFT로 거래된 작품 중 최고가라고 한다. 디지털 아티스트 비플(Beeple, 본명 마이크 윈켈만)의 'Everydays-The First 5,000 Days'라는 작품이다. 이 그림의 특장점은 2007년 5월 1일부터 5,000일 동안 하루도 빠짐없이 그린 그림이라는 것이다. (이임복, 2021)

이외에도 예술 작품이 아닌 디지털 플랫폼에 쓴 글이 고가에 거래된 경우도 있다. 트위터를 만들었다는 잭 도시가 쓴 첫 트윗 글이다. 1,630 이더리움(당시 약 291만 달러, 한화 33억 원)에 팔린 것이다. 이런 놀라운 현상은 초기 NFT 거래의 특수성을 고려하더라도, 향후 현실과 가상이 연결되는 생태계에서는 어떤 형태로든 희소성의 가치에 대한 거래는 가능할 것으로 예상된다. 그래서 메타버스 세상에서도 NFT 연결은 필수이다. 우선 기존 게임에서 장비나 무기 아이템을 거래와 같은 메타버스 아이템 거래에 NFT 기술의 접목이다. 메타버스 세상의 각 플랫폼에서 아이템 소유권 인정에는 NFT 기술이 필수이기 때문이다. 미술품 거래도 메타버스 플랫폼에서 가능하다. 사례로는 프린트베이커리의 디지털 아트 특화 브랜드 eddysean(에디션)에서 만든 메타버스 플랫폼이다.

2021년 7월 '크립토복셀(Cryptovoxels)'이라는 플랫폼에 가상 갤러리를 만들고 '더 제네시스: 인 더 비기닝' 이라는 이름의 전시회를 열렸는데, 이는 메타버스를 활용한 디지털 아트의 거래도 낯설지 않은 시대임을 보여 준다. (이임복, 2021)

크립토복셀은 디센트럴랜드 개발자인 벤 놀란이 만든 이더리움 기반 가상 공간 서비스로 알려져 있다.

[그림 10] EVERYDAYS: THE FIRST 5000 DAYS
출처: https://www.christies.com

[그림 11] 이더리움 가상세계, DFC Francisco Carolinum
출처: https://www.christies.com/en

1) 챗GPT 활용 교육 서비스 연구

OpenAI 공식 페이지에서는 5천만 명 이상의 학습자들이 제2 외국어를 가르치기 위해 듀오링고(Duolingo)를 사용한다고 소개한 다. 듀오링고는 간단한 사용자 인터페이스와 재미있는 리더보 드를 통해 100개 이상의 과정에서 40개 언어를 지원한다. 세계 적인 언어 학습 서비스 듀오링고는 GPT-4를 통해 개인화 수업, 영어 테스트, 대화 연습 등에서 활용 중이다. 이용자의 상황별 실수에 대해 피드백하고 시나리오를 이용한 대화 연습에서 맥락 을 파악해서 유연한 대화가 가능하도록 서비스 개선을 실행 중 이다. (한영주, 2023) 틈새 상황에서 학습자와 대화하고, 농구에 대 해 자유롭게 이야기를 나눌 수 있는 몰입적인 능력도 가능하다 고 한다. 초급 회화에서 다루는 음식 주문하기, 처음 만남 사람 과 인사하기, 비행기 표를 사는 정도의 간단한 학습 단계에 머물 러 있지 않다는 의미이다.

[그림 12] GPT-4를 통한 언어서비스(듀오링고)

(출처: https://openai.com/customer-stories/duolingo)

이외에도 비영리 교육 서비스인 칸 아카데미(Khan Academy)를 통해 파일럿 프로그램으로 GPT-4를 탑재한 서비스를 연구하고 있다. 칸 아카데미는 어디서든 누구에게나 세계 수준의 교육을 무료로 제공한다는 사명을 가진 비영리 단체이다. 모든 연령대의 학생들에게 수학, 과학, 인문학에 대한 수천 개의 수업을 제공하고 있다. 칸 아카데미는 학생들을 위한 가상 튜터와 선생님들을 위한 교실 보조 역할을 하는 인공지능 조수인 칸미고(Khanmigo)를 작동시키기 위해 GPT-4를 사용한다. 챗GPT가 아직은 보조 역할을 수행하는 연구이지만, 특정 과목이나 특정 수준에서는 맞춤형 교육에 응용 가능한 날도 올 것이다. 하지만 칸 아카데미 최고 학습 책임자인 Kristen DiCerbo가 "학습자 각자의 서로 다른 요구를 고려할 때 모든 사람이 계속 발전하는 것은 어렵다."라고 말하고 있을 정도로 기존에 개발된 커리큘럼 수준의 학습 제공은 어려운 실정이다.

[그림 13] GPT-4를 통한 칸 아카데미 학습 연계
(출처: https://openai.com/customer-stories/khan-academy)

2) 챗GPT, 메타버스는 새로운 미디어 서비스를 창조할 수 있을까?

기술 발전 양상은 언제나 어느 한 가지 기술에 종속적이지는 않다. 더불어 서비스 플랫폼으로 발전하기 위해서는 다양한 기술이 접목되어 나타난다. 현재 가장 핫한 기술인 GPT-4의 놀라운 능력도 자연어 처리용 대형 언어 모델(LLM, Large Language Model) 분야에서 강자라는 의미이다. 실제로 수학적 계산이나 의학, 약학 등 학습하지 않은 분야의 능력은 매우 취약하다.

GPT-4는 문자뿐만 아니라 이미지, 영상까지 인식할 수 있는 멀티모달을 지원한다. 그림 그리기, 콘텐츠 제작 분야 등 다양한 응용이 가능하다. 가상 교육에 나를 대신하는 가상 인간이 상용화되는 것도 시간문제이다. 그래서 인간 중심의 영역을 뛰어넘는 지식의 습득과 지적 창작물의 대량 생산과 같은 부분에서 위협이 존재한다. 오픈AI 최고경영자(CEO)인 샘 알트만은 "GPT-4는 인류 역사상 가장 훌륭한 기술이지만, 가장 위험하고 두려운 존재다."라며 "각국 정부와 사회는 GPT-4의 부정적 영향을 최소화하도록 노력해야 한다."라고 강조했을 정도로 규제를 동반한 발전이 필요하다는 의견도 많다.

GPT-4를 활용한 콘텐츠 제작, 데이터 기반 교육 미디어 서비스에서도 더 많은 긍정적 역할을 기대한다. GPT-4 기술의 긍정적 활용을 메타버스 기술과 접목한다면, 현실과 가상 세계를 결합한 공간의 확장에 더하여 창의적인 교육 콘텐츠 제작도 가능할 것이다. 다만 교육 콘텐츠 개발 시 인간관계의 중요성을 중심으로 한다면, 모바일 환경에 익숙한 세대를 위한 새로운 교육 환경을 제공에 부합되는 의미 있는 접근이라고 하겠다. 교육 현장 접목에는 교수 설계자의 손을 거쳐서 새로운 교육 모델로 탄생되어야 한다.

인공지능이 모든 산업을 빠른 속도로 변화시킬 것으로 예상된다. 대화형 차세대 인터넷이라고 할 수 있는, 챗GPT가 똑똑한 지식 응답기에 머물지 않기 위해서는 기술에 휴머니즘을 입히는 연구가 선행되어야 한다. 부디 새로운 기술이 인류의 성장과 발전을 위한 충실한 조력자가 되도록, 교육 미디어는 바른 학습을 시키는 일부터 실천하여야 할 것이다.

챗GPT · 메타버스 시대, 공영 미디어의 지속성

박종원(KBS 춘천방송총국장)

**CHAPTER
08**

챗GPT · 메타버스 시대,
공영 미디어의 지속성

1. 챗GPT · 메타버스 환경의 공영 미디어

기술의 발달은 미디어 환경을 변화시킨다. 공영방송[1]은 기술의 발달로 많은 변화를 겪고 있다. 전파를 독점해 온 공영방송은 1980년대부터 케이블방송, 위성방송과 같은 새로운 매체와 경쟁을 하기 시작했고, 2000년 이후 인터넷이 등장하면서 무한경쟁 시대로 접어들었다. 케이블방송, 위성방송, IPTV가 등장하면서 공영방송 플랫폼은 무너지기 시작했고, 넷플릭스와 같은 거대 OTT 미디어 기업의 영향으로 콘텐츠 경쟁력마저 위협받고 있다. 인터넷 기술의 발달로 텔레비전 전파를 수신해서 시청하는 미디어 환경이 변화하면서, 공영방송의 정당성이 위협받게 되었다. 정당성의 위기는 텔레비전 전파를 통해서 미디어를 시청하지 않은 환경에 왜 공영방송에 수신료를 납부해야 하는가 하는 문제에 직면한다. 영국, 독일 등 유럽의 공영방송은 방

---

[1] 본 글에서 공영방송은 통상 영어의 원어인 Public Service Broadcasting(PSB), 즉 공공서비스방송을 공영방송으로 사용한다. 방송을 미디어의 개념으로 확장한 Public Service Media(PSM)는 공공서비스미디어, 공영미디어로 사용한다. 공공서비스미디어 즉 공영미디어는 공영방송의 현대식 용어로 정의라 할 수 있다.

송(Broadcasting) 개념을 미디어(Media)로 확장하면서 인터넷과 모바일 미디어 시대에 공영방송의 정당성을 확보해 가고 있다. 그러나 우리나라는 아직 방송 제도와 정책이 공영방송 개념에 머물러 있고, 공영방송의 정책마저도 사회적 합의를 이루기에는 협치가 부족한 현실이다.

　최근 현실과 가상 세계를 연결하는 플랫폼인 메타버스(metaverse)의 시대가 도래했다. 여기에 미리 학습(pre-trained)해서 문장을 생성(generative)할 수 있는 대화형 인공지능인 챗GPT의 시대가 시작되었다. 기술의 진화와 플랫폼의 발전은 기하급수적인 성장을 거듭하고 있으며, 기술 발전은 공영방송의 플랫폼과 콘텐츠에 많은 영향을 주고 있다. 이세돌과 바둑 대결을 펼친 알파고의 출현 이후 AI는 폭발적으로 발전하고 있다. 학습한 데이터를 기반으로 대화 형식의 생성형 AI 출현은 인류사의 혁명에 비유된다. 2007년 아이폰의 등장으로 미디어 환경은 모바일 중심으로 급격하게 변화하였다. 챗GPT의 출현은 교육과 노동, 예술, 산업 등 사회 전반에 혁명적 변화가 예상된다. 인공지능의 부작용을 우려해 개발 속도를 잠시 늦추자고 할 정도로 챗GPT의 등장은 전 지구적 파급을 예고하고 있다.

　1980년대 이후 신자유주의 기조가 가속화되면서 공영방송의 공공 영역은 위기를 겪고 있다. 그리고 공영방송은 기술의 발달로 경쟁 매체가 급증하여 광고 수입을 두고 수많은 매체와 경쟁을 하고 있다. 100년의 역사를 가진 공영방송은 정체성, 정당성 혼란을 겪으면서 외부로부터 근본적인 변화를 요구받고 있다.

한국의 공영방송 KBS는 1973년 한국방송공사법이 제정되어 공영방송으로 출발하게 되면서 올해(2023년)에 50주년이 되었다. 공영방송은 아날로그 방송 시기에 독점의 안락한 시기를 보냈다. 디지털 시대에는 미디어 채널이 폭증하면서 시청자의 선택권은 다양해졌다. 이후 인터넷 미디어의 보편화로 누구나 미디어를 생산하고 유통할 수 있는 환경이 되었다. 2011년 4개의 종합편성 채널이 탄생하면서 공영방송(지상파방송)은 시청률과 광고의 무한경쟁 시대에 돌입하게 되었다. 독점과 복점의 시기에 공영방송의 텔레비전은 거실에서 가족이 함께 시청하면서 가정의 정서적 유대를 강화하는 사회 통합의 역할을 담당하였다. 이후 모바일 미디어, OTT 플랫폼이 성장하면서 미디어는 개인화, 파편화되었다. 사적이든 공적이든 공통적 사회 경험의 경로이자 대상이었던 레거시 미디어를 대표하는 공영방송은 이제 개인적 차원의 소유와 경험의 대상으로 그 위상이 달라지고 있다. (김평호, 2019)

BBC의 최대 경쟁자는 넷플릭스와 유튜브로 공영방송사들은 거대 미디어 기업과 경쟁을 하고 있다. 거대 미디어 기업은 압도적 자본을 바탕으로 콘텐츠 시장에서도 우월적 지위를 점하고 있다. 유명 유튜버의 인기 있는 콘텐츠의 조회 수가 지상파 방송의 시청률을 넘어서기도 한다. 분절·파편화된 콘텐츠 소비의 증대 및 개인 소비의 다극화는 자유와 창의가 확대된 결과일 수 있지만, 개인의 종합적 사고 능력을 약화시키고, 체계적 창의력 개발을 저해할 수 있다. 대다수 사람이 구글이나 넷플릭스 같은 글로벌 동영상 플랫폼의 개인 맞춤형 콘텐츠에 매료되는 '지구 미디어 시대'에 공영방송은 철 지난 잡지의 표지처럼 낡아 보인다. 과거에 비해 영향력이 현저하게 낮아졌고, 신뢰도도 좀처럼 회복되지 않고 있다. 지속적으로 제작비를 줄여야 할 정도로 재정 상황은 어렵고, 여전히 보도의 공정성 시비에 자유롭지 못하다. 이러한 공영방송이 지금 한국 사회에 꼭 필요한지 의문을 표하는 사람들도 있다. (최영묵, 2021) 결국 절대적 지위의 공영방송은 'one of them'으로 전락하면서, 공영방송과 수신료는 정당성이 흔들리게 된다. 이러한 미디어 환경 변화는 왜 공영방송이 특별한 규제(보호)를 통해 다른 미디어와 차별화해야 하는지, 국민은 준조세 성격의 수신료를 납부해야 하는지에 대한 정당성을 요구하고 있다. 민주주의와 공영방송 제도가 안착된 유럽은 디지털 미디어 환경에서 공영방송을 제도적으로 발전시키고 유지하기 위해 공영미디어(공공서비스미디어) 개념으로 전환하고, 디지털 시대에 새로운 정당성을 확보하고자 노력하고 있다.

한국의 공영방송도 정권이 교체될 때마다 이사회 여당과 야당의 변화와 함께 사장이 교체되는 부침을 거듭해 왔다. 공영방송은 지배 구조의 위기와 함께, 안정적 수신료 재원을 확보해야 하는 위기에 처해 있다. 지난 3월 대통령실은 국민제안을 통해 TV 수신료와 전기요금을 통합 징수를 개선하는 방안에 대해 국민의 의견을 수렴하였다. 이후 방통위는 방송법 시행령 개정을 거쳐 불과 한 달 만에 전기료와 통합 징수하고 있는 TV 수신료의 징수 방식을 변경하였다. 정부는 국민이 수신료 납부 사실을 명확히 인지하게 되고, 수신료에 대한 관심과 권리 의식이 높아질 것으로 기대하면서, 국민의 수신료 납부 대한 선택권을 주장해 왔다. 하지만 사실상 방송법 시행령 개정을 통해 더 이상 공영방송의 안정적인 수신료 재원을 보장하지 않겠다는 의도가 있어 향후 수신료를 둘러싼 헌법재판소의 법적 논쟁이 불가피할 것으로 예상된다.

지상파 디지털 전환 이후로 지상파(공영방송)방송은 사실상 플랫폼으로서 기능을 상실하게 되었다. 2001년부터 시작한 지상파 디지털 전환이 2012년 마무리가 되면서 지상파방송의 플랫폼은 지속적으로 하락하게 된다. 공영방송 플랫폼의 몰락은 보편적 서비스로서의 매체 기능 상실을 의미한다. 공영방송의 과거 지배력은 기존의 매체 소비가 (개인 중심의 고정형/이동형) 라디오와 (가족 중심의 고정형) 텔레비전 기기를 위주로 이루어졌기 때문에 가능했다. 그리고 결국 이것은 당대의 대중적 커뮤니케이션 인프라가 지상파 주파수 송출 네트워크의 독점이었기 때문에 가능했다. 따라서 과거의 사회적 지위와 기능을 지금 시대에도 유지하려면, 콘텐츠와 채널 단계 이전에, 매체 소비가 이루어지는 기기와 네트워크 단계에서 지상파의 지배력이 확보되어야 한다. 현재의 핵심 가치 사슬인 스마트 모바일 기기와 IP 유무선 통신 네트워크에 대한 지배력을 보유하지 못한다면, 과거와 같은 수준의 사회적 영향력과 기능을 수행하는 것은 불가능하다는 의미이다. (정준희, 2021)

한국 공영방송 지배 구조는 정치 후견주의로 인해 여야의 정치적 이해에 따라 1987년 이후 변화가 없는 제도로 굳어져 가고 있다. 공영방송의 거버넌스는 과거부터 집권당의 전유물로 인식

되었다. 정치 중립적이고, 정치 관여를 최소화하는 지배 구조로 전환이 어려운 것은 공영방송을 여전히 정치의 도구로 인식하고 있기 때문이다. 그리고 정치 권력이 교체되면 이전 정부에서 임명된 공영방송 사장들은 임기가 법으로 보장되었음에도 정치와 불편한 관계 속에서 이사회를 통해서 강제 해임되거나 사퇴 압력을 받는 일이 반복되고 있다. (조항제, 2021) 공영방송 사장을 교체하기 위해 방송통신위원회의 위원장을 비롯한 방통위원을 우선 교체하고, 방통위는 공영방송 이사회를 해임한 후, 재편된 이사회에서 공영방송 사장을 해임하는 행태를 반복하고 있다. 방송통신위원, 공영방송 이사, 공영방송 사장이 해임되면 행정법원에 이사나 사장 해임에 대한 집행을 정지하는 가처분 취소 소송을 제기한다. 이제까지 방송통신위원, 공영방송 이사, 공영방송 사장의 해임 처분에 대한 소송에서는 사장 해임 가처분을 기각하고, 본안 소송에서 승소하는 판결이 고착되었다. 이러한 사법부 판결의 선례로 정권이 교체되면 공영방송 사장의 해임을 당연시하고, 정권의 전리품으로 여기며 내부에서는 사장 퇴진 투쟁이 벌어지고, 정치권에서는 방통위 재편을 통한 사장 해임 절차가 반복하고 있다. 정치권의 공영방송 사장 교체 관행이 제도로 굳어진 것이다. 공영방송 지배 구조 안정화를 위해서는 행정부의 무리한 공영방송 지배 구조 개편과 사장 해임에 대해 해임 요건을 엄격히 해야 한다. 무엇보다도 사법부에서 위법하거나 절차를 무시하는 방통위원, 공영방송 이사, 공영방송 사장의 해임에 대해서는 가처분을 적극적으로 인용하여 정치권에 의한 강제적이고 인위적인 공영방송 이사회와 사장 해임을 방지하도록 해야 한다. 정치권력의 교체 시기마다 공영방송 사장이 교체가 지속적으로 반복되는 것은 공영방송의 거버넌스가 정치에 종속되었기 때문이며, 정부의 무리한 공영방송 지배 구조 재편에 대통령의 인사권을 존중해 온 사법부의 가처분 판결도 상당한 역할을 했다고 볼 수 있다.

또한, 공영방송의 수신료는 1981년 2,500원으로 결정된 이후 42년째 동결되어 있다. 거버넌스의 불안정과 함께 공영방송 프로그램의 정파성 논란이 제기되면서, 수신료 인상에 대한 사회적 합의가 어렵게 되었다. 2006년부터 4번의 수신료 인상 추진이 있었지만, 국회에서 회기가 종료되면서 3번의 수신료 안건이 폐기되었다. 2021년부터 추진하고 있는 4번째 수신료 조정안도 국회에서 더 이상 논의하지 않아 자동 폐기될 것으로 예상된다. 지난 4번의 수신료 인상 논의는 여야의 정쟁으로 인해 공영방송의 공적 사업을 수행할 수 있는 건전한 재원으로서, 정상적인 수신료 담론을 만들지 못했다. 수신료 인상을 반대하는 방만 경영과 편파 방송의 주장과 논리는 공영방송이 경청하고 수용해야 할 영원한 과제다. 다만 방만 경영과 편파 방송은 정치권은 물론 공영방송과 경쟁 구조에 있는 종편을 비롯한 상업 미디어 진영의 수신료 반대 논리로 악용되었다. 실제 방만 경영과 편파 방송의 프레임은 정상적인 수신료 논쟁을 가로막는 담론으로 작용하고 있으며, 결국 국회 상임위에서조차 제대로 된 생산적인 수신료 논의를 할 수 없는 구조로 굳어져 버렸다. 방만 경영과 편파

방송은 정쟁화된 미디어 지형에서 공영방송의 공적 서비스 확대를 위한, 그리고 디지털 시대의 공론장과 지역 방송을 활성화하는 생산적이고 미래 지향적인 논의를 가로막는 훌륭한 프레임으로 작용해 왔다. 결국 수신료 인상 논의는 선 인상 후 공영성 회복과 선 공영성 회복 후 인상의 주장이 닭과 달걀의 우선순위처럼 반복되다가, 수신료가 정쟁의 수단으로 여겨지면서 수신료 논의 자체가 사라졌다. 공영방송의 정당성과 가치 논쟁이 사라지면서 공영방송은 시장에서 멀어져 왔다. 그리고 30년 동안 전기료에 통합된 수신료 징수 체계는 시민과의 연대와 소통을 더욱 어렵게 했다.

플랫폼 기능을 상실하고, 저널리즘이 신뢰를 잃어가며, 거버넌스가 불안정한 공영방송은 수신료가 정쟁화되면서 존재 가치를 잃어가고 있다. 새로운 기술과 플랫폼의 출현에 따른 미디어 환경 변화에 적극적으로 대응하지 못한 공영방송은 플랫폼 지위를 상실했고, 종편과 같이 다양한 채널이 등장하면서 콘텐츠 제공자로서 위상도 격하되었다. 불안정한 거버넌스로 인해 정파성 논란이 재연되고 저널리즘 신뢰에 영향을 미친다. 결국 공영방송은 제도적 위기에 직면하게 되었다. 공영방송은 이상과 현실의 불일치를 겪고 있다. 이는 공영방송의 개념이 모호하고 명확하지 않은 이유이기도 하다. 공영방송은 법적으로 정의되어 있지 않고, 공영방송을 정당화하는 이론이 정립되어 있지 않기 때문이다.

새로운 기술의 변화, 이데올로기의 변화로 시청 환경이 변화하면서 공영방송은 부침을 거듭해 왔다. 나라마다 사정이 다르지만, 공영방송은 환경 변화에 따라 공영방송의 새로운 개념과 정당성을 시도하고 있다. 우리 사회는 아직 공영방송에 대한 정의와 공영방송의 바람직한 역할이 무엇인지에 대한 합의가 불분명하다. 그러나 공영방송에 기대하는 관행적인 부분은 존재한다. 일반적으로 공영방송은 민주주의 사회 질서를 유지하는 데 필요한 다양한 정보를 제공하고, 이를 바탕으로 서로 다른 의견이 경합할 수 있는 공론의 장으로 기능하길 희망한다. 또한, 공영방송은 정치와 경제, 문화 등 다양한 사회 영역에 대한 환경 감시와 더불어 사회 통합 기능도 수행해야 한다. 마찬가지로 한국의 문화적 역량을 강화하고, 지역적 다양성을 구현할 수 있는 프로그램을 만들어야 한다. (미디어오늘, 2022) 생성 AI가 폭발적으로 성장하면서 공영 미디어는 기술적, 사회문화적, 정치적으로 많은 변화를 겪을 것으로 예측된다. 새로운 기술과 플랫폼의 출현으로 거버넌스, 신뢰, 재원이 불안정한 공영 미디어는 더 큰 변혁의 소용돌이에 직면하고 있다. 챗GPT와 같은 생성형 인공지능 시대, 가상의 플랫폼인 메타버스 시대에 공영 미디어는 환경 변화에 대응하는 정체성을 확립하는 새로운 변화를 시도해야 한다. 공영방송은 변화된 미디어 환경에서 전통적으로 요구되던 공적 책무와 더불어 다양한 플랫폼에 양질의 신뢰할 만한 정보가 다양하게 노출하여 모든 지역민에게 도달될 수 있도록 거듭나야 한다.

공영 미디어 지속 가능성을 위해 기술 발전에 따른 부침은 물론 기술 발전 외적인 정치 제도와 연관된 거버넌스의 문제와 공영방송 저널리즘의 신뢰도 문제를 해결해야 한다. 거버넌스의 중립화와 미디어 신뢰도는 안정적인 수신료 재원을 보장하여 공영미디어의 존속 발전을 유지하는 핵심으로 작용한다. 공영방송은 기술의 진화를 예측하고 대응하는 서비스를 제공하는 사업자이면서 정치, 경제, 사회, 문화를 반영하는 사회제도다. 공영방송은 정치의 영향에 자유로울 수 없는, 정치의 영향이 절대적이기 때문에, 기술 변화에 대한 플랫폼 콘텐츠의 대응과 함께 거버넌스 혁신, 안정적인 재원의 보장에 대한 사회적 합의가 전제되어야 한다. 이번 편에서는 챗GPT·메타버스 시대에 기술 발전에 따른 공영방송의 위기와 존립이 흔들리는 공영 미디어의 헌법적 성격과 정당성에 대해 논의하고자 한다. 그리고 방송법 시행령 개정으로 수신료 징수 체계를 와해하려는 헌법적 문제점을 검토하고자 한다. 또한, 공영방송 체계서 공영 미디어로 전환을 고찰하고 현재 한국 공영방송이 직면한 거버넌스, 재원의 문제와 함께 지속 가능한 공영 미디어에 대해 논의하고자 한다.

2. 공영 미디어와 수신료 제도의 법적 정당성

1) 제도로서 공영 미디어와 규제(보호)의 필요성

공영방송은 하나의 사회제도다. 여기서 사회제도라는 말은 한 사회가 특정한 기능이나 목표를 달성하고자 만들어 낸 구조화된 체계를 의미한다. (정영주·홍종윤, 2021) 가장 포괄적인 수준의 제도는 민주주의 및 자본주의와 같은 정치·경제 체계를 의미하기도 하고, 중범위 수준에서는 선거, 정당, 교섭단체 등의 제도를 의미하며, 미시적 수준에서는 정부 부처, 위원회, 기업 등과 같은 개별 조직을 의미하기도 한다. (허찬행, 2015) 제도란 공식적 제도뿐 아니라, 관행과 같은 비공식적 제도로 이루어져 있으며, 한 국가의 특수한 역사적 배경, 그리고 그러한 역사 속에 배태되어 온 제도적 제약이 행위자의 선택을 제약하기 때문에, 여러 환경의 변화에도 불구하고 제도는 경로 의존적 모습을 갖게 된다. 공영방송 제도가 잘 변화하지 않는 것도 경로 의존적 특성으로 설명되며, 제도를 구성하고 있는 요소들 간의 모순, 정치 연합의 변화, 정책 이념의 변화 등 내생적 요인에 의해 점진적으로 제도가 변화할 수 있다는 것이다. 그러나 한국의 공영방송은 변화를 충분히 예측하면서도, 심지어 대전환을 눈앞에서 보면서도 제도로 된 대응을 하지 못하는 것, 즉 지난 10년간 전혀 변화하지 않은 것은 과거의 경로가 지닌 구속성이 얼마나 대단한지를 새삼 느끼게 해 준다.(조항제, 2021) 미디어 제도는 공중이나 정치, 정부, 법률, 종교, 경제 등 다른 사회적 제도의 기대를 반영하여 형성된다. 공영방송은 정치, 경제, 사회문화의 여러 이해 당사자들의 힘의 균형을 이루는 사회적 합의 제도로 중범위 수준의 제도에 해당한다. 많은 국가에서 공영방송은 법적으로 설립되고 수신료와 같은 공공기금에 의해서 재정이 유지가 되며, 편집과 운영에 대부분 독립성이 보장되는 방송 시스템을 가지고 있다.(McQuail, 2013)

우리나라도 방송법으로 한국방송공사를 설립하고, 공적 책무를 부여하며, 수신료 재원을 보장하는 법체계를 가지고 있다. 이론 상 공영방송은 헌법적으로 보호를 받는 사회적 제도로써 공적 통제, 공적 재원, 공적 서비스를 기본 요소로 하여 공익성을 지향하는 방송 제도다. (김진웅, 2008) 공영방송은 정치권력이나 사적 자본이 아닌 공적 소유 및 지배구조를 갖추어야 하고, 정치적 독립성과 시장으로부터의 자유를 확보하기 위해 수신료와 같은 공적 재원을 토대로 하며, 이를 기반으로 양질의 공공적 서비스를 제공하는 공적 책임을 수행해야 한다는 것이다. (정영주, 2015) 공식적 제도는 국가의 규제를 통해 유지 발전된다. 방송에서 규제 동기는 효과적인 민주주의 과정을 촉진하기 위해 다양성, 지역성, 경쟁, 보편적 서비스 등과 같은(종종 서로서로 갈등하지만) 주요 공익을 보호하기 위해서 존재한다. (Napoli, 2022) 유럽의 학자들은 미디어 환경 변화로 공영방송의 정당성이 위기를 초래할 때마다 공영방송이 공론장을 담당하는 민주주의의 필수적인 제도로서 공영방송의 정당성을 옹호해 왔다. 방송은 국민의 일상에 직접적으로 지대한 영향을 미침으로 사회적 응집력과 문화적 정체성을 보존하기 위해서 국가의 공적인 지배 구조와 규제가 필요하다. 방송을 전적으로 시장에 일임하게 되면 선정적으로 될 수 있으며, 필요에 의한 프로그램만을 공급하게 되어 다양성을 확보하는 로컬 뉴스, 품질을 우선시하는 문화 콘텐츠 등 시장에서 제공하기 어려운 콘텐츠가 과소 공급될 우려가 있기 때문이다.

방송에서 국가의 개입(보호)은 경제적 기준의 근거가 아니라 교육, 평등, 국가 정체성 그리고 사회적 응집력과 같은 사회적 목적을 달성하기 위해 시작되었다. (Brown, 1996) 통상 공영방송 서비스는 그 사회 내에서 가장 높은 수준의 규제를 받는다. 방송은 그를 전달할 주파수가 희소하고, 공공재이며, 규모의 경제에 따라 자연 독점에 이르게 되고, 내용의 영향성으로 인해 긍정적 또는 부정적 외부 효과를 발생시키며, 그중에서도 고품질 방송은 가치재로서 자유시장에서는 충분히 공급되기 어렵고, 소비 전에 그 가치를 알 수 없다는 점 등에서 국가 개입(보호)이 불가피한 것으로 인식되기 때문이다. (강형철, 2016) 그러나 미디어 환경 변화는 규제 논리와 규제 근거를 약하게 만들어 규제를 통해서 공영방송을 보호하거나 차별화하는 경계선이 허물어지고 있다. 방송은 가치재로서 시장에서 공급이 어렵기 때문에 공익을 위해 가치 있는 상품을 제공하기 위해서, 공적 예산을 통해 충족해야 한다. 초기 미디어 제도의 공적 개입 정당성은 주로 정부 중심으로 정부 엘리트나 문화 엘리트의 규범적 가정에서 출발했다. 사회 질서와 통제가 필요한 사회에서 위험 사회의 안정을 위하고, 방송은 사회적 정치적으로 영향력이 막강해서 정부 지원의 서비스가 보장되어야 했다. 그리고 시장은 적어도 어떤 보편적 서비스를 목적으로 하는 서비스를 효과적으로 제공할 수 없다는 근거에서 미디어 정책에 국가의 개입을 정당화해 왔다. 민주주의 국가의 미디어 규제는 시장의 자유에 의존하는 미국식과 정부가 강력하게 개입하는 유럽식이 있다. 미디어에서 미국식 규제는 언론의 자유를 존중하며 시장 자율에 따라 운영하는 것이고, 유럽식은 정부가 공영방송과 지상파방송을 통해 직접 시장에 개입하여 공급자로서 역할을 담당하는 것이다. 통상 유럽 미디어 시스템은 미국보다 더 개입주의적이다. 미국 방송 모델이 보편적 접근의 적절한 수단과 모든 소비자를 만족시키는 콘텐츠의 수단으로써 수요와 공급의 자유시장 원칙에 기초하고 있다면, 유럽 방송 모델은 소비자 선택과 개인적 자유보다 집합적인 사회의 활동하는 구성원으로서 시민의 의무와 필요를 더 강조한다. 우리나라 공영방송 제도는 공적 소유, 공적 지배 구조, 공적 재원과 의무를 기초로 하는 유럽의 개입주의적 모델을 기초로 공공의 규제를 받는다.

우리나라는 공영방송의 개념이 부재하고 규제를 정당화하는 이론적 논의가 부족한 상황이다. 공영방송의 개념과 정의가 다양하게 해석되는 것은 나라마다 정치 구조에 따라 공영방송의 운영 형태와 지배 구조가 다르기 때문이며, 공익 관점 혹은 민주주의 관점이나 시장 실패의 관점 등 이데올로기에 따라 공영방송을 정당화하는 이론과 주장이 다르게 나타난다. 공영방송은 관점과 이데올로기에 따라 공적 서비스와 정체성이 상이하게 나타나며 공적 서비스의 수혜자인 국민, 제공자인 공영방송, 감독 기관인 정치권과 정부 그리고 학계와 시민단체가 공영방송의 정체성을 서로 다르게 인식하는 경향이 있다. 이러한 인식의 차이는 공영방송에 대한 규제(보호) 정책의 정도와 수신료의 인상과 같은 사회적 이슈가 제기될 때 공영방송에 대한 사회적 합의를 어렵게 한다. (박종원, 2022) 한국의 공영방송은 후견주의를 배제하기 위한 다양한 거버넌스(지배구조) 논의와 수신료 인상시 당위성에 대한 찬성과 반대의 논쟁은 있었지만, 공영방송을 정당화하는 학술적, 정책적, 규제 관점에서 사회적 이론적 논의는 부족했다. 디지털 시대에 공영방송 서비스의 의미가 변화하고 이용자가 파편화되면서 공영방송 제도를 정당화하는 개념과 이론의 재정립이 필요하다. (이준웅, 2017) 공영방송의 법적 정당성에서는 헌법과 방송법이 공영방송에 부여한 기본권으로서 방송의 자유 권리를 검토하고, 방송법 시행령으로 수신료 분리 징수를 개정하는 정부의 행정 입법에 대한 법적 문제점들을 고찰하고자 한다.

2) 방송의 자유와 기본권으로서 공영방송의 헌법적 성격

텔레비전 수신료를 분리 고지하는 방송법 시행령 개정의 위법성을 판단하기 위해 헌법과 방송법에 명시된 그리고 헌법재판소가 결정한 공영방송과 수신료의 헌법적 성격을 이해하는 것이 필요하다. 헌법 제21조 제1항에서 "모든 국민은 언론·출판의 자유와 집회·결사의 자유를 가진다."라고 규정하였다. 헌법에 보장되는 언론·출판의 자유에는 방송의 자유가 포함된다. (헌법재판소, 91헌바17; 헌재 2001. 5. 31. 2000헌바43 등, 판례집 13 − 1; 헌재 2002헌바49) 방송의 자유는 주관적 권리로서의 성격과 함께 자유로운 의견 형성이나 여론 형성을 위해 필수적인 기능을 행하는 객관적 규범 질서로서 제도적 보장의 성격을 함께 가진다. 이러한 방송의 자유 보호영역에는, 단지 국가의 간섭을 배제함으로써 성취될 수 있는 방송 프로그램에 의한 의견 및 정보를 표현, 전파하는 주관적인 자유권 영역 외에 그 자체만으로 실현될 수 없고, 그 실현과 행사를 위해 실체적, 조직적, 절차적 형성 및 구체화를 필요로 하는 객관적 규범 질서의 영역이 존재하며, 더욱이 방송 매체의 특수성을 고려하면 방송의 기능을 보장하기 위한 규율은 신문 등 다른 언론 매체보다 높다. 그러므로 입법자(국회)는 자유민주주의를 기본원리로 하는 헌법의 요청에 따라 국민의 다양한 의견을 반영하고 국가권력이나 사회 세력으로부터 독립된 방송을 실현할 수 있도록 광범위한 입법 형성 재량을 갖고 방송 체제의 선택을 비롯하여, 방송의 설립 및 운영에 관한 조직적, 절차적 규율과 방송 운영 주체의 지위에 관하여 실체적인 규율을 행할 수 있다. (헌법재판소, 2002헌바49) 또한, 텔레비전방송은 언론자유와 민주주의의 실현에 있어 불가결의 요소이고 여론의 형성에 결정적인 영향력을 행사하며, 정치적·사회적 민주주의의 발전에도 중요한 영향을 미친다. 이러한 공사가 공영방송사로서 공적 기능을 제대로 수행하면서도 아울러 언론 자유의 주체로서 방송의 자유를 제대로 향유하기 위하여서는 그 재원 조달의 문제가 결정적으로 중요한 의미를 지닌다. (헌법재판소, 98헌바70) 결국 헌법과 헌법재판소의 결정에 의하면 한국방송공사(KBS)는 방송의 자유 기본권을 가지며, 한국방송공사는 법적 성격에 따라 국가와 사회의 모든 세력으로부터 독립해 국민의 사적·공적 의사 형성을 위해 방송의 헌법적 기능을 수행해야 한다. 이러한 방송의 헌법적 기능의 수행은 공사의 인적 및 물적 독립이 전제되어야 한다. (전상현, 2018)

헌법

제21조 ① 모든 국민은 언론·출판의 자유와 집회·결사의 자유를 가진다.

③ 통신·방송의 시설 기준과 신문의 기능을 보장하기 위하여 필요한 사항은 법률로 정한다.

기본권인 방송의 자유 실현을 위해 헌법 제21조 제3항으로 방송의 시설 기준에 필요한 사항을 규정하고 있다. 이러한 헌법의 취지에 따라 국회는 방송법 내에 제4장 한국방송공사를 별도로 규정하고 있다. 방송법 한국방송공사 조항의 방송법 제43조 제1항은 "공정하고 건전한 방송 문화를 정착시키고 국내외 방송을 효율적으로 실시하기 위하여 국가기간 방송으로서 한국방송공사를 설립한다."라고 규정하고 있다. 한국방송공사는 국가기간 방송으로서 방송면에서 주권자인 국민 그 자체이며, 국민을 대변하는 1차적 국가기관이라고 할 수 있다. 즉 주권자 집단의 일반의지의 집결과 표현·행사의 주체이며, 국가적 정체성을 확립할 수 있다. (문재완, 2013) 공영방송은 소유 구조에서 볼 때 법적으로 지방자치단체나 공법상의 영조물법인이 소유하는 형태를 띤다. (박선영, 2001) 영조물법인은 행정법상 "특정한 행정 목적을 달성하기 위하여 공법상의 법인격을 부여하여 설립된 인적·물적 결합체"를 말한다. (박균성, 2013) 대체적으로 정신적·문화적 목적을 효과적으로 달성하기 위하여 설립되고 있다. 가령 한국방송공사, 한국전력공사, 서울대학교병원, 적십자병원, 과학기술원,

한국기술검정공단 등이 이에 해당된다. (헌법재판소, 2009) 또한, 방송법은 공적 지배 구조 구성(방송법 제46조, 이사회의 설치 및 운영 등), 공사의 공적 책임(방송법, 제44조)과 공사의 재원(방송법, 제56조)을 수신료로 충당하도록 명시하고 있다. 그리고 헌재의 결정에 따라 수신료 금액의 결정(방송법 제65조)과 수신료 납부 의무자의 범위(방송법 제64조), 수신료 징수절차(방송법 제66조) 등과 함께 수신료에 관한 본질적이고 중요한 사항은 입법자인 국회가 스스로 결정하도록 하고 있다. (헌재, 98헌바70) 수신료를 납부하는 고지 행위 등 세부적인 방송법 시행령(제43조 2항)으로 규정하고 있다. 한국방송공사와 관련된 방송법 조항은 아래와 같다.

방송법 제4장 한국방송공사
제43조(설치등) ① 공정하고 건전한 방송 문화를 정착시키고 국내외 방송을 효율적으로 실시하기 위하여 국가기간 방송으로서 한국방송공사(이하 이 章에서 "公社"라 한다)를 설립한다.
제44조(공사의 공적 책임) ① 공사는 방송의 목적과 공적 책임, 방송의 공정성과 공익성을 실현하여야 한다.
② 공사는 국민이 지역과 주변 여건과 관계없이 양질의 방송서비스를 제공받을 수 있도록 노력하여야 한다. 〈개정 2020. 6. 9.〉
③ 공사는 시청자의 공익에 기여할 수 있는 새로운 방송 프로그램·방송 서비스 및 방송 기술을 연구하고 개발하여야 한다.
④ 공사는 국내외를 대상으로 민족 문화를 창달하고, 민족의 동질성을 확보할 수 있는 방송 프로그램을 개발하여 방송하여야 한다.

⑤ 공사는 방송의 지역적 다양성을 구현하고 지역사회의 균형 있는 발전에 이바지할 수 있는 양질의 방송 프로그램을 개발하여 방송하여야 한다.

제46조(이사회의 설치 및 운영 등) ① 공사는 공사의 독립성과 공공성을 보장하기 위하여 공사 경영에 관한 최고 의결기관으로 이사회를 둔다.

제56조(재원) 공사의 경비는 제64조에 따른 텔레비전 방송 수신료로 충당하되, 목적 업무의 적정한 수행을 위하여 필요한 경우에는 방송 광고수입 등 대통령령으로 정하는 수입으로 충당할 수 있다.

제64조(텔레비전 수상기의 등록과 수신료 납부) 텔레비전 방송을 수신하기 위하여 텔레비전 수상기(이하 "수상기"라 한다)를 소지한 자는 대통령령으로 정하는 바에 따라 공사에 그 수상기를 등록하고 텔레비전방송 수신료(이하 "受信料"라 한다)를 납부하여야 한다. 다만, 대통령령으로 정하는 수상기에 대하여는 그 등록을 면제하거나 수신료의 전부 또는 일부를 감면할 수 있다.

제65조(수신료의 결정) 수신료의 금액은 이사회가 심의·의결한 후 방송통신위원회를 거쳐 국회의 승인을 얻어 확정되고, 공사가 이를 부과·징수한다.

제66조(수신료등의 징수) ① 공사는 제65조에 따라 수신료를 징수하는 경우 수신료를 납부하여야 할 자가 그 납부 기간 내에 이를 납부하지 아니할 때에는 그 수신료의 100분의 5의 범위 안에서 대통령령으로 정하는 비율에 상당하는 금액을 가산금으로 징수한다.

제67조(수상기 등록 및 징수의 위탁) ② 공사는 수상기의 생산자·판매

인·수입 판매인 또는 공사가 지정하는 자에게 수상기의 등록 업무 및 수신료의 징수 업무를 위탁할 수 있다.

헌법, 방송법 및 방송법 시행령의 공영방송과 수신료의 성격 그리고 수신료 납부 및 분리 고지와 관련된 내용과 쟁점을 요약하면 [표 1]과 같다.

[표 1] 헌법, 방송법, 방송법 시행령의 공영방송과 수신료 관련 조항

헌법	방송법(한국방송공사)	방송법시행령 개정
기본권(21조, 1.3항) 명시 - 방송의 자유 - 방송 시설 기준	방송의 자유 보장(1조), 기본권 실현 주체	
	공사 설치(43조), 국가기간 방송으로 규정	
	재원(56조) 수신료로 충당	
	수상기 등록 및 납부(64조), 수신료 납부 의무 명시	수신료 납부 선택권을 주장
	수신료 징수 (66조) 징수 근거, 가산금, 국세체납	사실상 준조세 성격을 무시
기본권 제한 원칙 - 법률 유보(37조2항) - 포괄위임 금지(75조) - 비례의 원칙	수상기 등록 및 징수위탁(67조) - ②공사가 지정하는 자 등록 및 징수 업무 위탁 명시 - 헌법재판소, 통합 징수 정당성 인정	수신료의 납부 통지(43조) - ② 징수 시 고지 행위와 결합하여 행하여서는 아니 된다.

따라서 한국방송공사(공영방송)는 헌법 제21조 1항과 3항에 의해 방송 자유의 측면에서나 국민 기본권 실현 측면에서(헌재, 98헌바70) 헌법적 가치를 가지며, 수신료 재원(방송법 제56조)을 보장하여 방송

의 자유와 국민 기본권을 실현하도록 하고 있다. 그리고 공법인인 동시에 영조물법인이다. 국가로부터 독립된 주체가 방송을 담당하게 함으로써 국가의 간섭과 통제로부터 언론의 자유와 표현의 자유를 보호하는 제도로서 헌법적 기능을 가진다. 방송의 자유를 실현하고 공론장 역할을 하는 공영방송은 민주주의의 핵심 구성요소라 할 수 있다.

3) 수신료를 분리 고지하는 방송법 시행령의 위법성

텔레비전 수신료에 관한 헌법적 문제는 이미 1990년대 초반에 독일에서 논의된 바가 있다. 독일 연방헌법재판소는 텔레비전 수신료에 관한 사항은 방송 정책의 문제가 아니라, 헌법상 방송의 자유에서 도출되는 헌법의 문제이다. 헌법상 방송의 자유는 국민에 대하여 기본적인 방송을 공급하는 공영방송에 대하여 그 기능에 적합한 재원 조달을 보장하고 있기 때문이다. (전정환, 2004) 방송의 자유는 무엇보다도 프로그램의 자유를 의미한다. 공영방송의 수신료는 방송 프로그램의 자율성과 중립성을 보장해 준다. 정부와 입법자가 재원 조달에 제한을 가하는 방식으로 공영방송 프로그램에 대해 영향력을 행사한다면 헌법에서 보장하고 있는 방송의 자유를 침해한 것이 된다. (김태수, 2006)

수신료와 관련된 헌법재판소의 역사적 판결은 구 한국방송공사법(1990. 8. 1 개정) 제36조(수신료의 결정) 제1항 "수신료의 금액은 이사회가 심의·결정하고, 공사가 공보처 장관의 승인을 얻어 이를 부과·징수한다"라는 조항에 대한 위헌 소송으로 거슬러 간다. 수신료와 같은 준조세 성격의 부담금을 정부(공보처 장관)의 승인을 얻어 결정하는 것이 국민의 기본권을 침해하는지가 쟁점이었다. 헌법재판소는 수신료의 성격을 공사가 수행하는 텔레비전 방송 등의 특정 공익사업의 재정에 충당되는 특별부담금으로 규정하였다. 그리고 수신료는 특별 부담금으로서 국민에게 금전 납부 의무를 부과하는 것이므로, 공사가 수신료를 부과·징수하는 것은 국민의 재산권에 대한 제한을 가하는 행정 작용임에 분명하고, 그중 수신료의 금액은 수신료 납부 의무자의 범위, 수신료의 징수절차와 함께 수신료 부과·징수에 있어서 본질적인 요소이다. 대부분의 가구에서 수상기를 보유하고 있는 현실에서 수신료의 결정 행위는 그 금액의 다과를 불문하고 수많은 국민의 이해관계에 직접 관련된다. 따라서 수신료의 금액은 입법자가 스스로 결정하여야 할 사항이라고 결정하였다. (헌법재판소, 98헌바70) 국민 기본권 실현과 관련된 영역을 행정에 맡길 것이 아니라 국민의 대표자인 입법자가 결정하여야 한다는 것이다. 그리고 수신료 수입이 끊어지면 한국방송공사의 방송 사업은 당장 존폐의 위기에 처하게 될 것이고, 이는 우리 사회에 엄청난 파장을 미치게 됨은 물론 방송의 자유와 국민의 알 권리에 심각한 훼손을 입히게 된다는 것이다.

이후 텔레비전 방송 수신료의 부과와 그 징수 업무의 위탁을 규정한 포괄위임입법의 금지를 다룬 방송법 제64조(제67조 제2항)의 헌법재판소 판결(헌법재판소, 2006헌바70)[2]은 헌법재판소의 위헌 소송이 진행되고 있는 방송법 시행령 제43조 제2항의 개정에 시사하는 바가 크다. 이 판결에서 방송법은 한국방송공사(KBS)가 지정하는 자 등에게 징수 업무를 위탁할 수 있도록 규정하고 있고(방송법 제67조 제1항, 제2항)[3], 방송법 시행령에서는 징수 업무를 위탁받은 자(한전)는 자신의 고유 업무와 관련된 고지 행위와 결합하여 징수 업무를 할 수 있는 것으로 규정하고 있는 바(방송법 시행령 제43조 제2항)[4], 수신료의 납부 금액, 납부 의무자의 범위, 징수 절차에 관하여 방송법에 기본적인 내용이 규정되어 있는 이상 징수 업무를 한국방송공사가 직접 수행할 것인지 제3자에게 위탁할 것인지, 위탁한다면 누구에게 위탁할 것인지, 위탁받은 자가 자신의 고유 업무와 관련하여 결합 징수를 할 수 있는지는 징수 업무 처리의 효율성 등을 감안하여 국민의 기본권 제한에 관한 본질적인 사항이 아니라 법률 유보 원칙에 위반되지 않는다고 판시했다. 수신료의 결합고지와 징수 업무를 위탁하는 시행령 제43조 제2항은 국민의 기본권을 침해하지 않는다는 것이다.

또한, 2009년 ○○○ 등이 수신료 징수 절차를 위임한 방송법 시행령 제43조 제2항이 국민의 재산권과 관련된 중요한 본질로

---

2) 방송법 제64조 등 위헌 소원(제67조 2항)
3) 방송법 제67조(수상기 등록 및 징수의 위탁) ① 공사는제66조에 따른 수신료의 징수 업무를 시·도지사에게 위탁할 수 있다.〈개정 2020. 6. 9.〉
   ② 공사는 수상기의 생산자·판매인·수입판매인 또는 공사가 지정하는 자에게 수상기의 등록 업무 및 수신료의 징수 업무를 위탁할 수 있다.
4) 방송법 시행령 제43조 ② 지정받은 자가 수신료를 징수하는 때에는 지정받은 자의 고유 업무와 관련된 고지 행위와 결합하여 이를 행할 수 있다.

시행령이 아닌 법률로 규율하여야 한다는 소송에서 서울행정법원(서울행정법원 2009. 1. 8. 선고 2008구합31208)의 판결도 방송법 제66조(수신료 등의 징수), 제67조(수상기 등록 및 징수의 위탁)에 근거해 징수 업무가 위탁받은 고유 업무와 결합하여 이루어질 수 있으므로 방송법 시행령 제43조 제2항은 의회 유보 원칙에 반하거나 위임 입법의 한계를 일탈하여 법률 유보 원칙에 위배된다고 할 수 없다고 판시하였다. 여기서 의회 유보의 의미는 국민의 자유와 권리의 제한이나 형성에 있어서 본질적인 것은 국회 스스로가 직접 법률에 정해야 하며, 위임해서는 안 된다는 것을 뜻한다. 수신료 결합 고지와 관련된 헌재와 행정법원의 판결은 방송법 시행령 제43조 제2항이 시행령으로 적법하다는 것이다. 또한, 시행령 제43조 제2항에 의한 수신료 통합고지 징수는 공영방송의 유지·발전을 위해 수신료를 보다 효율적으로 공평하게 징수하기 위한 것으로서 실제로 통합 징수 제도가 도입되기 이전보다 징수율이 현저히 향상되고 징수 비용이 절감되었다는 효과가 발생하였다는 점에서 목적의 정당성 및 방법의 정당성이 인정된다고 판시하여(서울행정법원 2009. 1.8. 선고 2008구합31208), 수신료 통합 징수와 결합 고지의 정당성을 인정하였다.

헌법재판소 판결(2006헌바70)과 서울행정법원(서울행정법원 2009. 1.8. 선고 2008구합31208)의 판결의 핵심은 수신료 결합 고지는 공영방송의 유지 발전을 위해 효율적이고, 공평한 징수를 가능케 하여 목적과 방법의 정당성을 인정하면서도 시행령으로 가능하며 법률 유보에 해당하지 않고, 국민의 기본권을 침해하지 않는다는 것이다.

일견 헌재의 판결과 행정법원의 판결은 결합 고지에 대한 방송법 시행령 개정이 정부에 위임된 것이며, 기본권 침해가 되지 않아서 정부가 개정한 방송법 시행령 제43조 제2항은 적법하다고 생각할 수 있다. 그러나 국민의 기본권을 침해하지 않고, 의회 유보가 아니라 시행령으로 가능하다는 두 판결의 대전제는 앞서 검토한 공영방송과 수신료의 헌법적 성격, 방송의 자유 및 국민의 기본권 실현 측면에서 헌법과 방송법의 취지에 의해 공영방송의 재원을 보장하는 모법의 정신에 따라 방송법 시행령으로 수신료 납부의 결합 고지를 위임한 것이라 할 수 있다. 헌재의 결정과 대법원의 수신료에 대한 판결은 일관되게 방송의 자유를 실현하고 공영방송의 독립성과 공익적 목적을 달성하기 위해 공영방송의 독립성과 수신료 제도의 존속과 발전을 보장하는 취지와 정신에 입각한 것이다. 개인의 기본권 제한보다 공영방송의 공익적 목적 달성을 위해 수신료 제도를 인정한 것이라 할 수 있다.

즉 방송법 시행령 제43조 제2항에 관한 기존의 두 판결은 방송의 자유의 기본권과 독립성을 구현하기 위해 수신료 제도를 보장하는 헌법과 방송법의 정신을 반영한 결과라 할 수 있다. 헌법재판소와 행정법원의 판결을 종합하면, 방송 자유의 기본권을 가진 공영방송과 수신료 제도를 인정하면서, 공영방송의 독립성과 존속 발전을 보장하기 위해 수신료 징수 제도를 인정한 판결이라 할 수 있다. 수신료 결합 고지 행위는 국민의 기본권을 침해한다기보다 기본권의 주체로서 국민 기본권을 실현해야 하는 공영방송과 수신료 제도를 헌법적으로 보장하는 수단이라 할 수 있다.

4) 수신료를 분리 고지하는 방송법 시행령 개정의 위헌성

정부는 2023년 7월 11일 방송법 시행령 제43조 제2항을 "지정받은 자(한전)가 수신료를 징수하는 때에는 지정받은 자의 고유업무와 관련된 고지 행위와 결합하여 이를 행하여서는 아니 된다."라고 개정했다. 한전이 수신료를 전기와 결합 고지하는 방안을 분리 고지하도록 시행령을 개정한 것이다. 방송법 시행령 개정 전후 비교표는 [표 2]와 같다.

[표 2] 방송법 시행령 제43조 제2항 개정 전후 비교

개정 전	개정 후
제43조(수신료의 납부통지) ② 지정받은 자가 수신료를 징수하는 때에는 지정받은 자의 고유업무와 관련된 고지 행위와 결합하여 이를 <u>행할 수 있다.</u>	제43조(수신료의 납부통지) ② 지정받은 자가 수신료를 징수하는 때에는 지정받은 자의 고유업무와 관련된 고지 행위와 결합하여 이를 <u>행하여서는 아니 된다.</u>

공법 이론에 따르면, 한국방송공사는 공법상 광의의 행정기관으로서 영조물법인이다. 공영방송은 공적 주체에 의해 설립되고, 공적 재원으로 운영되므로 기본권 수범자 지위를 갖지만, 동시에 국가와는 구별되는 독립된 존재로서 언론기관의 기능을 수행한다는 점에서 기본권의 주체로도 인정된다. 이러한 의미에서 공영방송은 이중적 지위를 갖는다. (전상현, 2018) 공법인은 기본권의 수범자로서 헌법소원을 제기할 수 없지만, 공영방송은 방송 자유의 기본권 주체가 인정하고 있어 헌법소원을 제기할 수 있다. 공권력의 주체라 할지라도 공영방송국과 같이 국가에 대해 독립성을 가지고 해당 기본권 영역에서 개인들의 기본권 실현에

도 이바지하는 경우에는, 예외적으로 헌법소원심판을 청구할 수 있는 기본권 주체로서의 성격을 가진다. (헌법재판소, 2012헌마271) 헌법재판소법 제68조(청구사유) 제1항은 "공권력의 행사 또는 불행사(不行使)로 인하여 헌법상 보장된 기본권을 침해받은 자는 법원의 재판을 제외하고는 헌법재판소에 헌법소원심판을 청구할 수 있다."라고 규정하고 있다. 공영방송은 헌법상 방송 자유의 기본권적 권리를 가지기 때문에 행정입법(시행령 개정)으로 방송의 자유에 해당하는 기본권이 침해받은 자(KBS)는 헌법재판소에 헌법소원심판을 청구할 수 있다. 한편, 공영방송과 함께 공영방송 방송 종사자도 방송 자유의 주체가 될 수 있다. 방송의 자유의 주체가 될 수 있다는 것은 어디까지나 올바른 여론 형성을 목적으로 제3자, 즉 국민에게 봉사하는 자유로서의 주체를 의미한다. 방송 편성 책임자의 자율적 방송 편성의 보장 그리고 취재 및 제작 종사자의 의견을 들어 방송 편성 규약을 제정하도록 한 방송법 제4조[5)]와 그 밖의 관련 법규의 취지에 의하면, 방송 사업자와 방송 편성 책임자뿐 아니라 방송의 취재, 제작, 편성에 관여하는 기자, 피디 등의 방송 사업 종사자들도 방송의 자유의 주체가 된다. (서울남부지방법원, 2014)

---

5) 제4조(방송 편성의 자유와 독립) ① 방송 편성의 자유와 독립은 보장된다.
② 누구든지 방송 편성에 관하여 이 법 또는 다른 법률에 의하지 아니하고는 어떠한 규제나 간섭도 할 수 없다.
③ 방송 사업자는 방송 편성 책임자를 선임하고, 그 성명을 방송 시간 내에 매일 1회 이상 공표하여야 하며, 방송 편성 책임자의 자율적인 방송 편성을 보장하여야 한다.
④ 종합편성 또는 보도에 관한 전문 편성을 행하는 방송 사업자는 방송 프로그램 제작의 자율성을 보장하기 위하여 취재 및 제작 종사자의 의견을 들어 방송 편성 규약을 제정하고 이를 공표하여야 한다.

이제까지 수신료 제도에 대한 위헌 소송은 개인이 기본권 침해로 인해 공영방송과 한전과의 수신료 제도와 관련된 소송이었다. 하지만 정부의 수신료 통합 징수를 금하는 시행령 개정에 대한 공영방송의 위헌 소송은 방송의 자유의 기본권 침해에 대한 소송이다. 결국 방송법 시행령 개정에 대한 헌재 소송의 쟁점은 수신료의 전기 통합 징수를 분리 고지할 경우, 공영방송의 방송 프로그램을 자율적이고 중립적으로 제작할 수 있는 방송 자유의 기본권을 침해하는지 여부가 쟁점이 된다. 행정부가 공영방송의 수신료 재원, 징수 체계에 개입하여 수신료 재원이 안정적으로 조달될 수 있는지, 이를 통해 방송 프로그램을 자율적으로 중립적으로 제작할 수 있는지가 쟁점이 될 것이다.

법적 체계로는 대통령령으로 규정한 위임입법의 범위를 정하는 헌법 제75조 "대통령은 법률에서 구체적으로 범위를 정하여 위임받은 사항과 법률을 집행하기 위하여 필요한 사항에 관하여 대통령령을 발할 수 있다."라는 대통령령의 위법성을 다투는 것이다. 이를 포괄위임금지 원칙이라 하는데, 헌법에서 규정한 취지는 국민의 기본권 및 기본 의무에 관한 사항과 국가 조직의 중요사항과 본질적 내용은 입법부가 법률의 형태로 정해야지, 행정부나 사법부에 이러한 입법 기능을 '포괄적'으로 전부 위임해서는 안된다는 취지다. (전종익, 2013)

방송법 시행령 제43조 제2항 개정 이후 수신료 징수를 대행하는 한국전력은 KBS와의 협상에서 2024년 12월 말까지 계약된 통합 징수 계약을 해지할 것을 요구하고 있다. 수신료가 전기료에 분리 고지될 경우, 수신료를 미납하는 가구는 점차 증가할 것으로 예상하며, 한전의 예상과 같이 분리 징수 시 총 징수 비용이 660억 원에서 2,296억 원으로 대폭 상승하여 수신료 미납율 증가와 함께 징수 비용의 증가로 인해 공영방송의 수신료 수입은 대폭 감소할 것으로 예상된다. (KBS 자료, 경향신문 7.12 사설 등)

수신료와 관련된 쟁점이 다소 복잡하지만, 헌법과 방송법 등 기존의 수신료와 관련된 헌법재판소 결정문과 법원의 판결문을 토대로 방송법 시행령 개정의 위법성을 검토하고자 한다.

구체적으로 방송법 시행령 제43조 제2항의 위법성은 아래와 같다.

첫째 수신료 징수 체계의 변화는 공영방송이 재원 조달을 어렵게 함으로써 방송의 자유인 기본권을 침해하고 있다. 정부의 시행령 개정은 단순히 징수 방식의 변경이라기보다 1994년부터 전기료와 결합 고지를 통해 안정적으로 징수해 온 수신료 체계의 근간을 흔드는 것으로, 결국 징수 방식의 변경은 독립적인 공영재원으로서의 수신료 조달을 불가능하게 하기 때문이다. 헌법과 방송법에서 보장하고 있는 수신료의 본질적인 사항을 넘어 공영방송의 재원 조달에 막대한 영향을 미치게 되어 방송의 자유를 실현하는 공영방송의 기본권을 침해하고 있다.

둘째 법률유보, 의회유보 원칙에 위배된다. 헌법 제37조 제2항은 국민의 모든 자유와 권리는 국가안전보장·질서 유지 또는 공공복리를 위하여 필요한 경우에 한하여 '법률로써' 제한할 수 있도록 명시한다. 국민의 권리를 제한하거나 국민에게 의무를 부과하는 법규 사항에 법률유보 원칙이 일차적으로 적용된다. (국회 법제실, 2020) 헌법재판소는 한국방송공사(KBS)가 국가나 정치적 영향력, 특정 세력으로부터 자유로운 방송의 자유를 실현하기 위해 수신료를 자유 실현의 토대로 인정하고 있다. 또한, 공사가 공영방송사로서의 공적 기능을 제대로 수행하면서도 아울러 언론자유 주체로서 방송의 자유를 제대로 향유하기 위하여서는 재원 조달의 문제가 결정적으로 중요한 의미를 지니며… 방송법은 수신료를 공사의 원칙적인 재원으로 삼고 있으므로 수신료에 관한 사항은 공사가 방송의 자유를 실현함에 있어서 본질적으로 중요한 사항으로 특히 수신료는 국민의 기본권 실현과 관련된 사항으로 국회의 소관으로 규정하고 있다. (98헌바70) 방송법 시행령 제43조 제2항의 개정으로 수신료 결합 고지를 금지하여, 30년간 안정적인 징수 체계가 무너지면서 수신료 재원을 보장할 수 없다. 수신료 재원을 보장하여 방송의 독립성을 구현하는 헌법과 방송법을 위반하며, 헌법에 규정된 국민의 기본권 실현과 방송의 자유를 침해한다.

셋째 비례원칙 또는 과잉금지원칙의 위배다. 우리 헌법은 제37조 제2항에서 "국민의 모든 자유와 권리는 국가안전보장, 질서 유지 또는 공공복리를 위하여 필요한 경우에 한하여 법률로써 제한할 수 있으며, 제한하는 경우에도 자유와 권리의 본질적인 내용을 침해할 수 없다."라고 선언하여, 이 원칙을 명문으로 인정하고 있다는 것이 헌법재판소의 기본 입장이다. 나아가 헌법재판소는 비례원칙을 국가가 국민의 기본권을 제한하는 내용의 입법 활동을 함에 있어서 준수하여야 할 기본 원칙 내지 입법 활동의 한계를 의미하는 것으로서, 국민의 기본권을 제한하려는 입법의 목적이 헌법 및 법률의 체제상 그 정당성이 인정되어야 하고(목적의 정당성), 그 목적의 달성을 위하여 그 방법이 효과적이고 적절(방법의 적정성)하여야 한다. (전창수, 2009) 현행 방송법 제67조는 수신료 징수를 시도지사 또는 수상기 생산자 등 또는 공사가 지정하는 자에게 수상기의 등록 업무 및 수신료의 징수 업무를 위탁할 수 있도록 했다. 그러나 방송법 시행령 제43조 제2항은 방송법에 규정된 지정받은 자(한전)가 고지 행위와 결합할 수 없도록 하고 있어 방송법 제67조를 정면으로 위반하고 있다. 수신료 재원을 보장해서 방송의 자유를 실현하고 공영방송의 존속 발전을 도모하는 헌법과 방송법 등 상위 법률의 입법 목적을 훼손시키거나 사실상 상위 법률의 내용을 변경하는 시행령은 위법이다. (국회 법제실, 2020) 또한, 수상기를 보유한 모든 국민은 방송법 제64조(텔레비전 수상기의 등록과 수신료 납부)에 따라 수신료 납부 의무가 있지만, 정부가 주장하는 수신료 납부 선택권은 비례의 원칙인 목적의 정당성을 위반하고 있다.

마지막으로 포괄위임금지의 원칙(헌법 제75조)의 위반이다. 헌법 재판소는 포괄위임여부를 판단하는 일반적 기준으로 일관되게 "법률에서 구체적으로 범위를 정하여 위임받은 사항이라 함은 법률에 이미 대통령령으로 규정될 내용 및 범위의 기본 사항이 구체적으로 규정되어 있어서 누구라도 당해 법률로부터 대통령령에 규정될 내용의 대강을 예측할 수 있어야 함을 의미한다." 라고 하여 예측 가능성의 이론에서 출발하고 있다. (헌법재판소, 93헌바32) 또한, 헌법재판소는 "여기서 그 예측 가능성의 유무는 당해 특정 조항 하나만을 가지고 판단할 것이 아니고 관련 법 조항 전체를 유기적·체계적으로 종합 판단하여야 한다."라고 판시하였다. (헌법재판소, 1996) 방송법 시행령 제43조 제2항의 개정은 KBS가 한전과 함께 30년 동안 시행해 온 수신료 결합 고지와 통합 징수를 금지하여 공사의 수신료 재원을 보장하지 못하고 방송법에 명시된 공사의 공적 책임 실현을 불가능하게 한다. 시행령 개정은 유예 기간을 두지 않고 시행함으로써 수신료 징수 주체를 두고서 한전과 아파트 관리 사무소 사이의 갈등이 첨예화되고 있다. 또한, 분리 징수 이후에 양산될 수 있는 수신료 체납자의 문제, 분리 징수에 따른 한전의 추가 징수 비용으로 인한 비효율의 문제, KBS 1TV가 부족한 재원을 조달하기 위해 광고를 할 경우, 방송 광고 시장에 미칠 영향 등 다양한 사회적 문제와 혼란이 예상된다. 결국 한국방송공사에 주어진 공적 책무를 실현할 수 없고, 방송법 전체 조항의 유기적, 체계적으로 종합적인 판단을 고려하지 않은 결과로 시행령 개정은 포괄위임입법을 금지하는 헌법 제75조를 위반하고 있다.

한편, 수신료는 특별 부담금에 해당하는 이상 수신료 납부의 선택을 통해 KBS의 방송의 질을 평가하는 모습을 예정하고 있지 않다고 판시를 한 바(서울행정법원 판결, 2015구합6545), 정부와 여당이 지속적으로 주장하고 있는 "편파 방송을 이유로 국민에게 수신료 납부 선택권을 준다."라는 주장은 설득력이 없다. 위법한 분리 징수 시행령이 구체적으로 작용하게 되면 수신료를 납부한 사람과 납부하지 않은 사람의 형평성 문제와 함께 사회적 혼란을 가중될 것으로 예측된다. 정부는 수신료 통합 징수는 정부의 시혜적 조치이고, 공사가 징수의 편의성을 위하여 위탁·통합 징수하도록 한 것은 정부의 은혜적 조치이며, 시행령 개정은 시혜적인 내용이 불리하게 변경되었다 하더라도 기본권 침해의 가능성이나 위험성이 없다고 주장한다. (방통위, 2023) 그러나 국가는 방송의 자유를 적극적으로 보장해야 하는 주체다. 독일의 연방헌법재판소는 주정부가 공영방송의 국가 재정 보장 의무를 이행하지 않은 것은 방송의 자유를 침해하여 기본권을 침해했다고 판시한 바 있다. (KBS 공영미디어연구소, 2021) 우리나라 헌법재판소는 독일 헌법재판소를 모델로 하고 있다. 독일 연방헌법재판소는 방송의 자유의 기본권은 수신료 재원의 보장을 포함하고 있으며, 국가로부터 자유는 국가(입법부 포함)가 공영방송의 존속 발전을 위해, 재원을 보장하고 방송의 자유를 보장해야 한다는 것을 분명히 하고 있다.

KBS를 시청하지 않아 수신료를 선택 납부해야 한다는 정부와 여당의 주장이 설득력을 얻기 위해서는 현재의 수신료가 수상기를 가진 자가 납부해야 하는 특별 부담금이기 때문에 이 경우 수신료의 성격을 새롭게 규정해야 한다. 이러한 사회적 혼란을 해결하기 위해 헌법재판소는 기본권 침해에 대한 위헌 여부를 조속한 시일에 결정해야 한다. 아울러 미디어 환경 변화를 반영하는 새로운 수신료 성격과 공영방송의 위상을 국회에서 정립할 때까지 기존의 수신료 제도는 유지하여야 한다. (헌재, 98헌바70) 방송 자유의 기본권 주체인 공영방송과 재원을 보장하는 수신료의 영역은 행정부 소관이 아니고 입법권자의 영역이기 때문이다.

수신료가 전기료와 통합 징수되면서 징수의 편리성과 공영방송 재원의 안정성을 담보하고 있지만, 수신료 납부의 존재를 인식하지 못하거나 OTT 시대에 KBS를 보지 않거나, 프로그램에 대한 불만을 존재한 것도 사실이다. 공영방송은 사회적 합의 제도로 공영방송의 사회적 책임과 역할을 재규정하고 수신료의 성격을 논의하는 것은 입법자의 영역이다. 따라서 해외 사례에서 보듯이 공영 미디어로의 진화와 공영 미디어의 위상 그리고 수신료의 성격에 대한 논의는 공론의 장에서 입법의 형식으로 개선하는 것이 바람직할 것이다.

3. 공영 미디어(Public Service Media)의 진화

1) 공공 서비스 미디어(공영 미디어)의 등장과 진화

미디어 기술의 발달은 공영방송을 정당화하는 이론을 무색하고 만들고 있다. 새로운 기술 발전에 대응하여 학자들과 정책 담당자, 공영방송사들은 공영방송을 대체하는 개념으로 공영방송의 확장된 기술 중립 버전으로 공공 서비스 미디어 개념을 사용한다. 공영방송 기능에 대한 적절한 법제화, 제도, 재정적 구조뿐만 아니라 시청자의 수요 및 디지털 시대의 요구 사항에 부합하는 현대화 방안으로 공공 서비스 미디어(Public Service Media : 이하

PSM)라는 개념이 제시되었다. (Council of Europe, 2007) 방송통신 융합 환경에서 방송을 넘어 다양한 플랫폼과 서비스를 제공하는 공영방송 개념의 확장을 시도하였다. 미디어학자 야쿠보이츠는 공영방송을 PSM 개념으로 확장을 주장하면서, PSM 개념을 PSB(Public Service Broadcasting) + 모든 관련된 플랫폼 + 웹 2.0으로 요약하고, 기술 중립적 소관 업무(remit)로 정의했다. (Jakubowicz, 2007) 방송과 새로운 플랫폼을 동등하게 취급하면서 공영방송이 공적 서비스를 가장 잘 전달할 수 있는 각각의 기술 중립적 공적 책무를 제시하였다. 전통적인 방송과 함께 전문화된 콘텐츠와 서비스뿐만 아니라 개인화된 양방향 서비스를 제공할 수 있어야 한다. 지상파방송 플랫폼의 전통적인 역할을 바탕으로 인터넷, 양방향 그리고 개인화된 서비스로 확장해야 한다는 것이다.

2) 공공 서비스 미디어(PSM)의 주요 특징

방송(broadcasting)의 B를 미디어(media) M으로 대체하는 것으로, 이 개념은 더 이상 라디오와 텔레비전에만 국한되지 않고 모든 매체의 공공 서비스 제공과 관련이 있다. (Jakubowicz, 2007) 공영방송은 서비스 측면에서 시청자의 요구를 고려하여 서비스 지향성을 높여야 한다. 공영 미디어 개념에서 시청자는 PSM의 필수적 부분으로 공동 창작의 개념과 같이 디지털 세계의 기회를 이용하여 소수자의 이익을 더 충족시키고, 소외된 시청자에 대한 포괄적인 접근법을 채택하고 있다. (Donders, 2021) PSM은 융합적 성격으로 미디어와 기술 전반에 걸쳐 서비스를 제공할 뿐만 아니라 융합을 구현해야 한다는 것이다. 공공의 이익, 즉 문화적 정체성과 다양성의 강화, 사회적 통합, 미디어 리터러시, 지식 시민권 등과 같은 사회적으로 유익한 목표의 실현에 기여함을 의미한다. 공공 서비스 미디어 프로젝트의 주요 특징 중 하나로 노출 다양성의 목표를 강조한다. 디지털 시대에 필수적이라고 생각하는 기능들은 고품질의 뉴스와 저널리즘의 제작자로서 공영방송, 인터넷이 거대한 공공 공간의 탐색자로서, 그리고 광범위한 기억 기관으로서 콘텐츠를 디지털화하고 보관하고 공개하는 것이다. (Burri, 2015)

한편, 니센(Nissen)은 미디어의 글로벌화와 수용자의 파편화로 주류 대중매체가 개인 욕구를 충족시키는 것이 어렵기 때문에 PSM의 의무로 개별 시민에 봉사하고, 국민 문화, 문화 다양성, 민주주의를 수호하며, 정치 문화적 통합을 통해 시민 광장의 역할을 수행해야 한다고 주장했다. (Nissen, 2007) 이를 위해 PSM은 시민에게 최대한 서비스가 도달(보편성)해야 하고, 시민들에게 차별적 콘텐츠와 서비스를 제공(차별성)해야 한다. 사회의 개인화와 파편화 때문에 공영방송은 사회 통합과 응집 그리고 집합적인 경험을 넘어서 그리고 테마 채널과 온라인 서비스를 제공하는 것과 같이 그룹과 개인의 이익을 충족시키기 위해 공영방송의 서비스를 재정의해야 한다. PSB는 선형적이고 PSM은 비선형적이며, PSB가 1대 다(多)의 매스커뮤니케이션 모델이라면, PSM은 쌍방향적으로 상호작용하는(Interactive) 커뮤니케이션 모델이라고 할 수 있다. (Bardoel & Lowe, 2007) 그리고 PSB의 서비스 모델이 공급 주도의 푸시(Push) 모델이라면, PSM은 수요 주도의 풀(Pull) 모델이다. PSM은 포트폴리오 전략을 추구한다. 하나의 플랫폼, 채널, 서비스, 콘텐츠를 통해서가 아니라 모든 플랫폼, 채널, 서비스, 콘텐츠를 동원하여, 그들의 전체 합이 결과적으로 도달의 보편성, 소구의 보편성을 구현하도록 하는 전략이다. PSM은 최대한의 플랫폼 확장을 도모한다. 지상파 TV 중심의 기존 플랫폼에 더하여 위성, 지상파 디지털 MMS, IPTV, 홈페이지, 소셜 네트워크 미디어, OTT 등 수용자에게 접근할 수 있는 일체의 채널을 망라하여 자체 플랫폼을 구축해야 한다. PSM은 다양한 매체에서 서비스할 수 있는 크로스 미디어 콘텐츠를 지향한다. 콘텐츠들은 서로 엮여서 전체의 스토리를 구성하며, 수용자의 반응에 따라 콘텐츠를 확산한다.

3) 공공 서비스 미디어(PSM)의 정체성

유럽평의회는 PSB를 PSM으로 전환하기 위해 보편적 서비스 제공, 사회 통합, 다양한 콘텐츠 제공, 공개적 토론의 포럼, 유럽 문화의 다양성 등 PSM의 5대 책무를 제시하였다. PSM의 정책 수행을 위해 회원국 정부가 법적, 기술적, 재정적, 조직적 차원에서 지원해야 할 사항을 명시했다. (Bardoel & Lowe, 2007) 한편, 유럽방송 연맹(EBU)은 공공 서비스 미디어의 6대 핵심 가치를 보편성(Universality), 독립성(Independence), 탁월함(Excellence), 다양성(Diversity), 설명 책임

(Accountability), 혁신(Innovation)으로 정의했다. (EBU, 2012) PSM은 사회적으로 유용하고, 민주주의 사회를 필수적인 서비스를 제공하는 기관으로서 정당성을 재정의해야 한다. (EBU, 2014) 우선은 다양한 관점의 제공에 따른 시민 공론장을 형성해야 하며, 분화된 사회 계층을 통합하는 공적 가치의 공유하고, 고품질의 콘텐츠에 대한 사회적 수요 충족하기 위해 다양성을 반영해야 한다. 또한, 타미디어 사업자에게 '표준'이 될 수 있는 서비스 품질을 제시하여 차별화해야 하며, 상업적 영향력으로부터 자유로운 공정성을 확보해야 한다. 그리고 과감한 실험 정신과 국가·지역단위 문화 정체성 보존 등으로 재정의했다. 한편, KBS 미래특별위원회는 변화하는 환경 속에서 공공 가치에 기여하고, 공공 서비스 미디어로 나아가기 위해 신뢰, 품질, 혁신, 다양성 및 개방과 협력 등 다섯 가지의 가치들을 제안하였다. (KBS, 2018) 신뢰는 공정한 뉴스와 정보를 통해 시민 생활과 국가적 관심사에 대한 논의를 촉진함으로써 민주주의를 보호하고 재난 상황에서 국민의 안전에 기여함을 의미한다. 품질은 KBS의 프로그램이 우리 생활과 문화를 풍요롭게 하기 위해서는 다양한 형식과 주제들을 완성도 높게 이루도록 보다 창의적인 도전과 접근을 시도해야 한다는 것이다. 혁신은 사회를 투영하는 차별화된 프로그램, 온라인과 모바일을 통해 전 지구적으로 이용되는 미디어 서비스 속에서 개인의 수요와 시민에게 필요한 미디어 서비스의 시의적절한 제공과 이를 실현하기 위한 조직의 신속한 적응과 변화를 요구한다. 다양성은 다양한 수준에서 사람들을 서로 연결해 주기 위해 동일성과 차별성의 두 가지 상반된 경

향을 완화하고 전국 단위의 시야에서 지역사회와 다양한 소수자들의 공동체에 관심을 두는 것을 의미한다. 마지막으로 개방과 협력은 시청자에 대한 더 강화된 설명 책임 문화의 정립을 위해 KBS를 더 투명하게 개방하며, 거대해진 상업 미디어 속에서 공공 가치를 실현하기 위한 성공적인 협력 관계망의 구축할 것을 명시했다. 공공 서비스 미디어가 수신료로 운영되며, 다양한 공적 서비스를 이행하는 고비용 구조이기 때문에 사회적으로 여전히 유효한 제도인지에 대한 의문들이 존재한다. 따라서 공공 서비스 미디어는 민주주의 사회를 뒷받침하는 데 필수적인 서비스를 제공하는 제도와 기관이라는 점을 적극적으로 제시해야 한다. 이를 위해 다양한 관점의 제공에 따른 시민 공론장의 형성, 분화된 사회 계층을 통합하는 공적 가치를 공유하고, 숙련된 전문가를 통해 정교하게 만들어진 고품질의 콘텐츠로 사회적 요구를 충족하며, 타미디어 사업자에게 '표준'이 될 수 있는 서비스 품질을 제시해야 한다. 또한, 상업적 영향력으로부터 자유로운 공정성과 과감한 실험 정신을 실현하고, 국가와 지역의 문화 정체성을 보존하는 데 앞장서야 한다.

4) 시민권 개념으로서의 공공 서비스 미디어

'현대적' 공공 서비스 미디어 프로젝트의 가치와 목적을 정의하는데 핵심으로 삼은 것은 바로 시민권 개념이다. (Price & Raboy, 2003) 시민권 개념은 좁게 보면 주로 지방과 전국 선거에서 투표권을 갖는 것과 동일시된다. 넓게 보면 시민권은 공동의 삶의 모든 영역에 온전히 참여하고, 미래의 모습을 만들어 가는 데 기여할 권리를 의미한다. 공공 서비스 미디어는 민주주의와 '좋은 사회', 즉 정부가 할 수 있는 일에는 한계가 있다는 것을 받아들이면서도 국민의 경제적, 사회적 복지에 대한 일정 수준의 책임을 떠맡는 사회로 그 목적은 정보, 교육, 오락(엔터테인먼트)을 통해 사회와 모든 시민의 복지에 기여하는 것이다. (Galbraith, 1996) 공공 서비스 미디어를 우리가 민주주의 사회를 구성하는 기초라 할 수 있는 시민권 개념과 연결하여 민주주의 복지에 기여하는 것으로 본다. 따라서 시민권에서 시민의 권리는 개인의 자유와 관련이 있고, 정치적 권리는 투표, 토론, 정치적 권한 획득 등을 통해 사람들의 정치적 권력의 행사와 관련된다. 사회적 권리는 가장 넓은 권리의 집합이며, 시민들의 경제적 행복, 그들의 안전, 사회적 유산에서의 공유, 공동체와의 친화력 등과 관련이 있다.

한국 공영방송이 민주적 제도의 일부로서 기능하기 위해 기초적인 요구는 '불편부당한 정보 등 사회문화적 가치를 지닌 콘텐츠의 공급을 현실화'해야 하면서도, '다종다양한 사회적 목소리를 수용하고 복잡화된 미디어 환경에서 유의미한 대안을 제공'하는(정준희, 2018) 한편, 그에 대한 '시민사회의 관여를 보장'해야 한다. (Syversten, 2003) PSM 프로젝트는 민주주의의 지속 가능한 달성에 기여하는 프로젝트로서, 암스텔담 의정서에서 공영방송이 민주사회의 지속적이고 지속 가능한 성취에 기여하기 위해 존재한다는 것을 반영한다. 공영방송과 대부분 학자들은 중앙집권적이고 공적 재원(수신료)이 있는 기관(공영방송)이 이러한 역할을 맡을 수 있는 최선의 수단이라고 주장한다.

건강한 민주주의는 정부 및 시장 세력과 독립적인 공공장소에서 시민들이 숙고할 수 있는 기회를 제공해야 하며, PSM은 논쟁과 비판적 담론의 공적 영역에 기여해야 한다. 공공 서비스 미디어는 시청자들에게 시민으로서 말하고 참여하는 형태로, 소통이 공적인 영역을 만든다는 가정에서(Habermas, 1991) 출발하여 상업적이고 상품화된 미디어 환경에서 '중재된 공공성' 수준을 보장하는 것에 관한 것이다. (Lowe & Jauert, 2005) 공공 서비스 미디어의 주된 목적은 주어진 사회 내의 소비 지상주의가 아닌 시민권에 기여하는 것이다. 또한, 공공 서비스 미디어는 목격 행위와 역사, 사건, 그것이 의미하는 바와 그 효과를 통해 일하는 과정에 대한 비판적 매체여야 한다. 공공 서비스 미디어는 보도만 하는 것이 아니라 사람들이 상황을 이해할 수 있도록 설명하고 도와야 한다(Livémont & Donders, 2017). 다큐멘터리, 드라마, 시트콤, 풍자 등이 이에 기여할 수 있다. 공영방송에 대한 핵심 논리는 완전한 시민권에 필요한 충분한 문화적 자원을 제공한다는 약속에 있기 때문이다. 따라서 공공 서비스 미디어는 시민사회 프로젝트이며, 시민사회 프로젝트는 시장이나 정부에 관한 것이 아니다. 공영방송의 목표는 신뢰, 상호주의, 공정성 및 삶의 질에 중요한 다른 모든 특성을 촉진하는 것이어야 한다. 공공 서비스 미디어는 본질적으로 정부, 기업 엘리트, 그리고 사회의 다른 조직의 지속적인 통제로부터 시민들을 보호하며, 동시에 시민들도 차별, 강요, 억압 없이 공적 생활에 참여할 수 있도록 한다. 공공 서비스미디어 프로젝트는 민주적 프로젝트의 지속 가능한 달성에 기여하기 위한 것이기 때문이다.

5) 공영방송(PSB)과 공공 서비스 미디어(PSM)의 본질적인 차이점

공공 서비스 미디어가 추구하는 정체성은 공론장 그리고 파편화된 사회의 통합 역할, 접근의 보편성, 상업방송과 품질의 차별화(고품질), 문화적 다양성과 정치적 다원성, 창조적 프로그램 생산과 사회에 대한 투명한 설명 책임 등 아날로그 시대 공영방송의 정체성과 본질적으로 다르지 않다. 다만 디지털화, 글로벌화, 신자유주의 기조, 미디어 시청 패턴의 변화는 독점에서 무한 경쟁 시대로 접어든 공영방송에 새로운 정체성과 정당성을 요구하고 있다. 공공 서비스 미디어의 주요 목적은 국민, 사회 및 민주주의의 복지에 기여하는 것으로 시장 실패를 뛰어넘는 민주주의 작동 원리로서 시민권 개념을 핵심으로 제시한다. 시민권은 민주주의 사회를 구성하는 기초로서, PSM은 민주주의와 민주주의 가치 충족의 핵심 제도와 기관으로서 역할을 재정의해야 한다는 것이다. 또한, 미디어 환경 변화에 상응하는 PSM의 정체성으로 접근 보편성과 노출의 다양성이 더 중요해졌다. 파편화, 개인화에 대응하기 위해 모든 플랫폼에서 PSM 콘텐츠가 접근 가능해야 하며, 모든 플랫폼에서 우선 노출되도록 시민들이 언제라도 이용 가능해야 하고 무료로 이용할 수 있어야 한다. 또한, 디지털 시대의 가짜 뉴스 등 잘못된 정보가 증가하는 정보의 홍수 속에서 PSM은 모든 연령대에서 가장 유용하고 신뢰할 수 있는 뉴스 및 정보의 출처가 되어야 한다. 이러한 역할을 위해 시청자에 대한 이해가 더욱 중요해졌다. 공공 서비스 미디어는 시장이나 정부가 주도한 것이 아닌 시민사회 프로젝트로서, 사회 참여 또는 사회 내 시민을 강화하는 의미 있는 참여를 촉진해야 하기 때문이다. 단방향의 가부장적 성격을 넘어 시청자와 호흡하며 공동 생산, 공동 창작 등 시청자와의 상호작용이 더욱 중요해졌다. PSM이 오랫동안 대중적이며 지속 가능한 상태를 유지하려면 젊은 시청자들에게 도달하고, 그들과 관계를 구축하는 것이 가장 중요하다. 모든 세대 중 특히 젊은 세대가 텔레비전 시청이 감소하고 있어, 젊은 시청층의 확대를 위해 다양한 플랫폼과 콘텐츠를 개발하고 제공해야 한다. 조직적 측면에서는 완전한 멀티미디어 조직으로 전환하기 위해 과감한 혁신을 수용해야 한다. 공영방송 조직은 수직적 관료 체계에서 혁신을 수용할 수 있는 유연한 수평적 체계로 전환해야 한다. 마지막으로 독립성의 유지와 지속 가능한 수신료 재원을 확보하기 위해 PSM이 공중에 신뢰를 보여 주는 설명 책임이 더욱 부각된다. PSM이 독립성을 유지하기 위해서는 자율 규제 방식을 추구해야 하며, 자율 규제는 PSM에 대한 신뢰가 전제되어야 한다. 정부 권력을 포함한 외부의 '부당한' 개입과 간섭을 방지하기 위해서는 어카운터빌리티를 매개로 미디어와 공중이 상호 협력 관계를 구축되어야 한다. (정수영, 2018)

4. 공영 미디어(PSM) 거버넌스와 재원

1) 독일식 방송평의회 방식의 지배 구조

KBS 거버넌스의 정치 중립화를 위해 독일식 평의회 방식으로 이사회 구조를 교체하자는 주장이 제기되었다. 더불어민주당은 독일식 방송평의회 형태의 공영방송 운영위원회를 당론으로 확정하고 현행 11명에서 25명으로 확대하는 공영방송 지배 구조 관련 방송법 개정을 추진하고 있다. 25인의 이사회가 야당과 언론노동조합의 영구 방송 장악이라는 여당과 일부 공영방송 노동조합의 문제 제기로 국회 과방위를 통과한 법안은 공영방송 이사 수를 처음 제안한 25명에서 21명으로 축소하고, 이사 추천 주체를 명문화했다. 국회 5명, 공영방송 시청자위원회 4명, 지역방송을 포함한 방송 미디어 학회 6명, 방송기자연합회, 한국PD연합회, 한국방송기술인연합회에서 2명 등 6명을 추천하도록 했다. 이사 추천 주체를 명문화하고 다양성을 보장하며 정치의 영향을 최소화하자는 취지를 반영한 것이다. 또한, 공영방송 사장은 '국민추천위원회'를 구성해 후보를 추리고 이사회가 임명·제청하는 방식으로 선출된다. 성별·연령별·지역 등을 고려해 100명의 '공영방송 사장 국민추천위원회'를 구성해 사장 후보를 추천한다. 이후 공영방송 이사회는 추천된 사장 후보들을 대상으로 투표를 실시, 재적이사 3분의 2 이상 찬성(특별다수제)을 얻은 후보를 사장으로 임명·제청한다. (미디어스, 2022)

독일은 연방제에 기반을 둔 방송 정책을 갖고 있다. 독일에서 방송 관련 주요 법률은 연방 전역에 효력이 적용되는 방송텔레미디어국가협약(Staatsvertrag für Rundfunk und Telemedien)과 각 주에서만 적용되는 주미디어법 또는 주방송법(Landesmediengesetzen)이 있다. 16개 주는 각자 자신들의 주에 있는 공영방송의 소유권을 가지고 그 운영을 담당한다. 정책과 관련된 논쟁이 발생하면, 연방 헌법재판소에서 독일 '기본법'을 바탕으로 유권해석을 내림으로써 방송 정책이 변화되는 구조를 가진다. (박천일 등, 2007) 공영방송은 정당, 사회, 문화, 시민단체의 대표로 구성된 방송사별 방송평의회로부터 감독을 받는다. 공영방송사를 감독하는 방송평의회는 정당과 사회, 문화, 시민단체의 대표들로 구성된다. 독일 방송평의회 구성은 사회적 대표성을 중시하며, 방송평의회 운영은 책무성과 운용 효율성을 중요하게 여긴다. 방송평의회는 독일의 자치도시 평의회 구성 방식을 공영방송에서 내적 다원주의를 실천하는 제도적 장치로 도입한 것이다. 평의회 제도는 주로 독일과 네덜란드, 벨기에, 스위스, 오스트리아 등 범독일어권에서 채택하고 있다. (심영섭, 2018)

독일 공영방송 ZDF(Zweites Deutsches Fernsehen)은 공영방송사 내부에 방송위원회가 설치되어 이른바 공영방송의 정치적 독립성과 자율성을 확보하는 특징을 갖는다. 이는 정치권의 직접적인 개입에서 벗어나 독립적 감독기구로서 정체성을 형성하려는 의지이며, 국가의 개입은 직접적인 형태에서 다소 완화된 형태로 전환된 모습이어서 시민 공론장의 관점에서 매우 성공적인 사례이다. (서명준·박태순, 2015) ZDF-국가 협약에 따르면, 사회 각계 대표들로 구성된 총 77인의 방송위원이 임명된다. 정당, 사회단체, 직능단체, 종교, 문화, 예술, 교육 등 사회 각 분야의 대표들로 구성되어 충분한 내적 다양성을 확보하고 있는 기구다. 위원 추천은 새롭게 평의회가 구성되기 9개월 전에 방송평의회 의장이 추천권이 있는 단체에 평의원 파견을 요청하고, 추천이 들어올 경우에는 규정에 맞게 추천되었는지 심의한다. 평의원을 파견할 수 있는 자격을 얻기 위해서는 재단법인 및 협회 설립 법령에 따라서 회원이 납부하는 회비와 기부금으로 단체가 운영되어야 하고, 매년 총회 개최 기준을 충족한 상황에서 정기총회를 거쳐 연간 활동 보고서를 의결해야 하며, 외부 회계감사를 받아야 한다. 독일의 경우에는 국고 보조 등을 통해 운영되는 일명 '관변단체'는 없지만, 있다 하더라도 회원의 회비 납부와 정기총회 및 외부 회계감사와 같은 자격 조건을 갖추지 못할 경우에는 추천 대상이 아니다. 이러한 조건을 충족한 상황에서 오랫동안 사회적 신망을 얻을 경우에만 방송평의회에 파견할 수 있는 자격이 주어진다. 연합체 방식의 ARD나 16개 주 연합의 단일체 형식의 ZDF나 공영방송의 지배 구조는 중앙으로의 집중을 탈피하는 독일식 공영방송 체제의 특징을 잘 보여 주고 있다. 여론의 다양성 확보를 위한 법적 제도적 장치들, 즉 사회적 자산들은 공영방송이 정치권으로부터 독립적으로 운영될 수 있는 분위기를 조성하였다. 그러나 또 다른 의견도 있다. 독일의 정당과 정치인은 영국의 그 것과는 달리 정치적 사회적 시스템에 큰 영향력을 가지고 있고 사회적으로 유력한 집단에 깊숙이 침투하고 있어 외적 이론적인 측면에서의 독일 공영방송 체제는 완벽해 보이나 실제로는 정당의 이해에 큰 영향을 받고 있다는 것이다. (장병희·이양환, 2010) ZDF의 경우 현존 사회 질서, 권력 시스템의 합의 틀에서만 다원주의가 실현되고 있다. 방송사와 그 프로그램 제작 편성에서 나타나는 '중도로의 균형'(Einpendeln zur Mitte)은 현존 사회 질서와의 합의 규범으로의 균형이다. 그리고 개별 자본 내부에서의 개별 이익들의 다원성이 허용되는 한에서만 진자 운동이 가능하다. 그러므로 독일 방송위원회는 자본과 정당 정치 및 국가 관료의 외피를 입은 자본의 대변인들에 의해 지배되는 다원주의의 한계를 지적한다. (서명준·박태순, 2015)

2) KBS 지배 구조 개선

공영방송 KBS는 정치의 논리, 즉 국가 거버넌스에 의해 좌우되어 왔다. 이후에는 상업 미디어 기업의 발달로 공적 서비스가 위축되고 지배 구조에 대한 정치권의 과도한 간섭과 전문직 직업 윤리의 부재로 공영방송은 정체성 위기에 직면해 있다. 그리고 시민사회는 조직화되지 않아 국가와 시장의 영향력을 견제하는 거버넌스 측면에는 취약했다. 정치와 공영방송의 관계에서 대체로 승자가 권력을 독식하는 다수주의, 양당제, 대통령제 나라에서는 모범적인 공영방송의 사례를 찾기가 쉽지 않다. 해외 공영방송 지배 구조 유형에서 보았듯이 권력이 집중되는 다수제 민주주의에서 공영방송은 정부의 지배를 받기가 쉽지만, 영국처럼 자유주의가 발전한 곳에서는 정치와 방송을 분리하고 방송에 전문직주의를 배양시킨 BBC가 모범적이라 할 수 있다. (조항제, 2015) 합의제 민주주의 국가에서 정치 병행성이 낮고 전문직 정도가 높은 지배 구조 모델은 시민(조합) 모델로 독일과 북유럽의 공영방송이 대표적인 모델이다. 정치 병행성이 완화된 모델은 전문직 모델 또는 사회의 정치·사회·문화 등 다양한 세력이 참여하는 시민(조합) 모델로 정치와 거리를 두면서 고도의 전문직주의 문화를 추구하는 것이 특징이라 할 수 있다. 민주적이지만 여전히 높은 수준의 정치적 병렬성을 보이는 국가에서는 자율성 보장, 공영방송의 전문화, 정부와 공영방송 경영진의 상호 신뢰를 위한 작업이 필요하다. (Donders, 2021)

그러나 공영방송 지배 구조 개선 논의 과정을 살펴보면, 여야가 유사한 내용의 법률안들을 반복적으로 발의해 놓고도 매번 집권 정당의 영향력 행사를 막으려는 야당과 영향력을 유지하려는 여당과의 힘겨루기 양상으로 흘러갔다. 여야가 바뀌면 공수가 전환되는 등 각 정당이 '영향력 행사를 위해 선임이 활용되어서는 안 된다'는 원칙을 전혀 고려하지 않은 행태를 보였다. 공영방송의 정치적 독립을 보장하는 논의에 오히려 과도한 정파성이 개입되면서, 국회 스스로가 정파 지향적 탈정치성의 구현이라는 모순적 상황에 빠졌다. (정영주·홍종윤, 2019). KBS 지배 구조의 경우 공영방송의 독립성과 정치적 중립성 원칙, 대통령과 방송통신위원회가 국민의 일반 의지와 공익을 대표하여 구성하도록

되어 있는 이사회와 사장 선임 규칙이 법제도 안에 명시적으로 각인되어 있고, 편성 규약 등 내적 자율성을 보장하는 법적 장치가 마련되어 있다는 점에서, 형식적으로는 정치 절연형 거버넌스에 가까운 양상을 보인다고 할 수 있다. 공영방송의 기업 지배 구조의 실제 구성 방식 일부에서는 정부 및 국회에서의 여야 구도를 관습적으로 반영하고 있다는 점에서 오히려 의회 모형에 가깝다고 볼 수 있다. 또 경우에 따라 시민단체 출신의 인사가 일정한 몫을 갖고 거버넌스에 참여할 수 있는 길도 열려 있다는 점에서는 북유럽 코포라티스트 시민 모형의 일부 요소가 발견되기도 한다. 하지만 이와 같은 혼종적 공영방송 거버넌스의 구성과 운영 방식이 결국 합의제보다는 다수제에 바탕을 두고 있으며, 그를 통해 형식적으로든 실질적으로든 정치적 다수파의 지배를 용인 및 조장하고 있다는 점에서, 정치 수용형 공영방송 거버넌스보다는 정치 종속형 거버넌스의 특성을 나타나고 있다.

(정준희, 2018)

최근 독일식 평의회 형태의 지배 구조 개선은 정치권에 의해 추천된 방송통신위원회 상임위원과 정치권의 영향을 배제할 수 없는 불투명한 방식에서 KBS 이사회의 추천 방식을 명문화하여 구체성을 띤다. 일각에서는 직능 연합회 등의 진보 성향의 단체가 주도할 것이라는 우려와 공영방송 시청자위원회 추천의 정당성을 의문시하기도 한다. 한편으로는 KBS 사장이 경영을 책임지는 입장에서 다수가 협치를 통해 의사 결정을 한다는 것이 의사 결정의 비효율과 책임 경영의 경계가 모호할 수 있다는 우려도 있다. 그러나 그동안 정치적 후견주의를 기본으로 하는 KBS 지배 구조의 난맥상을 돌이켜볼 때 다수당의 일방적 의사 결정에서 벗어나 협치를 통해서 정책과 운영을 결정하는 면에서 진일보한 측면이 있다. 현재의 소수 이사회를 전문성(법률, 재무, 방송 현업, 미디어 전문가, 방송 미디어 기술)과 다원적 대표성(지역, 직능, 종교, 사회적 약자 등)을 강화시킨 다수 이사회로 가야 한다. (윤석민, 2011) 공영방송의 다양한 이해 당사자와 전문가들이 참여하는 이사회를 통해 다양성을 강화하고, 전문직주의를 지향하는 공영방송 지배 구조를 통해 후견주의를 탈피해야 한다. 공영방송 지배 구조에 법적 제도적 장치가 중요한 것은 사실이지만, 더 효과적인 것은 공영방송 감독위원회의 임명 과정의 투명성과 정치적 문화 그리고 공영방송을 장악하려는 어떤 정당도 관용하지 않는 비평적 여론이다.

3) 수신료 제도 개선

텔레비전 수상기로 방송전파를 직접 수신해서 텔레비전을 시청하고, 수신료를 납부하는 형태의 수신료 제도는 전환점을 맞고 있다. 앞서 2장의 수신료 제도 변화에서 살펴본 바와 같이 유럽의 공영 미디어는 미디어 환경 변화에 대응하여 다양한 형태로 수신료와 징수 체계가 변화하고 있다. 독일과 아이슬란드는 가구세 성격의 부담금(방송분담금)으로 전환하였으며, 핀란드는 균일세 개념을 버리고 소득 연계형, 개인세 등 세금 형태로 변화하였다. 반면 정치가 상대적으로 불안한 나라들은 정부가 공영방송에 대한 재정 지원을 무기화하면서 공영방송 프로그램 편집과 독립성에 영향을 주고 있다. 스페인과 포르투갈이 대표적이며 네덜란드도 수신료를 폐지하고, 정부 보조금으로 대체하면서 공영방송 재정이 삭감되기도 하였다. (EBU, 2021)

해외 공영방송의 경우 다양한 형태로 수신료를 징수하고 있다. 유럽의 경우 우리나라와 같이 전기 공급 업체에서 수신료를 징수하는 나라들이 최근에 증가하고 있다. 알바니아, 알제리, 이집트, 보스니아 헤르체고비나(2017년 7월 통신사업자에서 전기 회사로 전환한 협정에 따라), 그리스, 요르단, 이탈리아(2016년 이후), 모로코, 포르투갈, 세르비아, 튀니지 등으로 전기 공급자가 징수하는 요금을 가진 나라는 모두 남유럽과 북아프리카 국가들이 특징이다. 전기 업자와의 수신료 통합 징수가 효율성과 편리성에 근거하고 있기 때문이다. 크로아티아, 덴마크, 슬로바키아 등은 공영방송이 수신료를 직접 징수하고, 독일과 오스트리아는 자회사를 통해서 수신료를 징수하고 있다. 한편, 영국의 BBC는 민간 회사에 수신료 징수를 위탁하여 징수하고 있다. 민간 회사에 위탁할 경우 징수 비용이 10% 정도로 높다는 단점이 있다. 국가가 직접 수신료를 징수하는 경우도 있다. 프랑스는 세무당국이 주택세에 면허세를 통합하여 징수하고, 이스라엘은 교통부가 매년 징수하는 자동차 요금과 통합하여 징수한다. 세무당국(공공기관)에서 수신료를 징수하면 징수 비용이 가장 낮아 효율적이지만, 프랑스의 경우 주택세를 폐지하기로 함에 따라 수신료가 정부의 영향을 받는 단점이 있다. 체코, 아일랜드, 폴란드는 우편 방식을 통해서

수신료를 징수하고 있는데, 징수율이 낮아 수신료 납부의 형평성 문제가 제기되고 있다. (EBU, 2022)

정치가 안정되고 협치가 발달한 민주주의 체계의 공영방송은 정부, 의회, 시민사회 등 다양한 공영방송 이해 세력들이 공영방송 제도의 존속 발전과 독립적 운영을 위해 사회적 합의를 통해 제도를 보완하고 있다. 스위스, 독일, 북유럽, 영국 등 공영방송의 거버넌스가 비교적 안정적인 나라들이 수신료 금액도 높은 편이다. 반면 민주화 정도가 낮거나 정치가 대립적인 동구 유럽이나 남부 유럽은 수신료 제도 개선에 어려움을 겪는다. 우리나라와 같이 전기 회사에 병합해서 수신료를 징수하는 나라가 증가하고 있다는 것도 특징이다. 현재의 미디어 환경이 텔레비전만 시청하는 환경을 넘어 다양한 장치로 미디어를 시청하기 때문에 텔레비전 수신료에 국한된 방송법이나 방송법 시행령은 현실을 반영하지 못하는 측면이 있다. 우리나라는 수신료와 관련된 방송법과 방송법 시행령에 대한 제도 개선 논의는 거의 찾아보기 어려웠다. 수신료 인상이 던지는 폭발성, 민감성으로 인해 제도 개선에 대한 사회적 합의는커녕 국회에서 논의가 금기시되곤 하였다. 수신료 제도를 논의한다는 자체가 수신료 인상을 전제하거나, 전기료와 통합 징수에 대한 논의를 비롯한 수신료 개념과 징수 제도 개선 자체가 42년간 동결된 수신료 인상의 논의를 촉발할 수 있는 민감성을 갖고 있기 때문이다. 공영방송의 지배 구조 개선이나 수신료 제도의 변화는 민주주의 국가에서는 사회적 합의의 영역이다. 공영방송의 지배 구조와 재원은 공영방송의 독립성을 보장하는 핵심이기 때문에 시행령 개정의 권한인 행정부 소관이라기보다 사회적 합의의 주체인 국회의 영역이라 할 수 있다. 공영방송의 거버넌스, 공영방송의 수신료 폐지 그리고 수신료 통합 징수 제도를 폐지하는 것은 공영방송의 독립성과 밀접하게 연관되어 있어 행정부의 시행령 개정만으로 공영방송의 존립을 결정하는 것은 헌법과 방송법 정신에도 부합하지 않는다. 낡은 개념의 수신료 제도를 혁신하고 공영방송 제도를 현대화하기 위해 국민을 비롯한 다양한 이해 당사자들이 공론화 과정을 거치고 의견을 모아 공영방송의 독립성을 보장하는 것은 정부의 역할이다. 사회적 합의는 정부, 국회, 공영방송, 학계, 시민단체, 국민 등 공영방송의 다양한 이해 세력이 숙의와 협치를 통해 만들어 가야 한다. 대통령제와 양당제 국가의 공영방송은 대립적인 측면이 존재하지만, 협치를 바탕으로 거버넌스의 후견주의를 최소화하고, 공영방송의 존속 발전을 위해 재원의 안정화를 도모해야 한다. 지금 공영방송은 공정하고 충분한 뉴스를 제공하고 있는지 질문받기도 하며, 공영방송이 제공하는 프로그램(콘텐츠)은 시청자에게 필요한 만큼 충분히 (또는 최소한) 적정한 수준으로 공급되고 있는지 끊임없이 되묻게 된다. (심영섭, 2021) 공영방송 스스로 신뢰를 회복하고 낮은 자세로 국민에게 공영방송의 정당성과 필요성을 입증해야 한다. 민주사회에서 제도에 대한 불만과 개혁에 대한 요구는 상존한다. 민주주의가 성숙한 나라일수록 제도적 보완과 혁신을 위해 다양한 이해 당사자들이 공개적이고 숙의를 통해 사회적 합의를 이끌어 가는 과정을 중시한다.

5. 챗GPT · 메타버스 시대의 지속 가능한 공영 미디어

이상으로 기술 변화에 따른 공영방송의 위기와 공영방송 제도에 대한 헌법적 성격 그리고 공영 미디어로 진화를 위한 지배 구조와 수신료 제도 개선에 대해 살펴보았다. 공영방송은 미디어 기술 변화에 많은 영향을 받는다. 그리고 정치적인 영향에 자유로울 수 없다. 최근 사회적 논쟁인 수신료 분리 징수와 관련된 논의도 정치적 논쟁의 성격을 띤다. 공영 미디어는 인터넷의 급격한 성장과 다채널, 모바일 환경을 넘어 새로운 기술과 플랫폼의 진화에 대응하기도 어려운 현실에 거버넌스와 수신료 현안 등 복합적인 위기에 처해 있다. 메타버스와 챗GPT 환경에서 전파 중심의 공영방송이 새로운 탈출구를 모색하지 않으면 회복 불가능한 레거시 미디어로만 존재할 것이다. 유료 방송과 모바일 미디어의 성장 그리고 OTT 플랫폼의 확장으로 공영 미디어 플랫폼은 무용지물이 되었다. 공영 미디어 플랫폼은 최소의 비용으로 누구나 시청 가능한 보편적 서비스에서 극단적으로 지상파방송만 시청하는 소수 계층과 재난 방송 송출 정도의 용도로 퇴화되었다. 공영 미디어가 플랫폼으로 생존하기 위해서는 현재 추진 중인 UHD 방송을 텔레비전(거실)의 화질에 국한하지 않고, All IP가 가능한 ATSC 3.0(미국 지상파 전송 방식 규격으로, 초고화질 + 양방향 + 모바일 등 다양한 서비스가 가능한 표준) 전송 규격으로 서비스를 확대해야 한다. 매체 소비가 이루어지는 기기와 네트워크 단계에서 지상파의 지배력을 확보하고, 현재의 핵심 가치 사슬인 스마트 모바일 기기와 IP 유무선 통신 네트워크에 대한 지배력을 확보하기 위해 ATSC 3.0 서비스가 조속히 이루어져야 한다. 지상파방송은 기존의 가정의 거실뿐만 아니라 스마트폰의 개인 미디어 소비에 대응하여 모바일 및 양방향 플랫폼으로 확대해야 한다. 이는 미디어를 자본과 시장에만 맡겨둘 수 없기 때문에 공공 정책의 활성화 측면에서 적극적으로 추진되어야 하며, 지상파가 디지털 전환으로 플랫폼을 상실하여 레거시 미디어로 추락한 정책을 보완할 수 있는 유일한 방안이라 할 수 있다. 그리고 메타버스 시대에 공영방송이 공공 영역으로 살아남기 위해서는 학교, 대학, 도서관, 박물관, 미술관, 공연장 등의 공공 서비스 미시세계를 상호 연결하는 일종의 공공 서비스 메타버스를 창출해서, 새로운 사회적 기능을 발견하는 것이 대안이 될 수도 있다. (정준희, 2021) 각급 학교와 도서관에 산재되어 있는 지식과 정보, 교육 자료를 연계시킨다든가, 공공 미술관과 박물관, 공연장의 시청각 자료를 페어 현실과 가상을 넘나들며 개방적으로 향유할 수 있는 메타버스 플랫폼과 공영 미디어의 콘텐츠를 연결하는 방안을 고민할 필요가 있다.

정부의 수신료 분리 고지를 위한 방송법 시행령 제43조 제2항의 개정으로 KBS 재원의 50%를 차지하는 수신료 재원이 불확실하게 되었다. KBS가 방송의 자유인 기본권 침해를 구제하기 위해 헌법재판소의 가처분과 본안 소송을 제기하여 공영방송의 운명은 사실상 헌법재판소의 결정에 달려 있다. 공영방송과 수신료는 법적 논쟁으로 해결하기보다 협치와 정책의 영역에서 공론과 사회적 합의를 통한 조정이 선행되어야 하는데, 헌재의 결정에 따라 공영방송의 존폐가 결정되는 것은 민주주의 국가에서 바람직한 모습은 아닐 것이다.

기술 발전에 따른 플랫폼 대응과 함께 공영방송은 거버넌스를 혁신해야 하는 복합적인 딜레마에 처해 있다. 각국의 공영방송은 정도의 차이가 있지만, 거대 인터넷 미디어 기업과 경쟁하면서 콘텐츠 생산과 플랫폼의 주도권을 잃지 않기 위해 힘겨운 전투를 치르고 있다. 거버넌스가 안정적이지 못한 공영방송은 수신료 재원이 위협받기도 한다. 진통을 겪었지만, 대부분의 유럽 공영방송들은 수신료 문제를 해결하고, 공영 '미디어'로의 확대·재편되는 길을 정착시키고 있다. 방송 정책의 패러다임 전환에 비교적 확실하게 적응하는 모습을 보인다. (조항제, 2021) 한국 공영방송을 둘러싼 외부 환경의 압력은 무엇보다 '정치적'인 것에 의해 생성됐다. 한국의 공영방송은 하필 여타의 변동, 즉 기술, 경제, 문화의 변동이 한꺼번에 맞물려 급격한 소용돌이를 이룰 때 정치적인 고질적인 문제에 더 집중적으로 노출되었다는 것이 불행이었다. (정준희, 2021) 공영방송의 운명은 정치 중립적 거버넌스로 가느냐, 정치 종속적 거버넌스로 남느냐, 그리고 독립적 수신료 재원을 보장받을 수 있느냐의 갈림길에 서 있다.

미디어 환경에 대응하는 플랫폼, 콘텐츠 제작자로서 임무와 함께 공영방송은 정파성을 최소화하고 국민으로부터 신뢰를 회복하는 작업들이 선행되어야 한다. 지속 가능한 공영 미디어 달성을 위해서 독립성을 보장하는 거버넌스를 바탕으로 적절한 재원이 보장되어야 하며, 공영 미디어 활동에 대한 설명 책임과 고도의 전문성으로 운영되는 전문직주의가 필요하다. (Donders, 2021) 진화하는 공영 미디어로 발전하기 위해서는 다음과 같이 사회적 합의와 공영방송 내부의 노력이 선행되어야 한다.

첫째 공영 미디어(PSM)의 최우선 기능은 정치 세력과 상업 세력으로부터의 독립이다. 정당 정치화된 관료 체제를 가진 국가는 정당 정치화된 공영방송을 가질 확률이 높으며(Hanretty, 2009), 결국 정부는 공영방송을 통제하는 것에 관심을 가지며, 정치화는 신뢰의 하락을 수반하게 된다. 방송통신위원회의 위원과 공영방송 이사, 공영방송 사장의 선임과 해임 요건도 강화해야 한다. 정부와 정치에 의한 인위적인 지배 구조 개편은 공영방송의 독립성을 저해하기 때문이다. 사장 해임에 대한 가처분 요건도 엄격히 해서, 정치권에 의한 공영방송 지배 구조를 사법적 판결을 통해 제도화해야 한다. 공영 미디어는 그런 의미에서 시민권과 '정치 과정의 건강과 그에 따른 공공 담론의 질에 대한 책임'에 초점을 맞춘 프로젝트이기 때문에 정치 및 상업 세력으로부터 독립하는 것이 핵심이다. (Hesmondhalgh & Lobato, 2019) 정치적 독립과 시민과의 상호작용을 위해 시민사회 프로젝트로서 공영 미디어 거버넌스에 시민의 참여가 필수적이다. 공영방송 거버넌스 구조에도 민권 강화와 시민적 관여 촉진이라는 시대정신을 적극적으로 투영해야 한다. 시민사회의 참여가 보장될 때 공영방송의 규제는 민주적인 미디어 거버넌스 요구를 충족시키며, 공영방송 지배 구조에 시민사회와 같은 다양한 이해 세력이 참여하

여 공개성을 높이게 되면 정치권의 영향을 최소화할 수 있다. _{(박}

종원, 2018)

둘째, 공영방송은 사회에 직접적 책무성을 지닌 미디어 조직으로, 시민에 대해 설명 책임을 다해야 한다. 공영 미디어는 공익에 따라 행동하고 시민이 신뢰할 수 있도록 책임을 다해야 한다. 공영 미디어는 민주주의에 대해 응답해야 한다. (Haan & Bardoel, 2011) 언론의 자유를 침해하는 '외부의 간섭이나 개입'과 '공중에 위한 감시와 평가'를 명확히 구분해야 하며, 정부 권력을 포함한 외부의 '부당한' 개입과 간섭을 방지하기 위해서는 어카운터빌리티를 매개로 미디어와 공중이 상호 협력 관계를 구축되어야 한다. (정수영, 2018)

셋째, 공영방송 스스로 정치와 거리 두기를 바탕으로 전문직주의를 추구해야 한다. 공영방송 거버넌스에 영향을 주는 것은 정치, 시장, 시민사회(공공), 공영방송 자신으로(McQuail, 2003) 정치권이 공영방송의 독립성을 보장하려는 의지와 함께 공영 미디어 스스로가 독립성을 지키기 위한 전문직주의 정신이 필요하다. 내부적으로는 정치적 후견주의를 배척하고 정치와 거리 두기를 통해 엄격한 전문직 모델을 지향해야 한다. 전문직주의의 핵심은 불편부당한 프로그램을 제작하고자 하는 공영방송의 기풍과 품질의 탁월함을 추구하는 정신에 있다. 전문직주의가 중요한 것은 공영방송 내부 조직이 어떤 철학을 가지고 국가, 시장, 시민사회와 조응해 가면서 사회가 인정할 수 있는 공영 미디어 문화를 만들어 가야 하기 때문이다. (박종원, 2022) KBS의 국민께 듣는 공론 조사에 참여한 시민들은 KBS가 추가 수행해야 할 과업으로 '조직의 정치 중립성 확립'을 가장 높은 순위로 제시한 바 있다. (KBS, 2021) 결국 공정하고 불편부당한 프로그램 제작을 위해 정치와 거리 두기를 기본으로 정파적 시각을 엄격히 배제하여, 사회와 공익에 봉사하는 정신과 높은 수준의 책임 의식을 갖는 전문직주의 문화로 국민의 신뢰를 지속적으로 확보해야 한다. 이를 위해 공공 서비스 미디어 구성원들은 공익에 봉사할 수 있는 조직문화를 만들어야 한다. 조직 문화는 이념과 정치성을 배제하고 시민과 공익에 봉사하는 문화를 의미하며, 공론장 역할, 신뢰할 수 있는 프로그램을 제공하는 정치적 책무를 다해야 한다. (박종원, 2020)

이러한 전문직주의를 바탕으로 PSM은 신뢰할 수 있는 정보 제공자로서 역할을 담당해야 한다. 현재 한국 사회는 이념, 정파성 등 갈등이 극대화된 사회로 민주주의적 논의가 가능한 공론장의 구축을 위해 공영 미디어는 가장 신뢰할 수 있는 정보 제공자가 되어야 한다. (KBS, 2020) 공영 미디어의 민주주의적 기능과 시민권 확장을 위해서 가장 중요한 핵심 책무는 신뢰할 수 있는 정보의 제공이며, 이는 국민이 수신료를 흔쾌히 지급할 수 있는 가장 큰 원동력이기 때문이다. 그리고 공영 미디어가 지속 가능하기 위해서는 시청자에 대한 이해가 더욱 중요해졌다. PSM이 오랫동안 대중적이며 지속 가능한 상태를 유지하려면 젊은 시청자들에게 도달하고 그들과 관계를 구축하는 것이 가장 중요하다. 모든 세대 중 특히 젊은 세대가 텔레비전 시청이 감소하고 있어, 젊은 시청층의 확대를 위해 다양한 플랫폼과 콘텐츠를 개발하고 제공해야 한다. 이를 위해서 PSM 조직은 완전한 멀티미디어 조직으로 전환하기 위해 과감한 혁신을 수용해야 한다. 공영방송 조직은 수직적 관료 체계에서 혁신을 수용할 수 있는 유연한 수평적 체계로 전환해야 한다는 것이다. 그리고 PSM 조직을 '네트워크화가 일어나는 사회(수용자와 미디어 환경 전반의 파편화와 디지털화가 동시에 진행되는 사회)'와 지속적으로 연결하여 신뢰(Trust)를 구축함으로써, 공영미디어의 사회적 효용을 높여가는 메커니즘을 구축하는 것이 중요하다. (EBU, 2014)

콘텐츠 제공자로서 공영 미디어는 서비스의 품질을 통해 다른 서비스가 제공하는 것과 차별되어야 하며, 사회문화적 시민권 강화를 위해 정체성과 다양성을 함양해야 한다. 그리고 공영방송은 특히 혁신이 압박받는 국제 미디어 시장에서 창의적인 서비스를 제공하고 실험을 위한 안전한 항구를 제공해야 한다. (Cunningham, 2009) 공영방송은 시사 문제 등에 대해 최대한 객관적이고 중립적이며 공정하게 보도해야 하며, 정치적, 상업적 이해관계에서 벗어나 균형 있게 보도하고 사회의 다양한 시각을 반영해야 한다. 유럽은 다양한 관점의 제공에 따른 시민 공론장 형성, 분화된 사회계층을 통합하는 공적 가치를 공유하기 때문에 공영방송을 사회적으로 유용하고, 민주주의 사회를 필수적인 서비스를 제공하는 기관으로 규정한다. (EBU, 2014) 민주주의 제도의 필수 기능으로서 공영 미디어의 지배 구조와 수신료 제도 개선은 사회적 합의의 영역이며, 숙의의 산물이어야 한다. 공영방송의 지배 구조가 다양한 이해 세력의 협치를 기반으로 하려면 규제 기관인 방송통신위원회 구성도 집권당이 과반을 차지하는 형식을 탈피 해야 한다. 방통위가 방송의 자유인 기본권을 신장하지 못하고 정치 도구화되면서 위법한 수신료 분리 징수의 방송법 시행령 개 정을 비롯하여 공영방송 이사에 대한 해임을 주도하는 행태가 반 복되지 않아야 한다. 현행 방통위-KBS 거버넌스의 문제점은 대 통령제, 다수제 정치 구조의 병행성에 따른 결과물이다. 규제 기 관이 협치로 운영되어야 공영 미디어의 거버넌스도 협치의 형태 로 갈 수 있다. 특히 다원화된 연결망 사회에서 미디어를 규제하 는 국가 행정조직은 자신의 공론장을 형성하여야 한다. (Habermas, 1987) 민주 국가에서 미디어와 공영방송은 민주주의를 구현하는 핵심이기 때문에 미디어 정책을 담당하는 기관은 독립적으로 협 치의 정신으로 운영되어야 한다. 또한, 공영방송이 지속 가능하 기 위해서는 독립적이고 안정적인 재원(수신료 등)이 뒷받침되어야 한다. 정치적 후견주의를 제어하기 위해 시민참여를 바탕으로 하는 거버넌스의 혁신, 정치와 거리두기로 공익에 봉사하는 전문 직주의 조직 문화의 안착, 독립적이고 안정적인 재원이 보장되어 야 한다. 이를 위해 공영 미디어 내부의 지속적인 혁신과 공영 미 디어를 어떻게 설계해서 민주주의를 공고화하고 공론장과 같은 공적 기능을 담보할 수 있는 공공 정책에 대한 사회적 합의와 제 도적 보완이 시급하다. 사회적 합의의 산물인 공영 미디어의 거 버넌스, 수신료 제도 개선은 행정부의 소관이라기보다 입법자(국 회)의 영역으로, 공영 미디어의 제도를 혁신하기 위해서는 정치가 대립과 분열보다는 협치로 나아가야 한다.

　우리 사회는 대통령제하에서 여야의 협치가 사라지고 사안마다 정쟁화되면서 점차 대립적인 사회로 가고 있다. 보수 진보의 이념에 따라 논쟁이 되는 사안은 극단적으로 대립하기도 한다. 공영방송과 수신료도 보수 진보의 이념 논쟁에 자유로울 수 없다. 공영방송 스스로 엄격하게 정파성을 배제하고 정치와 거리 두기를 통해 불편부당한 방송을 제공하기 위해 노력했는지 뒤돌아봐야 한다. 지금과 같이 정권이 교체될 때마다 노동조합이 양분되어 정치적 후견주의를 수용하는 형식을 과감하게 던져야 한다. 방송 자유의 기본권을 가지고 국민 기본권을 실현해야 하는 공영방송과 수신료는 제도로서 헌법적 기능을 가지고 있다. 그러나 정파성 논란과 방만 경영의 프레임과 주장에 자유롭지 않지만, 공정한 뉴스를 전달하는 공론장으로서 역할과 점차 시장화되는 미디어 영역에서 재난 방송, 지역 방송과 같은 공적 가치를 구현해야 하는 책임은 여전하다. 공영 미디어는 극단화된 사회에서 미디어로서 중심적 역할을 위해 자기 혁신을 지속해야 한다. 정치권, 학계, 시민단체 등 공영 미디어의 이해 당사자들은 민주주의 핵심 구성 요소로 지속 가능한 공영 미디어를 위해 공론장에서 협치를 바탕으로 공영 미디어 제도를 새롭게 설계해야 한다.

챗GPT, 메타버스 시대의 1인 미디어

이희대(광운대 OTT미디어전공 겸임교수)

챗GPT, 메타버스 시대의 1인 미디어

1. AI가 쏘아올린 '크리에이터 이코노미' 전쟁

대규모 언어 모델(LLM)과 생성 AI에 관심이 집중되면서 IT 및 미디어, 콘텐츠 분야에서 메타버스(Metaverse)라는 명제는 마치 과거 이야기인 양 평가되는 작금이다. 디즈니와 마이크로소프트가 메타버스 전략 부서를 해체했고, 마크 저커버그는 연일 생성 AI를 강조하고 있다. 하지만 오히려 생성 AI를 메타버스에 접목하는 등 메타버스의 다음 스텝을 준비하고 있는 회사들이 있다. 바로 로블록스(Roblox)와 에픽게임즈(Epic Games). 로블록스와 에픽게임즈는 메타버스 붐이 한창일 때 가장 많이 언급된 회사들이었다.

로블록스는 사용자들이 직접 게임을 개발하고 다른 사람들과 함께 즐길 수 있는 플랫폼이다. 2023년 기준 로블록스 안의 게임 개발자 수는 약 950만 명, 게임 수는 약 5,000만 개에 달한다. 게임 개발자에게는 수익의 70%, 아바타와 아이템 개발자에게 수익의 30%를 게임 속 화폐인 로벅스(Robux)로 지급한다. 일정 로벅스 이상이 모이면 이를 현금화할 수 있다.

에픽게임즈의 포트나이트(Fortnite)는 원래 슈팅 게임으로 출시됐다. 평화롭게 어울리는 파티로얄 모드에서 메타버스 요소를 담았다. 미국의 유명 DJ이자 음악 프로듀서인 마시멜로(Marshmello), 힙합 뮤지션 트래비스 스캇(Travis Scott)의 콘서트가 개최된 것이 대표적이다. 영화 〈테넷〉(TENET)의 트레일러, BTS의 다이너마이트 뮤직비디오 안무 버전을 최초로 공개한 곳도 포트나이트였다. 현재는 파티로얄 모드 대신 사용자들이 자신만의 섬을 자유롭게 꾸밀 수 있는 크리에이티브 모드, 일명 포크리 모드를 통해 메타버스를 구현하고 있다. 포트나이트 역시 V-벅스(V - Bucks)라는 게임 속 화폐가 통용된다.

두 플랫폼 모두 3D 아바타로 접속해서 게임을 하거나 다른 사용자들과 어울리고, 게임이나 아이템을 만들어 파는 등의 활동이 가능하다. 즉 사용자들이 가상 세계를 자유롭게 이동하고 탐험할 수 있는 높은 자유도의 오픈 월드 게임에서 제공하는 툴을 이용해 지형지물은 물론 그 안에서 이용되는 다양한 사물까지 만들어 내는 샌드박스 사용자들이 생산자가 되어 콘텐츠를 만들고 경제 활동을 할 수 있는 크리에이터 이코노미 그리고 가상 세계의 나를 표현하고 다른 사람과 소통할 수 있게 해 주는 아바타까지 메타버스를 구축하고 유지하기 위한 요소들을 충실히 갖추고 있다.

2022년을 기점으로 메타버스 열풍이 꺾이고 엔데믹으로 야외활동이 늘어나면서 이들 플랫폼에 대한 관심도 식은 게 아닌가 하는 시선들도 있지만, 2023년 2월 기준 포트나이트에 가입한 총 사용자 수는 약 4억 명이다. 월평균 7,000만 명, 하루 평균 2,500만 명 이상이 게임을 즐기고 있다. 사용자들은 1주일에 평균 약 610시간을 포트나이트 플랫폼에서 시간을 보내고 있는 것이다. 로블록스도 비슷하다. 2023년 2월 기준 월평균 2억 1,400만 명, 하루 평균 5,880명이 넘는 사람들이 접속하고 있다. 일일활성 사용자 수 기준으로는 전년 대비 22%, 사용자들이 플랫폼에 머문 총 시간은 50억 시간으로 전년 대비 19% 증가한 수치다. 여전히 가장 인기 있는 게임들로 꾸준히 사용자를 늘려 가고 있는 것이다. 그리고 최근 두 회사가 경쟁하듯 내놓은 발표는 이들이 어떻게 생성 AI 이후의 메타버스를 준비하고 있는지, 이를 통해 어떻게 사용자들을 가상 세계의 개발자로 참여시키려 하는지 잘 보여주고 있다.

로블록스는 메타버스를 가장 충실히 구현한 플랫폼으로 평가받는다. 로블록스를 흔히 게임이라고 표현하지만 엄밀히 말해 로블록스는 게임이 아니다. 심지어 회사가 직접 게임을 제공하지도 않는다. 사용자들이 플레이하는 게임은 모두 사용자들이 직접 개발하고 판매하는 구조다. 어린 사용자들이 게임을 즐기다가 새로운 아이디어를 더해 자신만의 게임을 만들어 보고 이들이 개발자로 다시 로블록스에 유입되는 종적인 네트워크 효과가 현재 로블록스의 가장 큰 자산이다. 그래서 로블록스는 사용자들이 손쉽게 게임을 개발할 수 있는 툴인 로블록스 스튜디오를 무료로 제공한다. 프로그래밍을 따로 배우지 않아도 복사 붙여넣기 방식으로 게임을 만들 수 있도록 한 것. 하지만 아무리 쉬운 툴을 제공한다 해도 수준 높은 인기 게임을 만들어 내기 위해서는 전문 지식이 필요하다.

그래서 최근 로블록스는 로블록스 스튜디오에 생성 AI 도구를 접목시켰다. 게임 개발자들이 텍스트만으로 게임 속 세상을 만들어 낼 수 있도록 한 것이다. 공개한 생성 AI 도구는 코드 어시스트(Code Assist)와 머티리얼 제너레이터(Material Generator) 두 가지다. 코드 어시스트는 일부 코딩 지식을 보유한 초보 개발자들을 위한 것으로 코드를 3줄만 입력한 뒤 자연어로 원하는 코딩 방향을 설명하면 챗GPT처럼 로블록스 스튜디오가 나머지를 이어받아 코딩을 짜주고 게임을 완성하는 형태다. 반복적인 내용이나 중요하지 않은 세부적인 내용은 자동화하고 개발자는 보다 창의적이고 핵심적인 기획에 집중할 수 있게 돕는 역할인 것.

[그림 1] 로블록스의 생성형 AI 머티리얼 제너레이터
출처: https://www.youtube.com/@Roblox

눈길을 끄는 건 머티리얼 제너레이터다. 텍스트를 입력해 원

하는 3D 사물을 생성하고 또 명령까지 내릴 수 있다. 이를테면 "빨간색 2인용 전륜 구동식 컨버터블 스포츠카" 같은 간단한 문장만 입력하면 자동차를 디자인할 수 있다. 게다가 단지 빨간색 스포츠카처럼 보이는 사물이 아니라 실제 자동차의 기능도 수행한다. 3D 가상 세계에서 아바타가 탑승해서 직접 운전하고 달릴 수 있도록 모든 동작이 코드화되어 있기 때문이다. 여기다 사용자가 키보드 'b'를 누를 때마다 '헤드라이트를 깜빡여라', '차가 공중에 떠다니게 해라' 등의 추가 동작을 입력할 수도 있고, 비가 내리게 하는 등 기상 조건까지 바꿀 수 있다.

로블록스는 이 같은 생성 AI 도구가 개발자들의 생산성을 향상시킬 뿐 아니라 아이디어를 실현하는 데 필요한 기술 문턱도 크게 낮출 것으로 기대하고 있다. 어떤 개발자는 코딩을 할 줄 알지만 3D 모델링 같은 디자인에는 경험이 적을 수도 있고, 반대로 디자이너들은 상상한 것을 구현할 만큼 코딩 실력이 뒷받침되지 않을 수도 있다. 하지만 생성 AI가 접목된 로블록스 스튜디오에서는 이런 제약이 사라지게 되는 것이다. 게임 개발의 난도가 낮아지는 셈이니 더 많은 초보 개발자들이 로블록스로 유입될 것이고, 새로 개발되는 게임도 함께 증가하면서 신규 사용자도 늘릴 수 있을 것이라는 계산이다. 한마디로 로블록스의 모든 사용자들이 개발자, 즉 크리에이터가 될 수 있도록 지금보다 문을 더 활짝 열겠다는 것이다. 이들이 바로 로블록스 플랫폼에서 메타버스 생태계를 이끌어 갈 주인공이기 때문이다.

최근 에픽게임즈는 미국 샌프란시스코에서 열린 게임 개발자 콘퍼런스 2023에서 포트나이트의 차세대 경제 모델인 크리에이터 이코노미 2.0을 발표했다. 앞서 포크리 모드에서는 크리에이터, 즉 사용자들이 자신만의 섬을 자유롭게 만들 수 있다고 설명했다. 사용자마다 최대 4개까지 만들 수 있는 섬에서는 원하는 대로 풍경을 꾸미고 각종 건축물이나 장치를 배치할 수 있다. 섬 안에서 이뤄지는 게임 종류와 규칙도 마음대로 정할 수 있다. 현재 100만 개 이상의 섬이 존재하고, 사용자들은 이런 크리에이터들의 섬에서 접속 시간의 40% 이상을 보내는 것으로 알려졌다.

　문제는 지금까지 크리에이터가 섬을 만들어서 수익을 창출하는 것이 너무 까다로웠다는 점이다. 크리에이터들은 에픽게임즈로부터 개별 크리에이터 코드를 받은 다음 이를 자신의 팬들에게 홍보해야 했다. 팬들이 상점에서 아이템을 구매할 때 직접 크리에이터 코드를 입력해 줘야만 비로소 수익의 5%가 크리에이터에게 배분됐다. 그런데 크리에이터 이코노미 2.0에서는 앞으로 에픽게임즈가 포트나이트에서 올리는 순이익의 40%를 크리에이터들에게 분배하겠다고 발표한 것이다. 여기에는 사용자들이 게임 속 화폐인 V-벅스를 구매하기 위해 지급한 현금 수익, 각종 코스튬과 아이템 판매 수익, 월 구독 서비스인 포트나이트 크루 수익 그리고 에픽게임즈가 다른 브랜드들과 협업한 수익까지 모두 포함된다. 물론 일괄로 분배하는 것이 아니라 크리에이터별 참여도에 따라 달라진다고 안내되어 있다. 섬의 인기도, 참여도, 신규 사용자 유치 등의 기준에 따라 인기 크리에이터일수록 더 많은 수익을 얻을 수 있게 설계한 것이다.

포트나이트의 경제는 사용자들이 아이템 상점에서 쓰는 돈으로 돌아간다. 그런데 에픽게임즈가 관찰한 결과 크리에이터들의 섬에서 시간을 많이 보내는 사용자들일수록 아이템 상점에서 더 많은 돈을 쓴다는 것을 알게 됐다는 것. 인기 있는 섬을 만드는 크리에이터야말로 포트나이트 생태계에 진정한 가치를 부여하고 있는 사람들이니 이들에게 제대로 보상을 해야 한다는 설명이다. 게임 업계에서는 이 발표대로라면 포트나이트 크리에이터들에게 돌아가는 수익이 연평균 5~6억 달러가량이 될 것이라고 추산하는데, 이대로라면 현재 6억 달러 수준인 로블록스와 같은 규모가 되는 것이다. 로블록스로 몰리는 젊은 게임 개발자 크리에이터들을 유치하려는 행보다.

에픽게임즈는 또한 크리에이터들이 좀 더 쉽게 더 뛰어난 품질의 섬을 창조할 수 있도록 다양한 도구와 서비스도 함께 출시했다. 가장 힘을 준 건 포트나이트 언리얼 에디터(Unreal Editor for Fortnite)다. 에픽게임즈는 각종 대작 게임에 가장 많이 사용되고 있는 3D 게임 엔진인 언리얼 엔진의 개발사로도 유명하다. 이 내공이 담긴 포트나이트 언리얼 에디터는 크리에이터들이 언리얼 엔진의 기능을 활용해 손쉽게 포트나이트용 콘텐츠를 제작할 수 있는 개발 도구다. 포크리 모드에서보다 훨씬 정교하고 다양한 게임 경험을 설계하고 개발할 수 있고, 새로운 사물이나 지형물을 창조할 수도 있으며, 다른 게임의 각종 요소들을 포트나이트에 옮겨올 수도 있다. 또 자신의 목소리를 업로드해 게임 속 NPC(Non – Player Character)의 목소리로 쓸 수도 있고, 여러 사람이 함께 동시에 작업할 수 있는 기능도 있다.

이와 함께 언리얼 엔진에서 사용할 수 있는 메타버스용 프로 그래밍 언어 벌스(Verse)도 개발해서 선보였다. 또 크리에이터들이 직접 개발한 작업물을 공유할 수 있는 마켓플레이스인 팹(Fab)도 올해 안에 출시하겠다고 밝혔다. 섬을 꾸밀 각종 구조물이나 음악 영상 효과 캐릭터 등 모든 종류의 디지털 에셋(Digital Asset)을 공유할 수 있도록 한다는 계획이다. 에셋 창작자들은 판매 수익의 88%를 가져갈 수 있을 것이라고 한다.

[그림 2] 포트나이트의 언리얼 에디터(Unreal Editor for Fortnite)
출처: https://www.youtube.com/@unrealenginekr

그러니까 에픽게임즈는 누구든 아이디어만 있으면 포트나이트를 현존 가장 강력하다는 비디오 게임 엔진을 사용해 자신만의 세계와 디지털 에셋 게임을 만들 수 있는 메타버스 플랫폼으로 만들겠다고 선언한 것이나 마찬가지다. 이 정도면 포트나이트 역사상 가장 중대한 발표라는 평가를 받을 만하다.

누구나 원하는 세상을 만들 수 있고 그 세상에서 서로 콘텐츠를 사고팔며 경제가 돌아가는 메타버스. 에픽게임즈와 로블록스도 결국 메타버스 세상을 지탱하는 가장 중요한 요소는 크리에이터이며 사용자와 개발자들을 크리에이터로 끌어들이는 게 앞으로 메타버스 주도권을 잡는 데 필수적이라는 공통된 생각을 가진 것으로 보인다. 두 플랫폼은 서로 강점과 약점이 뚜렷하게 다르다.

크리에이터 이코노미만 놓고 보면, 지금껏 훨씬 우위에 있는 건 로블록스다. 이미 로벅스(Robux)를 기반으로 한 크리에이터 수익 배분이 자리를 잡았고, 게임 엔진인 로블록스 스튜디오도 워낙 쉽기 때문에 어린 초보 개발자들을 크리에이터로 확보할 수 있었다. 반대로 에픽게임즈의 포트나이트는 태생이 슈팅게임이니만큼 자유도 측면에서 제약을 받는다. 포크리 모드도 제대로 사용하려면 웬만한 게임 개발 지식 없이는 어렵다. 지금까지 크리에이터 지원 프로그램이 자리를 잡지 못했던 것도 일반 사용자가 크리에이터로 활동하기 어려운 환경이었기 때문으로 보인다. 그래서 에픽게임즈의 크리에이터 이코노미 2.0과 언리얼 에디터의 발표는 포트나이트에 로블록스 비즈니스 모델을 도입하려는 시도로 살펴볼 필요가 있다. 포트나이트를 로블록스처럼 사용자들이 자신만의 콘텐츠를 만들어 큰 수익을 올릴 수 있는 플랫폼으로 만들어 주겠다고 게임 개발자들을 유혹하는 것이다.

그러면 크리에이터 입장에서 포트나이트로 옮겨갈 유인은 무엇일까. 아마 에픽게임즈의 언리얼 엔진이 가장 강력한 무기가 아닐까. 로블록스의 약점이라 하면 그래픽과 디자인의 퀄리티가 꼽히는데 똑같은 3D 아바타라도 로블록스와 포트나이트를 비교하면 좀 차이가 있다. 로블록스에서 제공되는 게임도 사용자들이 만든 것이 다수이긴 하지만, 사용자들이 몰려 엄청난 수익을 올리는 인기 게임은 전문 게임 개발자들이 만든 몇 개에 한정되어 있다. 무엇보다 게임을 개발하는 사람들이라면 에픽게임즈가 제공하는 포트나이트 언리얼 에디터의 뛰어난 성능에 관심을 가지지 않을 수 없다. 이번 에픽게임즈의 발표에 일부 게임 개발자 커뮤니티에서 반응이 뜨거웠던 것은 다 이유가 있는 것. 로블록스 정도의 그래픽으로도 수백만 명의 크리에이터를 끌어들였는데 언리얼 엔진 5를 장착한 포트나이트가 로블록스 만큼의 자유도를 제공한다면 어떤 가상 세계가 만들어질지 상상해 보라는 것이다.

로블록스가 생성 AI 도구를 제공하는 것도 에픽게임즈의 이 같은 저력을 잘 알고 있기 때문이다. 사용자들이 지금보다 더 쉽게 더 뛰어난 그래픽을 만들 수 있어야 포트나이트에 크리에이터들을 빼앗기지 않고 끊임없이 새로운 크리에이터를 키워낼 수 있을 것이기 때문이다.

특히 두 회사는 모두 앞으로 크리에이터들이 서드 파티(Third

Party) IP, 즉 다른 게임이나 영화 등 콘텐츠나 브랜드의 에셋을 쉽게 복사해 와서 사용할 수 있도록 하겠다는 뜻을 밝혔다. 두 회사의 비즈니스 모델이 점점 비슷하게 겹쳐지고 있는 만큼 메타버스 주도권을 확보하려는 경쟁은 앞으로 더욱 치열해질 것으로 보인다.

대규모 언어 모델(LLM)과 생성 AI가 메타버스를 밀어내고 있는 것처럼 보이지만, 이들 AI의 등장을 가장 반기는 것은 어쩌면 메타버스 기업들일지 모른다. 인간 개발자들이 많은 시간과 노력을 들여 일일이 구현해야 했던 메타버스 내부를 AI가 대체해 주면 메타버스의 고도화는 훨씬 빨라질 것이기 때문이다.

2. AI 메타버스의 창작자 환경

1) 챗GPT 진짜 혁명은 메타버스와 결합될 때

2022년 11월 30일 세상에 선보인 챗GPT. '챗(Chat)'은 채팅, 대화를 뜻한다. GPT는 '오픈 AI(Open AI)'라는 회사가 만든 'LLM(Large Language Models)'이라 불리는 기술의 명칭이다. LLM은 그 종류가 하나가 아니다. 단지 오픈 AI가 만든 LLM의 이름이 GPT인 것. GPT는 마치 마이크로소프트(MS)의 윈도우가 그랬던 것처럼 발전 속도에 따라 버전이 계속 업그레이드 된다. GPT-1, GPT-2, GPT-3 이어 GPT 3.5가 챗GPT(Chat GPT)에 적용된 LLM이고, 최근에 나온 것이 GPT-4 다. 정리하자면 GPT는 오픈 AI가 만든 LLM 기술의 이름, 그리고 앞에 붙은 '챗(Chat)'은 대화를 뜻하고 그래서 챗GPT는 오픈 AI라는 회사가 만든 GPT라고 불리는 LLM 기술로 만들어진 대화형 서비스로 요약된다.

IT 업계에서 어떤 특정 서비스가 두 달 만에 월간 이용자 수 1억을 확보하고, 8개월 만에 15억 명에 이른 것은 챗GPT가 최초다. 전에 없던 새로운 패러다임, 새로운 카테고리를 만들어 낸 것이다. 구글이 2016년에 선보였던 인공지능 '알파고(AlphaGo)'는 세계의 주목을 끌었지만 이를 쓰는 사람은 없었다. 챗GPT는 국내에서도 5개월이 안 되어 사용자 200만 명을 돌파했다. 오픈 AI의 창업자 '샘 알트만(Sam Altman)'이 만들어 낸 기적이라 할 수 있다. 그가 갑작스럽게 챗GPT를 출시한 것은 아니다. 오픈 AI 설립이 2015년, GPT-1을 처음 선보인 것이 2017년이니 사실 적지 않은 기간이 소요됐다. 이후 GPT-2, GPT-3 등 2022년 11월 챗GPT를 출시하기까지 5년여가 걸린 것. 그러나 이 서비스는 단숨에 글로벌 대중에게 어필한다. 기존에 오픈 AI에서 이미지 생성형 AI 서비스인 'DALL·E'를 공개할 때만 해도 이처럼 큰 주목을 받지는 못했다. 챗GPT의 선풍적인 인기엔 범용적 인터페이스가 결정적인 역할을 했다. 오픈 AI 웹사이트에 가서 가입한 다음에 궁금한 게 있으면 질문 창에 물어보면 바로 답이 나오는 직관적인 사용자 경험. 인기 비결의 알파이자 오메가다.

오픈 AI와 같이 LLM을 만드는 기업은 구글 외에도 몇몇 기업들이 있다. 스타트업 중에 앤트로픽(Anthropic) 그리고 코히어(Cohere)와 같은 업체들도 LLM을 만들고 있다. 더 나아가서는 챗GPT와 같은 서비스는 아니지만 스테빌리티 AI(Stability AI)라고 하는 회사는 스테이블 디퓨전(Stable Diffusion)이라고 불리는 서비스를 기반으로 사진을 만들어 주는 LLM을 만들고 있기도 하다. 단 대화형 서비스로는 스타트업인 오픈 AI의 챗GPT가 월등하다는 평가를 받고 있다. 구글의 '바드(Bard)'가 이를 뒤쫓고 있고, 챗GPT와 똑같은 LLM 엔진에 기반해 MS가 '뉴빙(New Bing)'이라는 서비스를 제공 중이다. 현재는 이 기업들이 LLM 서비스를 제공 중인 상황이다.

스타트업인 오픈 AI가 이 시장에 공격적, 도전적으로 달려들어 괄목할 성과를 보이자 MS는 연합 전선을 제안해 같이 뛰고 있다. MS와 오픈 AI가 사실상 한 몸으로 달리고 있는 것. 마치 모바일 스마트폰 생태계에서 삼성전자와 구글이 연합한 것과 유사하다. 다만 삼성과 구글이 각기 가전 및 검색 등 IT 시장에서 확고한 지분을 가지고 있었던 반면, 오픈 AI와 MS는 입장이 다소 달랐다. 오픈 AI는 당연히 신생 기업이었지만, MS 또한 인터넷 및 모바일 시장에서의 포지션이 확고하다고 보기 어려운 상황이었다. 역사와 전통의 OS 시스템인 윈도우, 클라우드 서비스 '애저(Azure)'를 서비스 중이며, 또 하드웨어의 명가라는 타이틀도 갖고 있지만 윈도우 외에 이렇다 할 성과를 보이지 못했던 것 또한 사실이다.

과거 MSN.com, Hotmail, MSN 메신저의 실패, 검색 서비스 Bing.com의 부진도 MS에겐 아픈 손가락이다. 그래서 부활의 기회를 노리고 있던 MS 입장에서 오픈 AI와의 연합은 영리한, 혹은 필연적 선택이었던 것. 이에 긴장한 구글이 '바드(Bard)'로 그 뒤를 쫓는 형국이다. 페이스북에서 사명을 바꾼 메타(Meta)는 이들과는 다른 메타버스(Metaverse)의 LLM인 '라마(LLaMA)'를 공격적으로 추진하고 있다. 퀘스트 프로(Quest Pro), 퀘스트 3(Quest 3)와 같은 메타버스용 HMD(Head Mounted Display) 디바이스를 선보여 온 메타는 자체 메타버스를 더 확산시키기 위해 독자적인 생성형 AI 생태계를 구축할 것으로 보인다. AI의 승부처를 평면의 컴퓨터 화면이 아닌 메타버스의 입체 공간으로 삼겠다는 비전이다.

세상을 놀라게 한 챗GPT의 차별화 포인트는 LLM인 GPT의 우수성만큼이나 컨버세이션(Conversation), 즉 대화형 인터페이스를 적용했다는 것이다. 사람들은 이 AI가 영민하게 말을 알아듣고 무엇인가 다 답변을 해 주는 모습에서 놀라움을 느꼈다. 그럼에도 이러한 챗GPT가 웹이라고 하는 공간에만 머문다면 기존 검색의 역할을 대신하는 수준 정도로 그 능력은 제한적이 될 수 있다. 그런데 웹을 넘어 메타버스 플랫폼과 만난다면 그 능력과 역할이 훨씬 파괴적이 될 것임은 쉽게 예상할 수 있다. 새로운 헤드셋 기기를 통해 VR, AR, MR 등 XR 세상과 조우하는 메타버스 속 공간은 PC나 스마트폰의 한정된 사각형 속의 2D가 아닌 3D 입체 공간으로 펼쳐진다. 한마디로 크넓다. 광대한 공간, 그리고 그 공간을 채우는 수많은 사물들. 또 그 세상 안에서 무수히 장소를 이동하고, 타인을 만나고 대화하고 헤어지고 다시 이동하고… 그런데 위, 아래, 앞, 뒤 모든 공간이 존재하는 이 자유도가 높은 메타버스 안에서 사용자가 자신이 원하는 행동을 제어하는 방법은 현재까지 양손에 부착한 컨트롤러 정도가 전부다. 만약 사용자가 메타의 퀘스트(Quest) 헤드셋을 착용하고 메타버스 안에서 타인에게 메신저를 통해 메시지를 보내는 장면을 상상해 보면 일단 메신저 앱은 구동했다고 해도 메시지 작성은 3차원 공간에서 컨트롤러로 구현하기 여간 어려운 일이 아니다. 차라리 헤드셋을 벗고 스마트폰의 메신저 앱을 통해 손가락 터치로 빨리 끝내고 싶은 심정인 것이다.

그런데 챗GPT가 마치 영화 〈아이언맨〉(Iron Man)의 '자비스(J.A.R.V.I.S.)'처럼 메타버스 세상에 함께하게 되면 아직 답답한 두 손의 컨트롤러로는 어렵던 UI가 해결되는 것. 사용자가 말을 통해 무언가를 부탁하면 앱도 쉽게 열 수 있고, 어디든 인도하고, 공간도 넘나드는 텔레포트(Teleport)를 가능하게 해 주며, 화면을 작게 또 크게 해달라, 어떤 정보나 내용을 검색하거나 입력해 달라면 맥락을 이해하고 완성형의 문장을 알아서 찾고 써 주는 그런 세상이 바로 챗GPT가 메타버스와 만났을 때의 사용자 경험의 이상적 모습이다. GPT-3.5 기반의 챗GPT 대비 시각, 청각을 비롯한 여러 인터페이스를 통해서 정보를 주고받을 수 있는 멀티모달(Multi Modal) 능력까지 갖춘 GPT-4, 그리고 이후 지속해 발전 중인 LLM이 사용자의 눈과 귀가 되어 더 정교하게 인식하고 이해해서 필요한 정보와 서비스를 제공해 주는 영화 속 인공지능 집사가 메타버스에서 구현될 수 있는 것이다.

2) 웹 3.0의 철학과 토큰 이코노미, 그리고 메타버스

웹 3.0이 화두다. 지난 20여 년 인류에게 편익을 가져다준 인터넷의 등장과 발전. 이 인터넷의 기존 철학은 '모든 정보는 공개되고 개방되어야 하며 평등해야 한다. 그래서 많은 사람이 누구나 연결되어서 필요로 하는 정보를 검색을 통해서 만나볼 수 있어야 한다'는 '공유'와 '개방'이 키워드였다. 그러나 이 같은 인터넷의 진화를 이끄는 데 분명 의미 있는 역할을 해온 주요 빅테크 기업, 플랫폼들이 점차 거대화, 독점화, 중앙화 현상을 보이는 가운데 이를 다시 원래의 인터넷 철학에 맞게 보완, 개선하자는 움직임이 웹 3.0으로 부상한 것. 이용자와 창작자, 플랫폼 등 인터넷의 이해관계자들이 탈중앙화된 블록체인 기술을 통해 각 주체 간 상호 공헌의 가치를 동등한 합의의 기반 아래 암호화폐 등 절차상의 공정성이 수반되는 합리적인 분배 시스템으로 재구축해 보자는 개념이다. 블록체인의 분산 원장과 스마트 계약(Smart contract) 그리고 DAO(Decentralized Autonomous Organization)라고 불리는 합의 알고리즘, 즉 약속된 규약을 기반으로 운영이 되면 플랫폼 기업의 단독 의사 결정이 아닌 이해관계자들 간 합의를 통한 결정이 가능하며 각기 공헌한 역할의 가치는 토큰(Token)으로 분배하는 구조다. 이용자와 크리에이터가 직접 만나 새로운 경제를 만드는 토큰 이코노미(Token Economy), 크리에이터 이코노미(Creator. Economy)가 최근 주목받는 것도 이러한 배경에서다.

웹 3.0의 철학을 블록체인으로 구현하려고 하면 생태계가 필요하다. 단 기존의 웹과 모바일 생태계는 이 새로운 웹 3.0과 블록체인 기반의 공정한 분배 시스템이 적용되기에는 이미 레거시가 된 상황이다. 웹과 모바일 환경에서는 빅테크 기업, 플랫폼들이 구축한 질서, 관습에 사용자들이 이미 익숙하고 심지어 더 편하다고 느끼기에 이 새로운 철학과 기술이 들어갈 여지가 없는 것이다. 이제 막 열리고 있는 메타버스가 웹과 모바일이 아닌 웹 3.0을 구현할 세 번째 세상으로 꼽히는 이유다. '새 술은 새 부대에'(New Wine Is Stored In New Wineskins)라는 성경 구절이 연상되는 조합이다. 이러한 메타버스의 활성화를 이끌 것으로 기대되는 것이 바로 챗GPT와 같은 LLM과의 결합이다. 이를 통한 향상된 사용자 인터페이스(UI)와 사용자 경험(UX)은 메타버스 공간 내에서 키보드 없이 음성 명령으로 다양한 소프트웨어를 작동시킬 수 있고, 이는 웹이나 앱 사용에 비해 더 편리한 환경을 제공할 수 있다. 이를 통해 메타버스 공간은 크리에이터 이코노미의 성장을 도모할 수 있다.

생성 AI를 활용한 LLM은 이미지 생성이나 영상 제작 등에 활용될 수 있으며, 크리에이터들이 메타버스 공간을 다양한 디지털 오브젝트로 채우는 데 기여할 수 있을 것이다. 또한, 메타버스와 챗GPT의 결합은 새로운 사용자 경험을 제공하는 킬러 앱들의 등장을 촉진할 것으로 예상된다. 메타버스의 성장과 함께 이러한 앱들이 개발되어 메타버스 활용이 더욱 확산될 것으로 보인다.

이러한 변화들을 통해 메타버스는 크리에이터 이코노미와 사용자 경험의 혁신, 새로운 산업의 등장 등 다양한 산업적 변화를 가져올 것으로 예측된다. 따라서 메타버스와 LLM, 생성 AI의 결합은 지속적인 성장이 예상되며, 시장에서 더욱 중요한 역할을 수행할 것으로 기대되고 있다. 새로운 형태의 커뮤니케이션과 커뮤니티 서비스가 부상할 것으로 보이며, 이는 해당 산업의 변화를 가져올 것이다.

첫 번째로, 메타버스 공간에서 AI 휴먼(AI Human) 등의 이미지를 보다 자연스럽게 구현할 것으로 보인다. 기존에는 제한된 작업만을 수행하는 NPC(Non－Player Character)가 있었지만, AI를 통해 챗GPT와 같은 기술이 적용되면 완전히 새로운 세계가 개방될 것으로 예상한다. 여기에 AI 기술과 GPU 기술의 발전으로 인해 더욱 실감에 가까운 아바타 탄생이 예고된다. 이를 통해 게임의 시나리오가 더욱 다양해지고 개인별로 최적화된 게임을 즐길 수 있게 될 것이다.

두 번째로, 메타버스와 챗GPT의 결합은 게임 개발 산업에도 영향을 줄 것으로 기대된다. 이는 이미 로블록스(Roblox)와 같은 외국 기업들이 투자하고 있으며, 유니티(Unity)와 같은 기술도 개발되고 있다. 게임 개발, 코딩 과정에서 LLM을 활용한 음성 기반의 프로그래밍이 가능해진다면, 주니어 수준의 단순, 반복 코딩 업무를 대체할 수 있는 도구들이 등장하며 시니어 개발자는 보다 탄탄한 기술력을 갖출 수 있게 된다. 이로 인해 게임 개발에 사용되는 도구와 기술도 확장되고 발전할 것이며, 게임의 시나리오 작성 방식도 보강될 것으로 예상한다. 이러한 변화로 인해 게임은 더욱 흥미로워지고 풍성해질 것이며, 개인 맞춤형 게임 경험을 즐길 수 있게 될 것이다. 이로써 기존에는 전문 개발자가 수행해야 했던 작업을 비전문가들도 쉽게 수행할 수 있게 될 것이다. 이처럼 메타버스와 챗GPT의 결합은 전체적인 게임 산업의 다각화와 확장을 끌어낼 것이다.

세 번째로는 교육 분야도 크게 변화할 것으로 예상된다. 현재 교육 시장은 영상을 통한 이러닝 프로그램 등으로 크게 발전하고 있다. 예전에는 언어 교육이나 학습에 대한 논란이 있었지만, 메타버스와 챗GPT가 결합하면 AI 튜터가 입체적인 서비스를 제공하는 방식으로 변화할 것이다. 이는 개인 맞춤형 학습 경험을 제공할 수 있게 되는 것. 마치 개인이 일대일로 선생님에게 직접 교육을 받는 느낌을 메타버스 환경에서 경험할 수 있다.

챗GPT가 세상에 등장한 뒤 단 5개월 만인 2023년 3월에 GPT-4가 발표됐으며, 현재GPT5가 학습 중인 것으로 알려졌다. GPT-3에서 이미지 입출력 능력이 추가된 GPT-4와 다르게, GPT5는 비디오 입출력 능력이 추가될 것이라고 개발진은 공개한 바 있다. 오픈 AI뿐 아니라 글로벌 빅테크들이 LLM과 생성 AI 개발에 박차를 가하고 있는 경쟁 속도를 고려할 때 시각적인 메타버스 공간과 AI와의 결합과 성장은 더욱 가속화될 것으로 보이며 관련 산업에 큰 영향을 미칠 것이다. 이에 따라 웹과 모바일 생태계에서 주로 활동하던 크리에이터들의 이동, 그리고 토큰 이코노미, 크리에이터 이코노미의 성장이 뒤따를 것은 예고된 미래로 보인다.

3. AI 구루(Guru)들과의 대화

책을 쓰고 있는 이 순간조차 변화가 너무 빠르다. 미디어 학자가 스스로 감당할 수준을 넘는 이 변화 속에서 세 번째 챕터에서는 국내 손에 꼽는 AI 전문가이자 현장 지휘자들을 직접 만나 들어본 AI와 메타버스, 그리고 크리에이터 이야기를 담아 그들의 인사이트를 통해 챗GPT, 메타버스 시대의 1인 미디어를 조망해 보고자 한다.

1) CJ그룹의 AI 총괄 기술 책임자 신정호 CTO

2020년 12월 6일 밤 주최한 국내 최대 음악 시상식 '2020 MAMA(엠넷 아시안 뮤직 어워즈)'에서 세계적 그룹 '방탄소년단'(BTS)이 이날 시상식 마지막에 꾸민 '라이프 고즈 온' 무대에 멤버 중 한 명인 슈가가 등장하자 방송을 시청하던 팬들은 깜짝 놀랐다. 슈가는 어깨 수술 이후 회복에 집중하느라 이날 시상식에 불참했기 때문이다. TV 속 슈가는 가상으로 등장한 것이다. M-net 측은 이를 위해 XR 콘텐츠 전문 제작사와 협업해 3D 오브젝트를 실시간으로 촬영하고 렌더링하는 볼류매트릭(Volumetric) 기술을 활용했다고 설명했다. 이어 같은 해 연말 특별 기획인 AI 음악프로젝트 '다시 한번'을 통해 혼성 그룹 거북이의 터틀맨(임성훈)을 딥러닝 기반 페이스 스왑(Face Swap) 기술로 복원시켜 홀로그램 형태로 무대로 불러내 팬들을 울렸다. 2021년작 tvN 드라마 〈나빌레라〉 고난이도 발레 장면에 나온 덕출(박인환)과 채록(송강)도 실제 그들이 아니다. 발레리노 대역 안무와 주연 배우의 얼굴을 합성해 해당 장면을 연출한 것. AI로 머리부터 목까지 자연스럽게 합성해 생동감 있는 발레 장면이 만들어졌다. 이 장면들은 모두 CJ 올리브네트웍스 AI 연구원들이 딥러닝 기술을 이용해 만들어 낸 장면들이다. 말 그대로 얼굴을 변형하는 기술로, 특정 사람의 얼굴을 다른 사람의 얼굴로 합성하거나 얼굴의 나이대를 바꾸는 것이 포함된다.

여기에 더해 인공지능(AI)은 점점 더 광고와 콘텐츠의 세계로 들어오고 있다. 아직은 감정을 표현하는 인간처럼 완벽하게 자연스럽지는 않으나, 보조적인 수단으로의 역할로 크리에이티브 작업을 돕고 있다. 최근에는 시와 작곡, 그림에까지도 영역을 넓히고 있다.

이렇듯 AI와의 필연적 조우 상황을 유토피아 혹은 디스토피아로 그려 보며 다양한 시각에서 내다보는 의견들도 많아지고 있다. 이 최전선의 상황, 미래 뉴미디어의 모습을 누구보다 먼저 내딛고 있는 이들도 있다. 말 그대로 요사이 가장 'HOT'한 분야에서 아무도 가보지 못한 길을 이끄는 테크놀러지 조직을 총괄하고 있는 수장. CJ 올리브네트웍스의 신정호 CTO(최고기술책임자)와는 사실 초면은 아니다. 필자도 속해 있는 국제인공지능&윤리협회(IAAE)의 AI 포럼에서 같은 초청 연사로 잠시 인사를 나눈 바 있다. 공학도임에도 철학적인 깊은 사고를 담고 있던 신 CTO의 강연에서 느낀 메시지들을 구독자 여러분들께도 공유하고 싶은 마음에 인터뷰를 청했다. 국내외를 가리지 않는 격무 속에서도 칼럼의 의도에 동감해 시간을 쪼개 함께해 준 것.

[그림 3] CJ 올리브네트웍스의 신정호 CTO(우측)과 인터뷰 중인 필자
출처: https://www.dt.co.kr/contents.html?article_no=2022111102101919807001

그럼에도 첫 질문부터 직구로 시작했다. 'CJ 그룹' 하면 AI보다 식품 그리고 미디어, 엔터테인먼트가 떠오르는 것은 사실인데 CTO로 자리를 옮기기 전의 커리어를 보면 테크놀로지가 다소

더 중심일 것 같은 곳들이라 어떤 비전, 방향에 공감해 현 회사 및 직무로 이동할 결심이 섰을지 물었다. 최근에는 개발자, 그것도 최고 책임자급이라면 모셔가기 경쟁이 그야말로 역대급인 시기이니 그 행보의 배경이 궁금한 때문이었다. 답변은 의외로 담담했다. 비전과 방향을 바꾸는 것 그 자체가 이유였다는 것. '와서 바꾸어 보라' 아마도 이런 제안이었으리라. 그래서 그 방향, 어디로 향하고 있나 이어 물었다. 그는 이 변화의 방향을 이렇게 정리했다. "관성을 깨고, 구조를 바꾸고, 개성을 또렷하게 하는 것" 그리고 개성을 또렷이 하기 위해서 '버리기'를 통해 한정된 자원을 엣지(Edge) 있게 활용하고자 노력 중이라고 전했다.

우문을 던져서일지 아직은 선문답 같은 알쏭달쏭한 답변에 좀더 구체적으로 설명을 부탁했다. 신 CTO는 AI가 전에 없던 신규 비즈니스를 일으키는 역할과 현 비즈니스를 최적화하는 역할, 두 가지로 굳이 나누어 살펴본다면 지금의 시점은 후자가 더 역량을 가질 때로 보는 시각이었다. 동감이다. 일명 '5개년 계획'에 따라 각 시기 트렌드를 주도하던 핵심 단어들이 바뀌어 온 것을 우리는 알고 있다. 유비쿼터스, 3D, VR, 드론, IoT 등등 익숙해질 즈음 또 새로운 키워드들이 등장하지만 완료형보다는 진행형의 기술들을 미리 당겨와 그림만 먼저 그리는 경우가 많아 정작 산업 현장과의 매칭은 아쉬움을 보일 때가 적지 않았음을 말이다. 물론 AI는 아마도 대체 가능 단어가 없을 정도의 가공할 만한 발전 성과를 보여 주고 있지만 '지금 곧' 인가를 진단해 본다면 그 자체의 독립적 모델보다는 타 분야와 융합할 때 더욱 시너지를 낼 수 있을 것이란 쪽에 필자도 무게를 두는 편이다. 더하거나 맞추기보다 필요한 곳에 골라 쓰며 덜 것은 덜어내는 효율 우선의 철학이 '버리기'에 담긴 듯하다. IT 수장으로 새 청사진을 그리고 있는 신 CTO가 AI의 확장성을 문화와 예술에 맞추어 펼치고 있는 것도, 이러한 방향성에 대해 그룹에서도 관점을 같이 하고 있구나 풀어 본다.

AI와 문화예술. 언뜻 달라붙지 않다가도 CJ 올리브네트웍스가 써 가고 있는 일기장을 살펴보면 하나하나씩 어떻게 뼈대를 갖추고 살을 붙이며 피를 돌게 하는지 알 수 있다. 터틀맨의 홀로그램 무대나 드라마 〈나빌레라〉 속 발레 공연이 이러한 행보의 마중물이었다면 최근의 프로젝트들은 점차 그 색이 짙어지고 넓어지고 있다. 신 CTO는 이를 AI 아트워크, AiRT(에어트) 프로덕트라는 명명으로 소개했다. 음성, 영상은 물론 문학, 회화, 음악까지 문화예술 분야 전방위가 대상이다.

'메타 사피엔스'라는 신조어를 처음 공표한 장본인답게 아마도 이 기술들의 총체적인 결정체는 역시 가상 공간인 메타버스에서 빛을 발하게 될 것이란 기대 섞인 예측을 전하는 그에게 윤리와 철학에 대한 시각을 물었다. 사실 버추얼 휴먼과 같은 AI의 첨단 기술은 '딥페이크'와 같은 부정적 시각과 쌍을 이루기 때문이다. AI가 펼칠 미래에 대한 우리의 생각도 겹치는 대목이다. MNET의 음악 프로젝트를 예로 들며 고인의 지인이나 팬분들은 당연히 성원했겠지만 다른 시각도 있었을 것 같은데 직접 프로젝트를 지휘하는 입장에서 어떤 느낌을 가졌을지 궁금했다. 그는 유족들이 반대하는 이유가 더러 있을 수 있는데, 그것은 이권, 즉 초상권에 대한 보상이 이루어지지 않을 경우라고 답했다. IP에 대한 본인 또는 유가족과의 합의가 모두 이루어진 경우에 한 해 사자(Dead man)에 대한 버추얼 휴먼 프로젝트를 진행하는 것을 조직의 원칙으로 삼고 있으며 그것이 상식이라고 믿고 있다고 답했다. 스마트폰 이후 미디어의 새로운 격전지가 자율자동차 속 엔터테인먼트가 될 것으로 보이는 가운데 어떤 준비 중인지에도 AI 아트워크, AiRT(에어트) 프로덕트가 바로 이러한 발전과정 속에서 의미 있는 역할을 하게 될 것임을 내비쳤다. 다 계획이 있었던 것이다.

2시간 반여의 인터뷰 중에 현실적인 질문도 건네 보았다. 현재 컴퓨터공학과 AI, 데이터 사이언스가 그야말로 뜨겁다 보니 요사이 인문학과 학생들의 고민도 많아지고 있다. 코딩을 비롯해 데이터 사이언스 분야에 대해 양수겸장의 부담은 가중되는 데 어디까지가 필요할지 정말 근원적인 고민 들을 하고 있어 여기에 전문가로서 제언을 부탁했다.

신정호 CTO는 존 스타인벡의 소설 《분노의 포도》 이야기를 전해 주었다. 1930년대 등장했던 '트랙터'를 보고 당시 일자리를 빼앗길 공포에 농부들이 트랙터 기사에게 운행 중단을 요청하자 그 기사는 이렇게 말했다. "시대는 이미 바뀌었어요. 만약

제가 운전을 하지 않아도 누군가 다른 운전수가 이 일을 할 거예요." 맞다. 트랙터가 없으면 농사를 지을 수 없는 시대, 그 흐름을 막을 수는 없을 터다. 그래서 우리는 모두 코딩을 배우고, 빅데이터, AI를 전공 해야 하는가. 모두 트랙터 운전수가 되어야 하는 것인지 물음이 생긴다. 이에 대해 그는 트랙터 이후의 세상에 대해 들려주었다. 트랙터는 인간을 장시간 노동 등으로부터 해방, 이로 인해 보다 시간을 자율적으로 활용할 수 있게 했으며, 여성들의 사회 진출을 앞당겼고, 높아진 농업 생산력으로 사람을 도시로 향하게 하고, 인구를 인류 역사상 유례가 없을 정도로 증가시키는데 공헌했다는 것. 그래서 우린 모두 트랙터를 배워야 하는지 되물었다. 이 답에 대해선 같은 의견이었다. 현명하고 눈썰미 있는 농부들은 굳이 트랙터 운전을 배우지 않고 달라질 미래의 중요 산업에 나섰을 것이다. 농사라면 운전수보다 훨씬 경험이 많으니 육종과 품종을 개량해 더 많은 수확을 거둘 방법을 연구하거나, 대량 생산에 맞는 새로운 식품 소재를 개발하고, 내 고장의 로컬 투어 관광 코스를 만들며, 1사 1촌과 같은 공공 캠페인도 펼칠 수 있다. 중요한 것은 트랙터라는 로봇, 혹은 AI를 경쟁 상대로 볼 것인지 조력자 혹은 파트너로 볼 것인지에 대한 철학이란 데 함께 공감했다.

총이 사람을 쏘는 것인가. 총을 든 사람이 사람을 쏘는 것인가를 두고 벌어지는 기술 결정론과 사회적 결정론의 오랜 논제처럼 인공지능(AI), 가상현실(VR)과 같은 새로운 기술은 그 자체로서보다 이를 활용하는 인간의 역할에 따라 다른 모습을 띨 것임은 분명해 보인다. 딥페이크가 음란물 등에 사용되고 있어 논란으로 떠오르고 있지만, 같은 기술은 지난해 〈기생충〉과 함께 오스카 작품상에 노미네이트 되었던 영화 〈아이리시맨〉에서는 현재 77세 로버트 드니로의 젊은 시절 연기를 자연스럽게 재현시키며 시청자들의 감동을 끌어내기도 한다. 마틴 스콜세지 감독의 손에 들린 AI와 불법 페이크 영상 제작자의 손에 들린 AI는 같은 기술인 것이다. 기술에 대한 경고들은 이처럼 마치 달을 가리키는데 손가락만 보는 격처럼 보인다. '포스트 코로나' 시대의 향방은 기술이 아니라 기술을 이용하는 사람의 선택에 놓여 있다.

2) 인공지능 플랫폼 대표기업, 마음AI 유태준 대표

존 스타인 벡의 장편소설 《분노의 포도》가 그리는 1930년대 배경 속, 미국에서도 소작농들의 일터였던 농장에 '트랙터'라는 새로운 기계가 선보이자 갈등을 빚는 장면이 등장한다. 농부들은 처음엔 총구를 들이대며 트랙터 운전사를 향해 반대의 목소리도 내 보지만 변화를 흐름을 되돌리지 못함을 곧 깨닫고는 소총은 그대로 손에 든 채 물끄러미 트랙터의 뒷모습만 바라보는 것으로 묘사된다. 호모 파베르(Homo Faber)가 탄생한 이후 지속된 기술결정론과 사회적 결정론의 오랜 대립의 구도를 소설에서는 강하게 전달하며 독자들에게 기계, 기술에 대한 시각을 각인시킨 바 있다. 인류가 도구를 발전시키는 한 소설 속 과거 이야기처럼 또는 지금, 그리고 미래에도 이 갈등의 구도는 필연적으로 반복될 것이다.

그러나 다행히 '챗GPT'에 이은 'GPT-4'의 등장을 '트랙터'와 '소작농'의 상황처럼 고려하지는 않아도 될 것 같다. 결국은 새로운 문명의 이기가 등장할 때의 이슈는 도구를 발명한 이들과 사용하게 될 이들 간 그 쓰임새에 대한 상호 이해, 그리고 그 이해를 위한 눈높이 맞춤이 중요할 터인데 다행히 우리나라엔 사용자, 궁극에는 사람, 인간과 기술이 함께 마음을 맞춰 가장 쉽고 편한 방식으로 다가갈 수 있도록 노력하는 이들이 있기 때문이다. 어제와 오늘 사이에도 속도의 간극이 벌어지는 글로벌 AI 아우토반(Autobahn)이라지만, 한국인에 맞는 소재와 디자인의 단단한 안전벨트, 중립에서 1단, 2단 자연스럽게 한 단계씩 기어를 올리는 눈높이 매뉴얼 제공에 친절한 안내까지 준비해 제공하는 수석 드라이빙 코치 겸 엔지니어가 있다면 중고 경차의 주인장이라도 마음 푹 놓고 도로를 나설 참이다.

초거대 AI의 바람에 살짝 편승하면서 평소 같으면 정말 만나기 힘든 분들을 찾아 'AI'의 세계에 대해 궁금증 보따리를 풀어 봤다. 한국 IT 산업의 메카 판교 테크노밸리에 위치한 AI 플랫폼기업 '마음AI'의 유태준 대표와 손병희 전무 두 수장을 만났다.

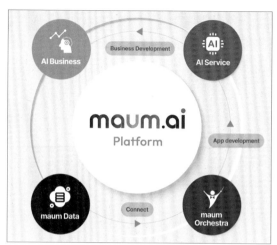

[그림 4] 인공지능 플랫폼 기업 '마음AI'의 주요 서비스

출처: https://maum.ai/company

이들이 빅데이터, 그리고 이를 바탕으로 한 인공지능의 주요 역할을 고민하며 사업화에 중점을 둔 분야는 VOC(Voice of the Customer)였다. 오랜 기간 기업 컨설팅을 통해 고객 상담 업무의 고충과 효율성 이슈를 익히 알고 있었던 유 대표의 노련한 이 시각은 주효했다. 완벽하지는 않아도 반복되는 고객 상담 업무를 휴먼 AI가 일부 대체할 수 있다면 기업에서는 두 손 들고 환영할 일이었다. '마음AI'의 전신인 '마인즈랩'의 행보는 이렇게 현장에서 다져진 유 대표의 경험과 어려운 시절부터 함께해 온 개발진들의 협업 속에 한발 한발 나아간다.

챗GPT, GPT-4 지금은 익숙한 AI 모델명인 OpenAI社의 초기 시리즈인 GPT-2를 활용해 성균관대와 [AI x Bookathon: 인공지능과 함께 글쓰기] 해커톤(Hackathon)을 이미 2019년에 진행했던 곳도 '마인즈랩'이다. OpenAI社와 '마인즈랩' 모두 벤처 스타트업으로 다양한 시도가 필요했던 때문이었겠지만 그만큼 AI에 진심인 양사의 목표가 드러나는 장면이다. 이후 GPT-3, 그리고 GPT-3.5 기반의 챗GPT, 이어 현 GPT-4까지 초거대 AI와 생성형 AI의 진화를 살펴보고, 응용해 보며 한국형 AI 플랫폼 서비스의 원형을 그려온 실력은 역시 달랐다. 챗GPT가 세상에 첫선을 보인 뒤 불과 두 달여만인 올 1월 '마인즈랩'은 자사의 구독형 AI 서비스 '마음에이아이(maum.ai)'에 챗GPT를 국내 최초로 연동한다. 2019년부터 GPT-n 시리즈를 활용하고 연구해 온 것을 고려하면 놀라운 일도 아니다. '다 계획이 있었던' 것이었다. 2022년 과학기술정보통신부의 '초거대 AI API 서비스 공급자' 등록 기업에 네이버, KT와 함께 선정된 국내 3대 기업에 '마음AI'가 있다는 것 또한 같은 이유로 놀랍지 않은 결과다.

마치 전 세계적으로 현재 가장 뜨거운 관심을 받고 있는 초거대 AI와 생성형 AI의 미래를 예측했던 것인지 이 회사의 홈페이지에는 '어? 이거 GPT-4가 제공하는 서비스의 한국형 서비스인가?' 싶은 멀티모달 플랫폼을 안내하고 있다. 어떤 산업 분야든 이 서비스 플랫폼에 오면 눈과 귀와 입과 손, 얼굴, 비서가 되어 주겠다는 것이다. 그래서 이 플랫폼에 '오케스트라'를 붙였다. '마음 오케스트라'.

OpenAI社의 주된 투자사로 알려진 마이크로소프트의 수장 사티아 나델라 CEO가 얼마 전 발표한 자사의 AI 서비스 이름은 코파일럿(Copilot)이다. 비행기의 부기장을 칭하는 이 이름이 숨의 함의는 아마도 메인 조종사가 아닌 이를 돕는 부조종사의 역할이 AI라는 것을 전하고 있는 듯하다. 결국 비행기의 이착륙과 비행을 책임지는 것은 기장, 즉 사람이고 AI는 이를 돕는 것이라는 것. '마음 오케스트라'도 그렇게 읽힌다. 오케스트라의 멋진 연주가 훌륭한 지휘자의 역할 속에 만들어짐을 우리는 잘 알고 있기 때문이다. 다만 우리가 그 지휘자의 연단에 올라설 기회가 있을지 여부는 다른 문제다. 각 악기를 다룰 준비가 되어 있는 전문 연주자들을 잘 모셔왔는지, 그리고 혹시나 있을 실수를 대비해 연습도 충분히 되어 있는지, 심지어 그 이전에 지휘 경험이 없는 이를 위한 세심한 준비도 있는지… 등등. 그렇게 준비가 되어 있음을 확인했다면 적어도 내가 잘하는 분야의 음악은 한번 도전해 볼 만하다. 너무 걱정은 말고 말이다. 발라드, 트로트, 재즈, 록… 내가 자신 있는 분야, 많이 불러왔기에 자신 있는 분야라면 이 오케스트라를 믿고 내 곡을 연주하면 된다. 눈높이 맞춰 오래간 준비해 온 노련한 오케스트라가 준비해 놓은 무대에 나서는 것만 결정할 일이다.

챗GPT에 대한 세간의 관심 속에 다시 주목을 받는 이론과 인물이 있다. 과연 기계가 생각을 할 수 있을까에 대한 화두를 제시했던 암호학자이자 과학자인 엘런 튜링이다. 그가 제시한 '튜링 테스트'란 기계, 즉 인공지능과 인간의 대화를 제삼자가 구분할 수 없는 상황을 전제한다. 챗GPT가 인간의 질문에 답을 하는 과정을 보며 정말 엘런 튜링이 말했듯 AI가 '생각'이라는 것을 하고 있는 것인지 우리에게도 질문을 던진다. 이에 대한 평가는 많이 갈린다. 챗GPT 및 GPT-4가 AGI(Artificial General Intelligence), 즉 시간과 공간을 이해하는 모델이냐는 것의 문제다. 챗GPT 및 GPT-4의 능력을 체험하면서 이제는 그 답을 인간이 과연 알아볼 수 있을지까지 철학적 논쟁이 있는 수준이다. 그러나 현실로 돌아오면 문제는 이러한 정보에 대한 격차로 이어진다. 아직도 나이 드신 부모님 세대는 앱 사용이 어려워 모바일 뱅킹을 못하고 은행을 직접 방문한다. 이런 상황에서 이제 AGI의 도래가 이야기되는 것에 이른 것이다. 그래서 어쩌면 더 중요한 것은 새로운 기술의 등장이 아니라 그 기술을 이용할 인간에게 실제로 도움이 될 활용성을 그 눈높이를 고려해 안내하고 제공하는 것일 수 있다. 회사 이름까지 바로 그 '마음'을 읽어 눈높이를 함께하겠다는 의지를 넣어 바꾼 회사라면 이 역할을 잘해 줄 것으로 믿는다.

유태준 대표와 손병희 전무는 입을 모아 이야기했다. "AI는 생성형, 초거대, 멀티모달 등등 줄곧 발전하겠지만 인프라와 데이터 투자 또한 막대하게 소요되기에 점점 더 글로벌 초대형 기업들의 몫이 될 것이다. 반면, '마음AI'가 바라보는 분야는 각 산업 분야의 특화된 데이터와 경험을 가진 회사, 인재들을 도와서 최적화된 AI 서비스를 제공하는 역할"이라고 강조했다. '수학'이 물론 중요하고 위대한 학문임을 다 공감하지만 당장 수험생 입장에서는 세심한 과외 선생님이 알려주실 때 이 학문에 이해도가 높아지는 원리다. AI 세상이 와도 눈높이를 맞춰 주는 중간자의 역할은 또 필요하다는 방증이 아닐까.

4. 디지털 경제 주도권, 플랫폼에서 크리에이터로

거대한 글로벌 크리에이터 이코노미는 크리에이터와 팬 그리고 다양한 플랫폼과 솔루션을 제공하는 빌더들이 유기적인 관계를 맺으며 생태계를 형성하며 지금도 가파르게 성장하고 있다. 지금까지 크리에이터가 대형 플랫폼에 의존하여 수익을 창출할 수 밖에 없는 구조였으나 최근 탈(脫) 플랫폼 현상이 등장 중이며 크리에이터 이코노미에 대한 근원적인 움직임들이 일고 있다. 특히나 메타버스, 생성 AI 등 기술 혁신을 통해 펼쳐질 새로운 시대에는, 크리에이터가 직접 플랫폼을 소유하면서 얻을 수 있는 이점들이 늘어날 것이 기대되며 크리에이터 이코노미의 확산에 대한 관심이 증폭 중이다.

이와 같은 현상은 플랫폼 기업들에게 있어 크리에이터의 존재는 절대적이지만, 크리에이터들에게 돌아가는 보상 체계는 불안정한 측면이 있고 또 콘텐츠와 데이터에 있어 온전히 소유권을 보장받지 못하고 있다는 데 기인한다. 가장 큰 문제는 수익의 많고 적음보다 비즈니스를 예측 불가능한 상태로 두는 것이다. 경험 있는 크리에이터들은 이런 이유로 광고 수익을 포함한 대형 플랫폼의 의존도를 줄이고, 온라인 공간 내 통제권이 확실한 자체 플랫폼을 추가로 갖고 있어야 한다고 입을 모아 말한다. 크리에이터 대부분이 대형 플랫폼 안에 갇혀 있고 수익화할 수 있는 수단도 한정적일 뿐만 아니라 팬들과의 관계도 파편화되는 현실이다.

이러한 흐름 속에서 주목받고 있는 것이 크리에이터 창작물을 판매하는 메타버스의 C2E(Create to Earn) 플랫폼이다. Z세대와 알파세대, 일명 '잘파세대'를 중심으로 크리에이터 이코노미가 지속 활성화될 것으로 기대되고 있다. 제페토는 메타버스상 아바타가 이용할 수 있는 의류 등을 크리에이터 개인이 만들어 판매한다. 5월 초 기준 누적 크리에이터는 326만 명이며 아이템은 약 862만 개다. 유명 크리에이터의 경우 월 1,000만 원 이상의 수익을 내기도 한다.

레드브릭은 누구나 메타버스 콘텐츠를 만들고 판매할 수 있는 환경을 지원한다. 에듀테크 기술력을 바탕으로 쉽게 메타버스·소프트웨어(SW) 창작이 가능한 스튜디오를 제공한다. 창작 콘텐츠를 수익화할 수 있는 광고 시스템과 콘텐츠를 거래할 수 있는 마켓 플레이스도 준비 중이다. 활동 창작자는 약 20만 명이다. 2021년 말 10만 명을 돌파한 이후 약 1년 반 만에 2배 넘게 성장했다. 메타버스 콘텐츠는 60만 개가 넘는다. 캐럿은 크리에이터가 카메라용 필터를 만들어 공유하고 판매할 수 있는 플랫폼이다. 색감 필터, 스티커, 프레임, 증강현실(AR) 필터와 같은 다양한 필터 템플릿을 캐럿 앱에서 직접 제작하고 판매한다. 이용자 수는 10만 명 이상이며 매출은 1월 기준 전년 대비 결제액 3배, 월간 활성 이용자 수(MAU)는 6배 성장했다. 포토위젯은 휴대전화 홈화면 커스터마이징을 제공하는 iOS 전용 모바일 라이프 플랫폼이다. 향후 콘텐츠 거래를 지원하는 개인 간 거래(C2C) 마켓 기능을 선보일 예정이다. 본인이 창작한 배경 화면, 위젯, 아이콘 등의 이미지를 활용해 수익을 창출할 수 있다. 누적 사용자 수는 5월 기준 3,500만 명에 달한다. 전체 회원의 80% 이상이 Z세대다.

포브스는 지난해 크리에이터 이코노미 시장 규모가 1,000억 달러(약 131조 원)을 상회할 것으로 추산하며 크리에이터 이코노미가 거대 산업으로 성장 중임을 밝혔다. 이와 맞물려 콘텐츠를 누구나 쉽게 제작하고 공유할 수 있는 플랫폼도 함께 성장 중이다. 소비자의 취향과 유행이 점차 빠르게 변화하며 파편화되고 있다는 점은 크리에이터 이코노미 플랫폼 활성화 요인이다. 크리에이터는 개인으로 활동하기 때문에 기업에 비해 트렌드에 민감하고 발빠르게 움직일 수 있다.

디지털 경제의 주도권이 플랫폼에서 창작자로 이동하는 크리에이터 이코노미 현상은 개인이 미디어인 시대, 창작자들의 새로운 도전의 장이 되고 있다. 누구나 크리에이터가 될 수 있고, 플랫폼을 활용하여 자신의 창작물을 제작해 노출시키고 직접적인 수익을 올릴 수 있는 1인 미디어 시대. 또 하나의 플랫폼 메타버스는 가상과 현실이 상호작용하며 공진화하고 그 속에서 사회, 경제, 문화 활동이 이뤄지며 가치를 창출하는 세상으로 부상하고 있다.

 이 가운데 향후 미디어 업계의 가장 큰 화두는 크리에이터와 생성 AI와의 만남으로 꼽히고 있다. LLM, 생성 AI를 통해서 콘텐츠 창작의 장벽이 더 낮아지면서 이미지, 영상 혹은 보이스, 음악 등 다양한 콘텐츠 영역에서 누구나 다 이러한 기술들을 활용할 경우에는 높은 품질의 콘텐츠를 더 쉽게 생산할 수 있게 되면서 모두가 크리에이터가 되는 시대, 일반인들도 콘텐츠를 단순히 감상하고 즐기던 시대에서 이제 자기 취향에 맞는 콘텐츠를 직접 생성하는 시대로 변화될 거라는 기대다. 화면에 직접 등장하는 것이 부담스러운 크리에이터는 버추얼 아바타와 음성을 활용해 챗GPT로 대화하며 사용자들과 만날 수 있다. 그간 크리에이터로 나서는 것을 전혀 상상하지 못했던 일반 직장인이나 학생, 주부 누구든 쉽게 크리에이터에 도전할 수 있는 세상을 맞는 것. 환경이 이렇게 열린다면 앞으로는 모두가 다 크리에이터적인 마인드를 갖고 자신만의 콘텐츠, 자신만의 브랜드와 IP 그리고 자기만의 팬덤을 만들어 나가는 것도 중요한 시점으로 다가오고 있다. 바로 이 부분은 AI가 대체하기 힘든 지점이다. 사람의 마음을 읽고 같이 커뮤니케이션을 해 나가면서 팬덤을 만들어 나가는 일들, 진정성과 매력은 메타버스, 인공지능의 시대에서도 인간만이 영위할 수 있는 영역이기에 이와 관련한 역량은 앞으로 크리에이터 이코노미에 더 빛을 발할 것으로 기대되는 이유다.

참고문헌

[1장]

고윤미, 심정민, 생성형 AI 관련 주요 이슈 및 정책적 시사점, KISTEP 브리프66

고윤미, 심정민, 생성형 AI 관련 주요 이슈 및 정책적 시사점, KISTEP 브리프66, 2023.4.13.

권오현, 〈메타버스 내 게임형 가상세계와 생활형 가상세계에 대한 연구〉, 건국대학교디자인대학원 2011, p.18

글로벌 과학기술정책정보 서비스(S&T GPS) 235호, 이미지 인식 등 한층 고도화된 GPT-4... 업계도입 경쟁 활발, KIAT 산업기술정책 애자일 2023-제1호 2023.3.14.

김상윤, 챗GPT와 메타버스의 만남, 티핑 포인트가 될까?, 허프포스트코리아(https://www.huffingtonpost.kr), 2023.03.21.

김소미,ChatGPT를 일상, 직장, 학교에서 어떻게 사용할까? 한국지능정보사회진흥원(NIA)」THE AI REPORT 2023-5 | 2023. 6.1.

김윤화, 메타버스 이용 현황 및 이용자 특성, KISDI STAT Report 2023. 04. 30 / Vol. 23-08

김정아, VR.AR 디바이스 제작.이용 가이드라인, NIPA 정책보고서, 2021.5.

김한철 외, 〈메타버스에 기반한 차세대 U-Biz 고찰〉, Samsung SDS Journal of IT Services, 6권 1호, p.180

김현수/최계영/이경남/손가녕, 메타버스 등 신유형 서비스 관련 이용자 보호 정책 패러다임 연구, 방통융합정책연구 KCC-2022-13, 2022. 12.

데이브레이크인사이츠, AI타임스, 23.3.20.

매일경제, '한국형 챗GPT' 호들갑 떨지만… 기초실력은 '부실', 2023.3.26

머니투데이, 글로벌 250대 생성AI 스타트업 절반은 美… 한국, 中·日보다 적어

박상현, 〈가상세계의 진화와 10대 이슈 전망〉, IT& Future Strategy, 2009, p.23

배경우, 〈모바일을 매개로 한 미러월드, 현실공간 연동 서비스 디자인〉, 아주대학교대학원, 2010, p.2

보안뉴스, 메타버스, 이제 현실로…:

보호 정책 패러다임 연구, 방통융합정책연구 KCC-2022-13, 2022. 12.

삼성SDS 인사이트, 메타버스는 어떻게 혁신의 물결을 일으키고 있는가:

https://www.samsungsds.com/kr/insights/metaverse.html

삼일Pwc경영연구원, 챗GPT, 기회인가 위협인가-챗GPT 이해와 영향 분석, 2023.3.

삼정KPMG: 2022 게임 산업 10대 트렌드 보고서,

서성은, 〈메타버스 개발동향과 발전전망 연구〉, 한국 HCI 학술대회, 2008, p.1452

서울경제, NFT, 메타버스… 가상화폐가 미치는 혁신

손재권, 메타버스는 저널리즘을 구할 수 있을까?: 메타버스 저널리즘의 부상과 한계,

2021 해외 미디어 동향 겨울호, 한국언론진흥재단

심인범, KBS 가상스튜디오 소개, 방송과기술 143호,

유안타증권, 메타버스 첫걸음 (콘텐츠 & 플랫폼), 2021.10.

이덕주, 메타(페이스북)의 위기는 소셜미디어의 죽음일까, 2022-3 해외 미디어 동향, 한국언론진흥재단

이데일리, 메타버스 산업 규제, 이제 막바지?:

이용호, 인공지능(AI)의 역사 살펴보기, '챗지피티(챗GPT)'가 이후의 인공지능 세상은? 한국강사신문(https://www.lecturernews.com), 2023.05.24.

위키백과

정상섭 메타버스(Metaverse)와 방송 미디어, 방송과 미디어 제27권 1호, 2022년 1월, p.59-69

조선비즈닷컴: 너도나도 메타버스의 시대,

조향철, MBC 가상스튜디오 제작사례, 방송과기술 193호,

클래리베이트 분석결과, 2023.3.

키움증권 리서치센터, 점진적 위드코로나와 급진적 메타버스, 2021.11.

한겨레, 삼성전자, '노예' 노동 강요 논란 불거진 메타버스 게임 개발사에 인수 제안

https://www.hani.co.kr/arti/economy/it/1026258.html

한겨레, '메타버스' 시대 열어준 '얼터드래곤' 창조자와 이야기하다

https://www.hani.co.kr/arti/science/it/997203.html

한국정보화진흥원, 메타버스 개념과 발전 과정:

https://www.kisa.or.kr/public/library/data/attach/831/c6ac9d7a15c0f197.pdf

한국정보화진흥원, 메타버스란 무엇인가?

https://www.kisa.or.kr/public/library/industry/Digital%20Convergence%20Industry/ICT%20
Fusion%20Trends/2010_06/Metaverse.pdf

한국콘텐츠진흥원, 빅데이터로 살펴본 메타버스 세계, 통권 133호

etnews.com : 신년기획: 메타버스가 온다]<상><하>메타버스에서 바라본 메타버스,

"Decentraland" - 블록체인을 기반으로한 분산형 가상 세계. https://decentraland.org/

"Inside the Metaverse" - BBC에서 제작한 메타버스 관련 다큐멘터리 https://www.bbc.co.uk/
programmes/w3ct1xy6

"Metaverse Explained" - 메타버스의 개념과 특징을 비교적 쉽게 설명한 동영상 https://www.youtube.
com/watch?v=AW7N3q1tNlw

"Metaverse Roadmap Overview 2021" - 메타버스의 개념과 발전 방향, 기술적 측면 등을 다룬 보고서
https://metaverseroadmap.org/

"NVIDIA Omniverse" - 메타버스를 구현하기 위한 시뮬레이션 플랫폼https://www.nvidia.com/en-us/
omniverse/

"Roblox" - 메타버스를 대표하는 게임 중 하나로, 사용자들이 콘텐츠를 만들고 공유할 수 있는 플랫폼.
https://www.roblox.com/

"Second Life" - 가장 오래된 메타버스 중 하나로, 사용자들이 가상 세계에서 새로운 인간 관계를 형성하고 경
제적 활동을 할 수 있다. https://secondlife.com/

"Somnium Space" - 가상 현실을 제공하는 메타버스 중 하나로, 사용자들이 가상의 땅을 소유하고 개발할 수
있다. https://somniumspace.com/

"The Spatial Web: An Introduction to the Next Frontier of the Internet" - 메타버스와 관련된 기술적인
요소들을 설명한 책.

https://www.itworld.co.kr/news/286153#csidx549214bdb4859fdb5ab68e57dbccf70

ZDNet Korea, '메타버스'에 대한 예측과 전망, 그리고 발전 가능성

23.04.13.

AI타임스, 텍스트 생성 및 챗봇 AI 지형도… 10개 카테고리서 700여 기업 경쟁, 2023.3.20.

etnews.com: [CES 2022] 메타버스.AI 등 '웹3.0'이 산업 중심축으로 부상,

https://www.amazon.com/Spatial-Web-Introduction-Frontier-Internet/dp/1492052587

https://www.boannews.com/media/view.asp?idx=94732

https://www.edaily.co.kr/news/read?newsId=01423846629098848&mediaCodeNo=257

https://www.sedaily.com/NewsView/1W8RZ52F58

https://zdnet.co.kr/view/?no=20210914111220

IBK기업은행, 메타버스산업 현황과 전망:

https://www.ibk.co.kr/flex/BI/flex_02.jsp?url=/report/flex/flex_0907_01.jsp

[2장]

1. 국제미래학회, <인공지능 메타버스 시대 미래전략>, 박영사, 2022.
2. 국제미래학회, <대한민국 4차 산업혁명 마스터플랜>, 광문각, 2017.
3. 안종배, <챗GPT-4 인공지능 미래세상>, 광문각, 2023.
4. 안종배, <인공지능이 바꾸는 미래세상과 메타버스>, 광문각, 2021.
5. 한선관,류미영,김태령, <AI사고를 위한 인공지능교육>, 성안당, 2021.
6. 문택주, 정동임, <바로 쓰는 인공지능 수업>, 시대인, 2022.
7. 장성배, <메타버스 사역을 확장하라>, KMC, 2022.
8. 황안밍, 옌사오펑, <메타버스 세상을 선점하라>, 북스토리지, 2022.
9. 김윤정,유병은, '인공지능 기술 발전이 가져올 미래 사회 변화', R&D INL, KISTEP, 2020.
10. 임홍순, 곽병권, 박재훈,<인공지능 인사이트>, 한국금융연수원, 2020.
11. 조영임, <4차산업혁명시대 인공지능 핵심 기술>, 홍를, 2020.
12. 고태우(2022),『메타버스 산업 생태계와 사업화 요건』, KDB산업은행미래전약연구소.
13. 김준연(2021), 메타버스 콘텐츠의 혁신 생태계와 지속 성장의 조건,『미래연구포커스: 메타버스, 가상과 현실의 경계를 넘어』, p.25-30
14. 석왕헌(2021), 메타버스 비즈니스 모델 및 생태계 분석,『전자통신동향분석』, 제36권 제4호, p.81-91
15. 최두옥(2022.3.20.), 메타버스 공간에서 수익을 만드는 4가지 방법, 브런치 매거진.
16. 최정환·김성석·나관상·연승호, 플랫폼 비즈니스로서의 메타버스 서비스,『한국정보통신설비학회 학술대회』, 제2021권 제8호, p.78-82
17. 한상열(2021), 메타버스 플랫폼 현황과 전망,『미래연구 포커스』, 제49권, p.19-24
18. https://chat.openai.com/chat
19. www.openai.com
20. https://openai.com/dall-e-2
21. www.gfuturestudy.org
22. www.cleancontents.org
23. http://www.altfutures.org
24. https://futureoflife.org/ai-principles
25. http://www.kisdi.re.kr
26. http://www.kdi.re.kr

[3장]

1. 삼정KPMG. 메타버스 시대, 기업은 무엇을 준비해야 하는가?. 삼정KPMG 경제연구원, 2022.
2. 김종욱, KBS의 메타버스 대응 방안 연구, KBS공영미디어연구소, 2022.
3. 황경호. 미디어 산업의 새로운 변화 가능성, 메타버스. <미디어이슈 & 트렌드>, 2021.
4. 신현규, 메타버스시대 도래와 미디어 대응, 관훈저널, 2021.
5. 정상섭, 메타버스(Metaverse)와 방송 미디어, 방송과미디어(제27권 제1호), 2022.
6. 안종배, 챗GPT-4 인공지능 미래세상, 광문각, 2023.
7. 방송과메타버스, https://www.etnews.com/20220117000135, 2022
8. KCA트랜드리포트, https://www.kca.kr/Media_Issue_Trend/vol53/sub02_01.html, 2023
9. 서울신문, https://www.seoul.co.kr/news/newsView.php?id=20230106500112, 2023
10. 소비자평가, http://www.iconsumer.or.kr/news/articleView.html?idxno=23902, 2022
11. 서울경제, https://www.sedaily.com/NewsView/26AYHBLGIE, 2022

12. 조선비즈, https://biz.chosun.com/entertainment/tv/2022/08/18/4F3LYX5L2ZJK5OALYQDF6NKVJU, 2022.

13. https://openai.com

14. https://chat.openai.com/c/458dd19a-efc2-406f-85ff-01c218ba6995

[4장]

1. https://www.kipa.org/webzine/vol461/sub04.jsp

2. http://www.aitimes.com/news/articleView.html?idxno=137230

3. http://www.aitimes.com/news/articleView.html?idxno=137230

4. https://blog.hanabank.com/1591

5. https://news.samsungdisplay.com/29173

6. 연합인포맥스, 딜로이트 "코로나19 이후에도 온라인 쇼핑·집밥 계속할 것", 2021. 5. 7.

7. 이덕우(2022), 정보통신기획평가원 주간기술동향, 2022. 4. 6.

8. 연구개발특구진흥재단, "가상 현실 시장", 글로벌 시장동향보고서, 2021. 3.

9. 김석기(2019), "냄새와 맛까지 현실처럼 느끼는, 실감형 게임의 세상이 온다", 웹진 발명과 특허.

10. Korea IT Itmes, "이동형 무선 백홀 기술로 만나는 더욱 더 빠르고 넓은 세계", 2021. 4. 4.

11. 이덕우(2022), 정보통신기획평가원 주간기술동향 2022. 4. 6.

12. Goldman Sachs Research, "Framing the Future of Web 3.0, Metaverse Edition," Equity Research, Dec. 2021.

13. 이승환, 한상열(2021). 메타버스 비긴즈(BEGINS): 5대 이슈와 전망.

14. https://www.itworld.co.kr/tags/70755/VR/213719#csidx1944a7de2b5e769b977f00a767cd47f

15. https://cuz-art.com/blog/ar_glass/

16. https://gall.dcinside.com/board/view/?id=dcbest&no=46168

17. https://www.tech42.co.kr

18. https://www.opinionnews.co.kr/news/articleView.html?idxno=65891

19. https://www.aitimes.com/news/articleView.html?idxno

20. https://m.khan.co.kr/economy/industry-trade/article/202206120953001#c2b

21. https://www.edaily.co.kr/news

21. https://blog.ko.playstation.com/2023/02/07/20230207-psvr2/

22. https://www.etnews.com/20210330000034

23. https://www.etoday.co.kr/news/view/2018238

24. https://wowtale.net/2021/12/24/32304/

25. 웨어러블 디바이스(Wearable Device) 동향분석, 한국과학기술정보연구원, http://www.smtfocus.co.kr/article/print.asp?idx=768

26. https://www.cctvnews.co.kr/news/articleView.html?idxno=231518

27. 최진영(2021), 웨어러블 기기를 활용한 헬스케어 기술동향, KOSEN Report

28. https://post.naver.com/viewer/postView.nhn?volumeNo=16795065&memberNo=4451220

29. '디지털 휴먼'에 푹 빠진 게임사…'메타버스' 핵심으로 급부상 (kukinews.com)

[5장]

1. 전자신문, 금융권, 가상경제 사업 본격화…"新 비즈니스 모델 찾아라", 2021.09.16, https://m.etnews.com/20210909000042

2. 전자신문, 금융권, 가상경제 사업 본격화…"新 비즈니스 모델 찾아라", 2021.09.16.을 참고하여 재 작성, https://m.etnews.com/20210909000042

3. 글로벌이코노믹, 2023-01-08, https://news.g-enews.com/article/Securities/2023/01/2023010810111 92476c4c55f9b3d_1?md=20230108130201_U

4. 서울경제, 챗GPT 열풍에 밀린 메타버스…애플 이어 메타·구글도 사업 축소, 2023-03-30, https://www.sedaily.com/NewsView/29N88009PE

5. 2023년 경제정책방향, 2022. 12. 21, 관계부처합동

[6장]

1. www.variety.com/2020/digital/news/travis-scott-fortnite-record-viewers-live-1234589033

2. www.metaversenews.com/ariana-grande-follows-travis-scott-concert-in-fortnite/

3. www.foxnews.com/media/biden-campaign-animal-crossings-presence-pokemon

4. 이데일리(2021), 알아두면 쓸모 있는 미래기술, p.37

5. 김상균, 신병호(2021), 메타버스 새로운 기회, p.33

6. www.gartner.com/en/articles/what-is-a-metaverse

7. Acceleration Studies Foundation, "Metaverse roadmap–pathways to the 3D web," 2007.

8. IEEE VW Standard Working Group(P1828), www.metaversestandards.org

9. 김상균, "메타버스-디지털지구, 뜨는 것들의 세상", 플랜비디자인 출판, 2020.

10. 정보통신기획평가원, "디지털 대전환 시대 주요 ICT 동향분석 보고서",정보통신기획평가원, 2022.

11. 황경호, 미디어 이슈&트렌드Vol~No.45 (2021): 12-3.

12. 안진경·곽찬희(2021), 사용자 커뮤니티의 토픽 분석을 중심으로," 융합정보지 Vol. 11, No. 1: 5-8.

13. https://medium.com/xrpractices/metaverse-a-technological

14. https://magazine.hankyung.com/money/article/202107140053c

15. https://medium.com/xrpractices/metaverse-a-technological-evolution-6ce405d6d73f

16. https://www.leewayhertz.com/technologies-for-metaverse/

17. https://www.wikileaks-kr.org/news/articleView.html?idxno=124105

18. https://turbofuture.com/internet/The-Metaverse-Meets-GPT-How-Artificial-Intelligence-is-Pushing-the-Boundaries-of-Virtual-Reality

19. https://u.osu.edu/vornberg-1/2023/02/28/chatgpt-and-metaverse-how-chatgpt-will-speed-up-the-metaverse-virtual-reality/

20. https://nfthorizon.io/how-can-chatgpt-affect-metaverse/

21. https://www.binance.com/en/nft/what-is-nft

22. 성소라(2021), NFT 레볼루션, p.27

23. 전재림(2021). NFT를 둘러싼 최근 이슈와 저작권 쟁점, 한국저작권위원회 이슈리포트.

24. 박경신(2021)"NFT와 저작권",「2021저작권학술대회 "새로운 플랫폼에서의 저작권 쟁점"」, p.69-90

25. 네이버 지식백과, 'NFT', 시사상식사전, pmg 지식엔진연구소, 2021.3.5. 재편집.

26. https://www.binance.com/en/nft/what-is-nft

27. medium.com/fabric-ventures/what-is-web-3-0-why-it-matters-934eb07f3d2b

28. 성소라(2021), NFT 레볼루션, p.73

27. www.analyticssteps.com/blogs/what-non-fungible-token-nft-features-benefits

28. https://www.arxiv-vanity.com/papers/2105.07447/

29. KISA(2021), 디지털 자산거래와 메타버스 생태계, 2021.7,KISA,REPORT,Volume 7, p.7

30. 홍기훈(2022), NFT미래수업, p.74-82

31. https://www.binance.com/en/nft/what-is-nft
32. https://www.binance.com/en/nft/what-is-nft
33. https://uigstudio.com/insights/metaverse-nft-virtual-economy
34. https://www.michigansportszone.com/metaverse-nft/
35. https://bootcamp.uxdesign.cc/chatgpt-vs-nfts-which-one-will-be-adopted-faster-by-a-mass-audience-chatgpt-answers-f31b9aaed34b
36. https://educationsinbd.com/how-to-use-chatgpt-in-the-nft-project/
37. 김상균(2021), 메타버스, 디지털지구, 뜨는 것들의 세상, p.331
38. 기태현외(2020), 휴대폰 인류의 블록체인 디파이 혁명, p.193
39. www.appcraver.com/nft-projects/best-nft-metaverse-projects-in-2022-to-watch/
40. https://www.plainconcepts.com/nft-blockchain-metaverse/
41. https://www.linkedin.com/pulse/what-difference-between-chatgpt-metaverse-nft-rodolphe-even

[7장]

1. 김지현(2021) 포스트모바일, 메타버스 패러다임, FUTURE HORIZON+, 2021년 제1·2호 (Vol.49), 과학기술정책연구원, 2021.6.
2. 박성환(2021) 메타버스는 기회의 플랫폼, 방송기술저널 334호, 2021.12.
3. 관계부처 합동 : 메타버스 신산업 선도전략, 2022.1.20.
4. 안종배(2023), 챗GPT-4 인공지능 미래세상, 광문각 출판미디어, 2023.4.
5. 박성환(2023) 챗GPT, 검색의 시대를 끝낼 수 있을까? 방송기술저널 366호, 2023.4.
6. 윤상혁, 양지훈(2021), AI와 데이터 분석 기초: 디지털비즈니스 생존전략, 박영사
7. 양지훈, 윤상혁(2023), Media Issue & Trewn Vol 55. KCA, 2023.4.
8. https://www.gartner.com/en/
9. https://www.kca.kr/Media_Issue_Trend/vol55/KCA55_22_domestic.jsp
10. 산업과 생성형 AI의 미래, 한국방송통신전파진흥원, 2023.04.24
11. 남현우, 메타버스를 위한 요소 기술과 활용 사례 분석, ICT Standard Weekly 1125호, TTA, 2023.
12. 박정렬, 최새솔, 허필선 : 메타버스 이슈, 생태계 및 경제 시스템, ETRI 기술정책 인사이트 2022-2
13. 윤정현(2021) Metaverse, 가상과 현실의 경계를 넘어, FUTURE HORIZON+, 2021년 제1·2호, Vol.49, 과학기술정책연구원, 2021.6.
14. http://www.slideshare.net/courosa/social-learning
15. https://invideo.io/?irclickid=QFqQpRz3ExyIULN1iuRd21fPUkF0UZSfKQWI1Y0&mpid=56411&irgwc=1
16. https://invideo.io/
17. 이용상, 신동광 : 교육과정평가연구, The Journal of Curriculum and Evaluation 2020, Vol. 23, No. 4, p.39-57
18. 박성환(2023) 방송기술저널 364호, 메타버스로 할 수 있는 일, 2023.2.
19. 노희용, 박지원, KISDI, 주요국 메타버스 정책동향: 확장현실 기술을 중심으로, 2022.9, 정책동향 No2.
20. 교육정책 네트워크 정보센터 기획 기사, 교육부 누리집, 2023.
21. 박정렬,최새솔,허필선(2022), 메타버스 이슈, 생태계 및 경제시스템, ETRI, 기술정책 인사이트, 2022-02
22. 정주연, 김승재, 우탁(2022) 미취학 아동을 위한 VR 교육콘텐츠 개발 연구, Vol. 23, No.11, pp.2117-2126, Nov. 2022, 디지털콘텐츠학회논문지
23. 에듀넷·티클리어 디지털 교과서 활용 안내
24. https://youtube.com/watch?v=d3YT8j0yYl0&si=EnSIkaIECMiOmarE

25. https://marketplace.secondlife.com/

26. https://youtube.com/watch?v=tgJ7m0Phd64&si=EnSIkaIECMiOmarE

27. EBS(2023), 위캔버스 요약 소개 자료, 2023.1.

28. Bloter, https://www.bloter.net/news/articleView.html?indxno=602104

26. 계보경, 한나라, 김은지, 박연정, 조소영, KERIS 이슈리포트, RM 2021-6, 메타버스의 교육적 활용: 가능성과 한계

29. 계보경 외, KERIS, 메타버스의 교육적 활용을 위한 가이드라인 연구, 연구보고 KR 2022-06)

30. http://www.edupress.kr/news/articleView.html?idxno=9393

31. 고선영, 정한균, 김종인, 신용태(2021) 문화 여가 중심의 메타버스 유형 및 발전 방향 연구, Volume 10 Issue 8, Pages.331-338, 2021, 정보처리학회논문지.

32. 나해찬, 이유진, 김수영, 김윤상(2022) 메타버스 교육 플랫폼에 관한 연구 : 사례 분석과 제언, Vol. 23, No. 5, p.827-836, May. 2022, 디지털콘텐츠학회 논문지

33. 한형종, 홍수민(2022) 초등 온라인 교육환경에서의 메타버스 활용에 대한 교사의 인식 및 요구도 분석, Vol. 23, No. 8, p.1399-1412, Aug. 2022, 디지털콘텐츠학회 논문지

34. 박인선, 강하늘, 김선희, 이영선(2022) 학령기 교육 분야에서의 메타버스 중재 연구 동향 분석, Vol. 23, No. 8, p.1383-1397, Aug. 2022, 디지털콘텐츠학회 논문지

35. 전재천, 정순기(2021) 메타버스 기반 플랫폼의 교육적 활용 가능성 탐색, 정보교육학회 학술논문집 제2권 제2호, 2021.

36. 정기성, 한승훈, 이동규, 김진모(2016), 몰입형 전래동화 콘텐츠 제작을 위한 가상현실 기술에 대한 연구, 한국컴퓨터그래픽스학회 논문지 제22권 제3호, p.43-52, 2016.

37. 이현민, 김미수(2020). 온라인 교육을 위한 디지털콘텐츠 활용 수업 개발 및 운영 사례—가상박물관을 중심으로, 한국교양교육학회, 제14권 제4호, p.81-96, 2020. 8.

38. 김미화(2017), 가상현실을 활용한 소집단 협력학습에서 팀 구성원으로서의 역할 수행이 학업성취도와 만족도에 미치는 영향, 디지털융복합연구 Vol. 15, No. 11. p.67-76

39. MZ generation, 18 to 41 years old... Can it be grouped into one generation? [Internet]. Available:https://www.impacton.net/news/articleView.html?idxno=4235

40. https://it.donga.com/103378/

41. https://www.impacton.net/news/articleView.html?idxno=4235

42. https://if-blog.tistory.com/13094

43. 오나예, 윤혜인, 박진완(2022) 콘텐츠 큐레이션을 위한 추천시스템이 접목된 가상 전시 플랫폼 연구, Vol. 23, No. 11, p.2191-2198, Nov. 2022, 디지털콘텐츠학회 논문지

44. S. Dale, "Content curation: The future of relevance". Business Information Review, Vol. 31, N0. 4, p.199-205, 2014, https://doi.org/10.1177/0266382114564267

45. M. Bhaskar, Curation: The power of selection in a world of excess, Piatkus ,2016.

46. Luis M. de Campos, Juan M. Fernández-Luna, Juan F. Huete, Miguel A. Rueda-Morales, "Combining content-based and collaborative recommendations: A hybrid approach based on Bayesian networks", International Journal of Approximate Reasoning, Vol. 51, No 7, p.785-799, 2010. https://doi.org/10.1016/j.ijar.2010.04.001

47. 한정훈(2022) AI가 바꾸는 산업들, Media Issue & Trend Vol.55, KCA, 2023.

48. 중앙일보, 메타버스 죽었다?…한쪽만 보셨군요, 챗GPT와 만나면 빅뱅 https://www.joongang.co.kr/article/25162757, 2023.

49. 샌드박스네트워크 데이터랩, 노성산, 박진경, 김태홍(2022) 뉴미디어 트렌드 2023, 샌드박스 스토리, 2022. 10.

50. 커넥팅랩 (2022) 모바일 미래보고서 2023, 비즈니스북스, 2022.9

51. 조지 웨스터먼, 디디에 보네, 앤드루 맥아피, 최경은 옮김(2018), 디지털 트랜스포메이션, e비즈북스, 2018. 12.

52. 이임복 (2021), 메타버스 이미 시작된 미래, 천그루숲, 2021. 6.

53. Cathy Hackl(2020.7.5.), The Metaverse is Coming And It's A Very Big Deal,Forbes. <https://www.forbes.com/sites/cathyhackl/2020/07/05/the-metaverse-is-coming—its-a-very-big-deal/?sh=33c7c9f3440f)

54. 오연주(2021), 메타버스가 다시 오고 있다-메타버스를 둘러싼 기술적·경제적·사회적 기회와 현안, 『스페셜 리포트 2021. 3.

55. 한영주(2023), GPT를 향한 대중적 관심의 실체와 미디어 산업의 활용사례, 방송과기술, 2023. 4.

56. https://openai.com/customer-stories/duolingo

57. https://openai.com/customer-stories/khan-academy

58. https://www.joongang.co.kr/article/25018126

59. http://www.edupress.kr/news/articleView.html?idxno=9297

60. https://www.hangyo.com/news/article.html?no=96394

61. https://www.hangyo.com/news/article.html?no=94467

[8장]

1. 김평호(2019). 미디어 발명의 사회사, 도서출판 삼인.

2. 최영묵(2021). 공영방송의 이해, 왜 다시 공영방송인가?. 한울 아카데미

3. 정준희(2021). 공영방송의 이해, 공영방송의 진화: OTT 시대 공영미디어의 비전과 혁신 방향, 한울 아카데미

4. 조항제(2021). 공영방송의 이해: 한국 공영방송의 발전 과정과 정체성, 한울 아카데미

5. 미디어오늘(2022). 미디어오늘 2022. 8. 23일 기사, 지역 공영방송의 역할.
   http://www.mediatoday.co.kr/news/articleView.html?idxno=305514

6. 정영주·홍종윤(2021). 공영방송의 이해. 공영방송 거버넌스와 책무, 한울 아카데미.

7. 허찬행(2015). 미디어 제도 연구, 커뮤니케이션이해 총서, 커뮤니케이션북스

8. 조항제(2021). 공영방송의 이해, 한국 공영방송의 역사적 발전 과정과 정체성, 한울 아카데미

9. 데니스 맥퀘일(2013). 커뮤니케이션 이론 제5판, 양승찬·이강형 공역, 나남

10. 김진웅(2008). 공영방송의 상업화에 대한 연구, 커뮤니케이션 연구, 제 16권 3호, p.31-51

11. 정영주(2015). 공영방송 제도 정립을 위한 현행 방송법의 한계와 입법 과제 고찰: 판례분석을 중심으로, 언론과 법, 2015.

12. 필립 M. 나폴리(2022). 소셜미디어와 공익(가짜뉴스 시대의 미디어 정책); 백영민, 한나래

13. Brown, A.(1996). Economics, Public Service, Broadcasting, and Social Values, The Journal of Media Economics, 9(1)

14. 강형철(2016). 융합미디어와 공익, 나남신서 1885, 나남

15. 박종원(2022), 공공서비스미디어의 정체성 및 정당성 연구, KBS 공영미디어연구소

16. 이준웅(2017). 공영방송 정체성 확립을 위한 지배구조 개선방안, 방송문화연구. 29권 1호, p.573-120

17. 헌법재판소(1993), 91헌바17 전원재판부 결정, 음반에 관한 법률 제3조 등에 대한 헌법소원

18. 헌법재판소(2001), 2000헌바43 전원재판부, 구유선방송관리법제22조 제2항제6호 등 부분 위헌소송

19. 헌법재판소(2003), 2002헌바49 전원재판부, 방송법 제74조 위헌소송

20. 헌법재판소(1999), 98헌바70 전원재판부, 한국방송공사법 제35조 등 위헌소송

21. 전상현(2018), 공영방송의 지위와 기능에 관한 헌법적 고찰, 사단법인 공법학회 공법연구 제46집 제4호

22. 문재완(2013), 방송의 자유와 방송편성권의 주체, 국회, 방송공정성 특별위원회 활동결과 보고서, 2013, p.236

23. 박선영(2001), TV수신료의 법적 성격과 공영방송재원조달에 관한 연구, 서울대학교, 법학 43권 1호, 2002, p.396-417

24. 박균성(2013), 행정론법(상), 박영사, 2013.

25. 헌법재판소(2009), 기본권의 주체, 헌법재판연구 제20권

26. 전정환(2004), 방송수신료의 헌법적 성격, 법학연구 제 17호

27. 김태수(2006), 공영방송 수신료의 헌법적 의미, 방송문화연구 제18권 제2호

28. 서울행정법원(2009), 2008구합31208, 방송수신료 통합징수권한 부존재 확인 소송

29. 전상현(2018), 공영방송의 지위와 기능에 관한 헌법적 고찰, 사단법인 공법학회 공법연구 제46집 제4호

30. 헌법재판소(2013), 2012헌마271 전원재판부 결정, 방송 광고 판매 대행등에 관한 법률 제5조 제2항 위헌 확인, 2013. 9. 26. 선고

31. 서울남부지방법원(2014), 2012가합3891 손해배상(기)

32. 전종익(2013), 포괄위임금지원칙의 심사기준, 아주법학 제7권 제3호, 2013.

33. KBS(2023), 수신료 분리 징수시 징수비용 추산

34. 국회 법제실(2020), 행정입법 분석, 평가 사례 VI(행정안전분야)

35. 전창수(2009), 헌법재판소 판례에 나타난 비례원칙. 사단법인 한국공법학회 공법연구 제37집 제4호

36. 국회 법제실(2020), 행정입법 분석, 평가 사례 VI(행정안전분야)

37. 헌법재판소(1995), 93헌바32, 판례집 7-2, p.598, p.607

38. 헌법재판소(1996), 94헌마113, 판례집 8-2, p.141, p.164

39. 헌법재판소(2008), 2006헌바70 전원재판부, 방송법 제64조 등 위헌소원(제67조 제2항)

40. 서울행정법원(2015), 2015구합6545, 수신료분리고지거부처분취소

41. 방통위(2023), 2023헌사672 효력정지가처분신청(KBS 수신료 분리고지 위헌소송) 의견서

42. KBS 공영미디어연구소(2021), 해외방송정보, 독일 연방헌법재판소, 방송분담금 승인

43. Council of Europe(2007). Recommendation n.3 of the Committee of Ministers to Member States on the remit of PSM in the information society. Strasbourg, France: CoE.

44. Jakubowicz, K.(2007). Public Service Broadcasting: A Pawn on an Ideological Chessboard. In de Bens, E. (ed.) Media between Culture and Commerce. Bristol: Intellect Books.

45. Jakubowicz, K (2007). Public Service Broadcasting: A Pawn on an Ideological Chessboard. In de Bens, E. (ed.) Media between Culture and Commerce. Bristol: Intellect Books.

46. Donders, K.(2021). Public Service Media in Europe, Routledge Research In Media Law, 2021

47. Burri, M.(2015). Public service broadcasting 3.0: Legal design for the digital present. London, UK & New York, NY: Routledge.

48. 크리스천 니센(2007). 디지털 시대의 공영방송, 김형일 역, 커뮤니케이션북스, 20078

49. Bardoel, J. & Lowe, G. F.(2007). From Public Service Broadcasting to Public Service Media.; The Core Challenge, From Public Service Broadcasting to Public Service Media, RIPE@2007

50. Bardoel, J. & Lowe, G. F.(2007). From Public Service Broadcasting to Public Service Media.; The Core Challenge, From Public Service Broadcasting to Public Service Media, RIPE@2007

51. EBU(2012). Empowering society - A declaration on the core values of public service media. https://zukunft.orf.at/rte/upload/texte/2013/recht_grundlagen/12r0004.

52. EBU(2014). Connecting to a networked society: Continuous improvement of trust and return-on-sociery. https://www.ebu.ch/files/live/sites/ebu/files/Publications/EBU-Vision, 2020-Networked-Society_EN.pdf

53. KBS(2018). KBS 미래특별위원회 보고서.

54. Price, M. and Raboy, M. (eds) (2003). Public Service Broadcasting in Transition:A Documentary Reader. The Hague: Kluwer Law International.

55. Galbraith. J. K.(1996). The Good Society: The Humane Agenda, New York: Mariner Books

56. 정준희(2018). 시민사회의 확장을 통한 정치적 후견주의의 제거-민주적 공고화 맥락에서의 한국 공영방송 거버넌스 개혁, 언론정보연구, 55(1), p.56-118

57. Syversten, T.(2003). Challenges to public television in the era of convergence and commercialization, Television & New Media 4(2): p.155-175

58. Habermas and Garnham, N.(2000). Emancipation, the Media, and Modernity: Arguments About the Media and Social Theory. Oxford: Oxford University Press.

59. Lowe, G.F. and Jauert, P.(2005). Public service broadcasting for social and cultural citizenship: Renewing the Enlightenment mission. In G.F Lowe and P. Jauert (eds), Cultural Dilemmas in Public Service Broadcasting (p.13-33). Göteborg: Nordicom.

60. Livémont, E., Donders, K. and Pauwels, C.(2017). De documentaire als merit good op de publicke omrocp: Theorie, beleid en praktijk in Vlaanderen. Tijdschrift voor Communicatiewetenschap, 45(4), p.286-303, (Documentary as merit good in public broadcasting: Theory, policy and practice in Flanders).

61. 정수영(2018). 미디어의 사회적 책임과 어카운터빌리티. 패러다임북.

62. 미디어스(2022). 미디어스 기사 2022. 12. 02, '공영방송 지배구조 개선법' 국회 과방위 통과. http://www.mediaus.co.kr/news/articleView.html?idxno=302619

63. 박천일·정윤식·황근·박태순(2007). 방송통신융합시대에 적합한 공영방송 규제체제에 관한 연구. 한국방송광고공사.

64. 심영섭(2018). 독일 방송평의회 제도를 통해 본 한국 공영방송 지배구조의 재구조화, 문화와 정치 제5권 3호

65. 서명준·박태순(2015). 공영방송의 거버넌스 논의를 위한 탐색적 연구; 독일의 사례를 중심으로, 유럽 연구 제33권 2호(2015년 여름).

66. 장병희·이양환(2010). 자원기준관점을 적용한 영국, 독일, 일본의 공영방송 지배구조 분석, 언론과학연구 제10권 2호.

67. 서명준·박태순(2015). 공영방송의 거버넌스 논의를 위한 탐색적 연구; 독일의 사례를 중심으로, 유럽 연구 제33권 2호.

68. 조항제(2015). 공영방송의 미래적 모색 : 공론장론과의 공진화, 언론과학연구 15(4), p.405-446, 한국지역언론학회.

69. Donders, K.(2021), Public Service Media in Europe, Routledge Research In Media Law, 2021.

70. 정영주·홍종윤(2019). 한국 공영방송 관련 법 개정 논의 과정의 특성과 정책적 함의: KBS 관련 개정법률안을 중심으로, 방송문화연구 31(2), KBS공영미디어연구소.

71. 정준희(2018). 시민사회의 확장을 통한 정치적 후견주의의 제거-민주적 공고화 맥락에서의 한국 공영방송 거버넌스 개혁, 언론정보연구 55(1), p.56-118

72. 윤석민(2011). 다채널 디지털 시대 새로운 방송 공공성 이념의 모색, 한국방송학회 세미나 자료, 한국방송학회

73. EBU(2021). Licence Fee and Household Charges 2021, Media Intelligence Service November 2021.

74. 심영섭(2021). 공영방송 제도 개선에 대한 10가지 단상. 한국방송학회 학술대회 논문집, p.149-150

75. 정준희(2021). 공영방송의 이해, 공영방송의 진화: OTT 시대 공영미디어의 비전과 혁신 방향, 한울 아카데미

76. 조항제(2021). 공영방송의 이해, 한국 공영방송의 역사적 발전 과정과 정체성, 한울 아카데미

77. Donders, K.(2021). Public Service Media in Europe, Routledge Research In Media Law, 2021.

78. Hanretty, C.(2009). The Political Independence of Public Service Broadcasters, EUROPEAN UNIVERSITY INSTITUTE, Department of Political and Social Sciences

79. Hesmondhalgh, D. and Lobato, R.(2019). Television device ecologies, prominence and datafication: The neglected importance of the set-top box. Media, Culture & Society, 41(7), p.958–974

80. 박종원(2018). 공영방송 제도 개선에 관한 전문가 인식 연구, 서울과학기술대 박사학위 논문, 2018.

81. De Haan, Y. and Bardoel, J.(2011). From trust to accountability: Negotiating media performance in the Netherlands, 1987-2007. European Journal of Communication, 26(3), p.230-246

82. 정수영(2018). 미디어의 사회적 책임과 어카운터빌리티. 패러다임북

83. McQuail. D(2003). Media accountability and freedom of publication. Oxford: Oxford University Press.

84. 박종원(2022). 공공서비스미디어의 정체성 및 정당성 연구, KBS 공영미디어연구소

85. KBS(2021). 2021 KBS공론조사-국민께 듣는 공적 책임과 의무, KBS이사회/공적책무와 수신료 공론화위원회

86. 박종원(2020). AI 시대의 미디어, AI 시대의 공공서비스미디어 정책과 전략, 미래방송연구회, 북스타

87. KBS(2020), KBS미래특별위원회 보고서, 2020.

88. EBU(2014). VIDION 2020. AN EBU PROJECT, 2014.

89. Cunningham, S.(2009). Reinventing television: The work of the 'innovation' unit. In G. Turner and J. Tay (eds), Television Studies After TV: Understanding Television in the Post-Broadcast Era (p.83–92). London: Routledge.

90. 하버마스(1987). 사실성과 타당성; 담론적 법이론과 민주적 법치국가 이론(2000), 한상진·박영도 역, 나남 출판

[9장]

1. [조선일보] 디즈니도 메타버스 부서 없었다 2023.03.30.

2. [뉴시스] '메타' 저커버그, AI 비전 제시…"경쟁사보다 접근 민주화" 2023.06.09.

3. [Statistics] Roblox Corporation 2023.04.05.

4. [Roblox] Earning on Roblox https://create.roblox.com/docs/production/earning-on-roblox

5. [디스이즈게임] BTS, '포트나이트'로 다이너마이트 안무 버전 뮤비 최초 공개 2020.09.22.

6. [디스이즈게임] 에픽게임즈 코리아 기자간담회 2023.04.07.

7. [에픽게임즈] 1,000 V-Bucks https://store.epicgames.com/ko/p/fortnite—1000-v-bucks

8. [Medium] Market Map of the Metaverse 2021.04.14.

9. [Demand Sage] Fortnite Statistics For 2023 (Users, Revenue & Devices) 2023.02.07.

10. [Demand Sage] Roblox Statistics 2023 (Demographics & Financials) 2023.05.16.

11. [조선비즈] 스테파노 코라자 로블록스 스튜디오 총괄 인터뷰 2023.03.23.

12. [중앙일보] 메타버스 직진하는 에픽게임즈 "창작자에 순수익 40% 주겠다" 2023.04.08.

13. [디스이즈게임] 더욱 강력한 언리얼 엔진 5.2… 포트나이트, 에디터가 되다! 2023.03.23.

14. [블로터] 에픽게임즈, '포트나이트'로 선보인 '메타버스 실현 조건' 2023.04.07.

15. [NVIDIA.com] Large Language Models ExplAIned https://www.nvidia.com/en-us/glossary/data-science/large-language-models/

16. [지디넷코리아] 챗GPT, 두 달만에 월 사용자 1억명 돌파…틱톡보다 빨랐다 2023.02.03.

17. [동아일보] "챗GPT 쓰는 한국인 220만명"…정부, 데이터 보호 상황 파악 2023.04.14.

18. [소프트웨어정책연구소] 스마트 계약(Smart Contract)에 대한 동향과 현안 2018.02.28.

챗GPT 메타버스와 미디어
ChatGPT Metaverse and Media

초판 1쇄 인쇄 2023년 11월 10일
초판 1쇄 발행 2023년 11월 20일

지은이   김광호, 안종배, 박창묵, 장형준, 안동수
            이창형, 박성환, 박종원, 이희대
펴낸이   박정태
편집이사   이명수   출판기획   정하경
편집부   김동서, 전상은, 김지희
마케팅   박명준   온라인마케팅   박용대
경영지원   최윤숙, 박두리

펴낸곳   북스타
출판등록   2006. 9. 8 제313-2006-000198호
주소   파주시 파주출판문화도시 광인사길 161 광문각 B/D
전화   031-955-8787   팩스   031-955-3730
E-mail   kwangmk7@hanmail.net
홈페이지   www.kwangmoonkag.co.kr
ISBN   979-11-88768-76-9 13300
가격   22,000원

표지디자인 by 이창형